L'impératrice EUGÉNIE

DU MÊME AUTEUR

L'Impératrice Joséphine (en collaboration avec B. CHEVALLIER), Paris, Presses de la Renaissance, 1988 ; réédition « Petite Bibliothèque Payot », n° 309, 1996.

L'Impératrice Joséphine. Correspondance, 1782-1814 (en collaboration avec M. CATINAT et B. CHEVALLIER), Payot, 1996.

Présentation et notes des *Lettres d'Égypte, 1862-1869*, de Lady Lucie DUFF-GORDON, Paris, Payot, 1996 ; réédition « Petite Bibliothèque Payot », n° 333, 1998.

Christophe PINCEMAILLE

L'impératrice EUGÉNIE

De Suez à Sedan

Collection Portraits Intimes
PAYOT

Collection dirigée
par Christophe Pincemaille

À Thérèse Buisson, ma grand-mère (1904-1993).

Dans les grands événements de la vie, si on cherche la Vérité et la Justice, il faut avant tout dégager sa personnalité et ne les juger qu'à l'état de questions abstraites ; mais on n'arrive à ce résultat qu'à travers les révoltes, les désillusions et les souffrances. Puis un jour un grand calme se fait, c'est la paix de l'âme.

Eugénie.

PROLOGUE

Sur le Nil

À bord de *L'Impératrice*, le 27 octobre 1869.

Mon bien cher Louis [1],

Je t'écris en route pour Assouan. Te dire que nous avons frais ne serait absolument pas la vérité, mais la chaleur est fort supportable, car il y a de l'air, mais au soleil, c'est autre chose ! D'ailleurs par télégraphe je te dis l'état de l'atmosphère. J'ai de tes nouvelles et celles de Louis tous les jours par télégraphe. C'est bien doux pour moi puisque je suis tenue à la rive amie par le fil qui me rattache à toutes mes affections...

Au vingt-huitième jour de son voyage en Orient, tandis qu'elle remonte lentement le Nil pour se rendre en Haute-Égypte, Eugénie songe à l'empereur malade et à son fils qui se reposent tous les deux à Compiègne. Depuis qu'elle a quitté Saint-Cloud, à aucun moment sa pensée ne s'est détachée de Napoléon et de Louis, les deux êtres qui occupent sa vie ; à bord de *L'Aigle*, le yacht impérial, dans ses appartements du palais de Beylerbey à Constantinople ou au palais de Ghizeh au Caire, partout leurs photos l'ont accompagnée. Pour

1. Il s'agit de l'empereur, de son prénom Louis-Napoléon.

l'heure, elle les a posées devant elle, et leurs visages l'observent alors qu'elle écrit à son mari, sa lettre calée sur les genoux, protégée de l'ardeur du soleil par un vélum tendu au-dessus du pont du navire.

Dans sa robe d'alpaga blanc et sous son chapeau de grosse paille, l'impératrice est resplendissante. Loin d'être incommodée par la forte chaleur, elle paraît au contraire dans son élément, le teint reposé, les traits apaisés. Depuis un mois, sa tournée des capitales de l'Orient, qui s'achèvera bientôt par l'inauguration du canal de Suez, ne lui a pas laissé un instant de répit. De Venise à Athènes, de Constantinople au Caire, elle est passée de réceptions exténuantes en dîners officiels, de cérémonies publiques en revues militaires. La perspective d'une croisière sur le Nil, loin de tout protocole et de tout regard indiscret, lui a permis de tenir.

Après la fatigue des semaines précédentes, elle jouit maintenant d'un complet incognito grâce à la complicité de son hôte, Ismaïl Pacha, le vice-roi d'Égypte. Elle retrouve enfin l'ivresse de cette indépendance qui a tant marqué sa jeunesse andalouse et à laquelle elle a renoncé à vingt-six ans en épousant l'empereur. Aussi, lorsque la veille, à la sortie du port de Boulaq, les cônes éclairés de rose des pyramides ont surgi du désert, le choc qu'elle a ressenti lui a fait soudain mesurer combien depuis seize ans elle avait asservi son existence à la Couronne impériale.

Elle flâne au gré du courant et de ses fantaisies, modifie l'itinéraire dressé par Auguste Mariette, l'éminent égyptologue. En compagnie de ses deux nièces et de deux demoiselles d'honneur, Eugénie navigue sur une dahabieh baptisée *L'Impératrice*, un bateau à fond plat tiré par un remorqueur à vapeur. La cabine, plus spacieuse qu'une voiture de chemin de fer, aménagée avec un luxe inouï, se divise en quatre chambres, un salon et une salle à manger, le tout meublé de tablettes, de larges divans recouverts d'étoffes à fil d'or, de tapis épais et de glaces. Les membres de la suite et les domestiques s'entassent dans six autres embarcations qui constituent la flottille impériale. Chez l'impératrice, liberté ne rime jamais avec relâchement et encore moins avec laisser-aller. Elle exige de ses gens une tenue stricte et un décorum qu'elle pousse elle-même à l'extrême pour éviter toute critique. La haute conception qu'elle a de sa fonction lui inspire une vigilance presque maniaque concernant le respect de l'étiquette au sein de sa propre maison.

Matin et soir depuis vingt-huit jours, le télégraphe crépite des dépêches qui maintiennent le lien avec Paris. Vue du Nil, la France est bien loin, et pourtant, grâce à ce fil magique et invisible, elle semble si proche. Les distances entre les deux rives de la Méditerranée s'en trouvent raccourcies ; la passerelle du navire n'est qu'à demi tirée.

Tandis que *L'Impératrice* poursuit sa route vers le sud où l'horizon disparaît, fondu dans la lumière éblouissante du soleil, Eugénie contemple les paysages grandioses qui se déploient sous ses yeux comme l'immense toile peinte d'une rotonde panoramique. Le Nil en crue, gonflé à pleins bords, bientôt large comme un bras de mer, étincelle de mille feux et des pélicans rasent ses eaux épaisses de leur vol lent. Le panache de fumée du remorqueur rabattu par le vent d'ouest jette des ombres mouvantes sur la berge du fleuve. Des bouquets de palmiers et des massifs d'acacias ou de tamaris indiquent les villages de fellahs envahis par l'inondation. Elle aperçoit sur les digues les paysans réfugiés avec leurs troupeaux de buffles.

> … Je suis dans le ravissement de notre charmant voyage et je voudrais t'en faire la description, mais tant d'autres plus savants et plus charmants conteurs que moi ont entrepris cette œuvre qu'il me semble que dans l'admiration muette je dois m'enfermer…

L'impératrice goûte la tranquillité d'une navigation qui lui donne l'impression que la vie glisse comme la dahabieh sur le Nil. La température croît à mesure que la flottille progresse vers le sud, trente-trois degrés à midi, trente-sept dans les cabines. La chaleur oblige Eugénie à une nonchalance inédite pour elle, aux antipodes de sa nature alerte. Hors du temps, elle s'abandonne délicieusement à la monotonie du voyage. Comme sont loin les marronniers de Saint-Cloud aux couleurs fauves de l'automne !

> … J'étais bien tourmentée de la journée d'hier et de te savoir à Paris sans moi, mais tout s'est bien passé à ce que je vois par ta dépêche. Quand on voit les autres peuples on juge et on apprécie bien plus l'injustice du nôtre. Je pense malgré tout qu'il faut ne pas se décourager et marcher dans la voie que tu as inaugurée, la bonne foi dans les concessions données, comme du reste on le pense et dit, est une bonne chose. J'espère donc que ton discours sera dans ce sens. Plus on aura besoin de force plus tard, et plus il est de prouver au pays qu'on a des idées et non des expédients. Je suis bien loin et bien ignorante des choses depuis mon départ pour parler ainsi, mais je suis intimement convaincue que la suite dans les idées c'est la véritable force ; je n'aime pas les à-coups et je suis persuadée qu'on ne fait pas deux fois dans le même règne des coups d'État…

Le bateau croise des canges dont les voiles triangulaires ressemblent à des papillons blancs entraînés par le courant. À l'est, la ligne déchiquetée de la chaîne arabique se découpe sur le ciel d'un bleu tendre. Eugénie ne peut détacher complètement son esprit des soucis qui à Paris accablent l'empereur. Sa dernière dépêche la ramène auprès de lui. Napoléon s'est voulu rassurant. La manifestation annoncée pour le 26 octobre a fait long feu. Mais l'impératrice a une connaissance trop sûre de la politique pour ne pas s'inquiéter de l'accélération des événements qui risque de précipiter l'Empire à sa perte. Eugénie perçoit des signes annonciateurs de changements funestes.

> … Je parle à tort et à travers, car je prêche un converti qui en sait plus long que moi. Mais il faut bien dire quelque chose, ne fût-ce que pour prouver ce que tu sais, que mon cœur est près de vous deux, et si dans les jours de calme mon esprit vagabond aime à se promener dans les espaces, c'est près de vous deux que j'aime à être les jours de soucis et d'inquiétude.
>
> Loin des hommes et des choses on respire un calme qui fait du bien et, par un effort d'imagination, je me figure que tout va bien puisque je ne sais rien. Amuse-toi, je crois indispensable la distraction, il faut se refaire un moral comme on se refait une constitution affaiblie, et une idée constante finit par user le cerveau le mieux organisé. J'en ai fait l'expérience, et de tout ce qui dans ma vie a terni les belles couleurs de mes illusions, je ne veux plus en entretenir le souvenir ; ma vie est finie mais je revis dans mon fils et je crois que ce sont les vraies joies, celles qui traversent son cœur pour parvenir au mien…

Bleu azur du fleuve étendu de blanc, avec sur les bords des nuances de fauve et de violet, rouges et ocres de la côte arabique saignée à vif par le soleil, vert des cultures gorgées d'eau ponctué du jaune des mimosas en fleur… La palette de l'Orient ravive l'imagination fébrile d'Eugénie mise à mal par de multiples déconvenues. La chaleur du désert réchauffe son cœur éprouvé par les chagrins et les tourments. Le Nil et ses paysages lui rappellent les tableaux de Berchère, un peintre orientaliste qu'elle apprécie beaucoup et dont le pinceau excelle à restituer la lumière de l'Afrique. Un instant, elle a l'impression d'être une Orientale immergée dans l'univers fruste des paysans égyptiens. Son regard s'attarde sur les silhouettes des fellahs presque nus, aux corps coulés dans le bronze, qui s'attroupent sur les berges au passage de la flottille. Des buffles roux pataugent dans la boue ; dans le ciel sans nuages des bergeronnettes filent devant les bateaux. L'immobilité de l'air, où ne frémit aucun souffle de vent, lui fait sentir davantage encore ce qu'en Égypte la vie a d'immuable. Le temps n'a point marché pour les habitants de ce pays où la civilisation moderne, avec ses premières usines et ses pompes à vapeur, fait un contraste saisissant avec les bêtes et les hommes qui émergent à peine des siècles comme les temples antiques des sables.

> … En attendant, je jouis de mon voyage, des couchers du soleil, de cette nature sauvage cultivée sur les rives dans une largeur de cinquante mètres et derrière le désert avec ses dunes et le tout éclairé par un soleil ardent.
>
> Au revoir et crois à l'amitié de ta toute dévouée Eugénie.

CHAPITRE PREMIER

Des temps difficiles

En France, au commencement on peut tout faire ; au bout d'un certain temps, on ne peut même plus se moucher.

Eugénie.

Lorsque le dimanche 13 juin 1869 Ismaïl Pacha, vice-roi d'Égypte, débarque en gare du Nord à Paris par le train de Bruxelles, il sillonne l'Europe depuis déjà près d'un mois en compagnie de son fils Hussein et d'une suite impressionnante de serviteurs. Il est venu en personne convier les souverains des grandes puissances à l'inauguration du canal de Suez programmée pour le 17 novembre suivant. C'est dire l'importance qu'il accorde à cet événement. Au terme de quinze années de travaux pharaoniques, les eaux de la mer Rouge et de la Méditerranée vont enfin se réunir, l'Égypte se muer en détroit. Elle deviendra bientôt le passage obligé entre l'Europe et l'Asie. Le vice-roi en tire une fierté légitime.

Paris, alors en pleine effervescence électorale, se relève de trois jours d'agitation et de troubles. En France l'heure n'est pas encore à la révolution, mais avec les émeutes dites des « blouses blanches » l'extrême gauche se prend à rêver au grand soir où l'insurrection générale balaiera le régime honni de Napoléon III. Le 9 juin, en effet, aussitôt connus les derniers résultats des législatives du 24 mai – les premières élections vraiment libres dans l'histoire du Second Empire –, des manifestants se sont attroupés sur la place du Châtelet et les boulevards en proférant des cris séditieux. À la Bastille, ils ont brisé des becs de gaz et incendié un kiosque à journaux. Mais dans l'ensemble, les ouvriers n'ont pas bougé. Ils sont restés sourds à l'appel au soulèvement lancé par les radicaux. Pendant ce temps, aux Tuileries, l'empereur et l'impératrice reçoivent la reine Sophie de Hollande et la grande-duchesse Marie de Russie. Tandis que l'orchestre de Waldteufel attaque les valses, Napléon ne montre aucun signe particulier d'inquiétude. Il glisse imperturbablement dans sa poche, sans même se soucier de les lire, les télégrammes qu'on lui apporte à chaque instant. Le 11 juin, dans l'après-midi, à l'heure de sa promenade quotidienne avec Eugénie, au lieu de se rendre au Bois comme à l'ordinaire, il ordonne au cocher de se diriger sans escorte et précédé d'un seul piqueur vers les Italiens, théâtre des troubles. Il n'a rien perdu de ce panache dont se gaussent tant ses adversaires qui y voient plutôt une bravade ridicule. La survie de la monarchie impériale dépend désormais autant de la capacité de l'empereur à répondre aux aspirations démocratiques de son peuple que de son aptitude à susciter un nouvel élan autour de sa personne.

Eugénie aime justement en lui cette audace de joueur capable de tout miser sur une seule carte et de gagner. Elle l'aime pour sa noblesse de cœur, pour sa manière bien particulière de défier le sort, qui est presque de la provocation, pour son sang-froid qui est une sorte de désinvolture envers la mort. En janvier 1853, avant de lui présenter sa demande en mariage, l'empereur l'a prévenue qu'en scellant son destin au sien elle s'associait à sa fortune comme à son malheur. Il ne lui a pas caché que sa vie était continuellement suspendue à l'arme d'un terroriste tapi dans l'ombre, qu'elle devrait apprendre à apprivoiser sa peur. Il la protégera de son mieux, lui a-t-il promis, mais en retour il aura besoin qu'elle soit forte. C'est cet homme capable de relever tous les défis qu'Eugénie a toujours tant admiré. Séduite par son courage indomptable, conquise par sa foi inébranlable en son étoile, elle l'a épousé dans l'enthousiasme de son exaltation. Et après seize années de mariage, malgré les crises et les doutes, elle lui conserve sa confiance.

Assurément, en ce mois de juin 1869, Napoléon et Eugénie sont comme deux soldats en campagne. La rue est désormais leur champ de bataille. Sur le boulevard, où déambulent les passants, on les reconnait vite. La foule s'agglutine autour de leur landau et l'empêche d'avancer. L'accueil est plutôt mitigé, mais devant le flegme de l'empereur l'atmosphère se détend très rapidement. Napoléon, égal à lui-même, salue les badauds et serre des mains. L'impératrice, d'abord crispée, se sent gagnée par un sentiment d'invulnérabilité. Elle qui est d'un naturel poltron, et ne s'en cache pas, perd tout sens du danger aux côtés de son mari dans les situations les plus périlleuses. Il lui communique sa certitude que rien ne pourra jamais les atteindre tant qu'ils honoreront leurs engagements. Elle a éprouvé la même impression onze ans auparavant, lors de l'attentat d'Orsini le 14 janvier 1858, à l'instant même où les bombes explosèrent à leur arrivée à l'Opéra. À la première détonation, qui tua un cheval et affola les autres, deux individus à la mine patibulaire, qu'ils prirent pour des terroristes, ouvrirent les portières de leur voiture. Ils crurent leur dernière heure arrivée quand l'empereur, prêt à se jeter sur eux, réalisa soudain qu'il s'agissait de deux policiers en civil. Elle descendit de la berline et leur dit simplement : « Ne vous occupez pas de nous. C'est notre métier. Prenez soin des blessés. » Ils pénétrèrent dans la salle de spectacle, lui d'un calme serein, elle émue et un peu pâle dans sa robe ensanglantée. Le public se leva et les ovationna. À la fin de la représentation, l'empereur tint, malgré le froid, à retourner aux Tuileries en calèche découverte et sans escorte pour bien montrer qu'ils étaient sains et saufs. Il ne laisserait jamais les assassins l'abattre lâchement. S'il devait un jour tomber sous leurs balles, du moins mourrait-il debout, face à ses agresseurs. Des cris frénétiques de joie mêlés à des vivats les accompagnèrent cette nuit-là jusqu'aux grilles du palais.

À bien des égards, la promenade du 11 juin 1869 rappelle à Eugénie la soirée du 14 janvier, surtout lorsque les curieux saisis soudain d'un accès d'enthousiasme se mettent à les acclamer. Le geste de Napoléon ne manque pas de bravoure, bien dans son style. Il rassure le bourgeois et désarme momentanément la colère des manifestants. Il reste toutefois dans le domaine du symbole et ne suffit en aucun cas à opérer un retournement durable de la situation. L'Empire s'effiloche comme une vieille tenture brûlée par le soleil. Le lendemain 12 juin, par chance, il pleut. Le mauvais temps disperse les derniers émeutiers. Après intervention de la troupe et de nombreuses arrestations, le calme est enfin rétabli, mais « quel accès de fièvre ! quel déluge d'attaques, de ripostes, d'affiches, de professions de foi ! », s'indigne dans son *Journal* madame Baroche, la femme du garde des Sceaux.

L'Empire autoritaire né du coup d'État du 2 décembre 1851 semble avoir vécu. Rien n'assure cependant que l'Empire libéral soit capable de lui succéder. Après dix-sept ans d'un règne sans partage, Napoléon, dans l'espoir fragile de sauver sa dynastie, achève de restituer aux Français les libertés qu'il leur a confisquées. En politique, on ne reste pas derrière ses lignes, on avance ou on recule. Dans l'exercice solitaire du pouvoir, il a acquis des habitudes d'autocrate mais son tempérament le porterait plutôt vers le libéralisme. L'expérience dans laquelle il s'est engagé au tournant des années 1860 ressemble à un numéro de haute voltige tant les écueils sont innombrables. Du fait des déboires de sa politique extérieure – l'imbroglio italien, le bourbier mexicain –, l'empereur a été contraint en effet à des concessions qui impliquent à terme le démantèlement du gouvernement personnel. Si dans son esprit l'Empire autoritaire a toujours revêtu un caractère provisoire, il n'est cependant pas dans ses intentions d'en revenir au régime parlementaire. Napoléon entend ne rien précipiter.

Au lieu de tout remettre à plat, il procède avec prudence et par étapes. Il redoute les conséquences d'une libéralisation brutale qui déchaînerait les forces hostiles contenues depuis tant d'années. Mais, par ses lenteurs et ses tergiversations, il déçoit les attentes et donne l'impression détestable de jouer un double jeu. D'une main il caresse l'opposition modérée, de l'autre il brandit la menace, au moindre débordement, d'un retour au régime d'exception. En réalité, ces demi-mesures, par exemple l'assouplissement des formes de la discussion au Corps législatif et au Sénat, ne convainquent pas les libéraux de sa bonne foi. Elles accroissent plutôt leur impatience et les incitent à surenchérir dans leurs exigences. Les ultrabonapartistes hurlent aussitôt à la trahison des principes fondamentaux de l'Empire. Le centre se déclare à moitié satisfait. Quant à l'extrême gauche, elle continue à maudire le régime. À cela rien de surprenant : le préfet de la police a averti le ministre de l'Intérieur que « la portion agissante de la société, celle qui s'occupe le plus de politique, qui aime les discussions, accentue plus que jamais son opposition radicale et systématique ».

C'est pourquoi l'empereur craint, à trop renoncer à ses prérogatives, de s'ôter les moyens de rétablir l'ordre en cas de désordre. Galvanisées par leurs longues années de clandestinité, les oppositions sortent de leur sommeil forcé. Les journaux satiriques, profitant de la levée partielle du régime discrétionnaire de la presse, pulvérisent tous les records de tirages. La décomposition de l'autocratie favorise l'agitation républicaine. Napoléon met en garde les chefs de la gauche radicale, qui n'hésitent pas à se réclamer de l'héritage de 1793, contre toute tentative de subversion. Il se flatte d'avoir donné au pays dix-sept années de quiétude et de prospérité. C'est aux fruits qu'il porte qu'on reconnaît la bonté de l'arbre, répète-t-il volontiers. « Depuis vingt ans, je n'ai pas eu une seule pensée, je n'ai pas fait un seul acte qui n'ait eu pour mobile les intérêts et la grandeur de la France », déclare-t-il le 18 janvier 1869 devant le Corps législatif. Il reconnaît que tout gouvernement est sujet à l'erreur, que la fortune ne sourit pas nécessairement à toutes les entreprises. Il a bien conscience qu'il n'est pas infaillible, mais rien ne l'indispose autant que de voir qu'on doute de la sincérité de ses intentions. L'homme est moralement honnête à défaut d'être politiquement irréprochable. Il accuse néanmoins une usure du pouvoir qui le rend moins réceptif aux nouvelles aspirations de la société. Il demeure prisonnier de références qui le condamnent à une conception figée des choses et l'isolent davantage de son peuple.

Or depuis 1851 les temps ont bien changé. L'époque est révolue où les électeurs se portaient comme un seul homme sur les candidats officiels, où le Corps législatif comprenait exclusivement des élus acquis à l'administration. Les élections législatives de mai 1869 ont confirmé le mouvement amorcé en 1863 : le bulletin de vote devient l'expression d'un mécontentement grandissant, surtout dans les principaux centres urbains. À Paris, Marseille, Bordeaux, Toulouse, Nantes, Rouen, Strasbourg, la gauche marque des points. L'opposition remporte un réel succès. La contestation gagne du terrain. À Marseille, la défaite de Ferdinand de Lesseps, un cousin de l'impératrice, a valeur d'exemple. L'empereur a insisté pour que le président de la Compagnie universelle de Suez, à quelques mois de l'inauguration du canal, se présente contre Gambetta, la tête de file de l'extrême gauche, sans que toutefois sa candidature ait rien d'officiel. « L'isthme de Suez, lui a-t-il fait dire par son ministre de l'Intérieur, rend votre nom universel. Au moment où votre œuvre s'achève, il serait patriotique d'acclamer ce nom dans la capitale maritime de la France ouverte au commerce de toutes les nations. » Depuis les Tuileries, l'impératrice supervise sa campagne électorale. Elle se dépense pour lui assurer une victoire qu'elle a d'abord crue facile. À l'issue du premier tour, elle engage Lesseps, mis en ballottage défavorable, à poursuivre le combat. « Vous êtes trop habitué à la lutte, lui écrit-elle, pour vous retirer devant un premier insuccès… Nous attachons la plus grande importance à votre élection. Pour moi, il ne s'agit pas de nous mais de vous, et vous savez que j'ai toujours eu vos succès à cœur. » Mais las ! ni l'intervention de monseigneur Place, l'évêque de Marseille, ni le parrainage d'Eugénie, qui sans être encombrant a été par trop voyant, ne permettent de récupérer des voix. Ils contribuent plutôt à creuser l'écart avec un Gambetta extrêmement populaire sur la Canebière et au profit duquel Adolphe Thiers, le candidat de la droite libérale, s'est désisté. La poussée contestataire avance inexorablement comme une coulée de lave que rien ne peut désormais arrêter.

À la Chambre fraîchement élue, les républicains comptent désormais vingt-cinq représentants. Rejetant toute forme de compromission avec l'Empire, ils se qualifient eux-mêmes d'« irréconciliables ». Le réveil du radicalisme a rallumé la crainte du socialisme dans une France majoritairement rurale et conservatrice. Le spectre du péril rouge de 1848 si habilement brandi par les tenants de l'ordre moral hante encore les esprits vingt ans après. L'empereur cependant demeure confiant. Au premier signe sérieux d'un danger révolutionnaire, il n'en démord pas, les bons citoyens se rangeront instinctivement derrière lui. Il est convaincu que la Constitution de 1852 répond aux vœux des honnêtes gens sans qu'il soit nécessaire de l'amender de fond en comble. On est loin, cependant, du consensus qui prévalait sous l'Empire autoritaire, lorsque les maires et les préfets exerçaient des pressions sur les électeurs et que parvenait au souverain l'expression de la fidélité prétendument unanime des Français à la dynastie.

Toutefois, le revers électoral de juin 1869 ne laisse pas Napoléon indifférent. Le pays attend une réaction de sa part, mais l'empereur hésite sur la marche à suivre. Les ultras du parti impérialiste, écœurés par le « désordre moral », l'engagent à ne rien céder, tandis que les plus lucides l'incitent à aller de l'avant. « L'empereur n'a qu'à persévérer résolument dans les voies libérales qu'il a ouvertes, écrit Persigny à Émile Ollivier, futur chef du gouvernement, mais en appelant à lui une nouvelle génération, jeune, forte, intelligente et surtout courageuse et convaincue. Quant aux hommes du 2 décembre comme moi, il faut avoir la loyauté de le reconnaître, notre rôle est fini. » On est indiscutablement à la charnière de deux époques. Malheureusement, après des années d'autocratie, l'Empire se révèle incapable de renouveler ses élites. Il s'anémie faute de rallier à lui une jeunesse prête à succéder aux vieux grognards. La matière ministérielle se raréfie. Le régime souffre d'une pénurie d'hommes ; il est à l'image de son chef, décati et déclinant. Non sans amertume, Napoléon constate une sorte de démission ou de scepticisme ravageur dans les rangs de sa garde rapprochée qui crie au casse-cou. Émile Rouher, le plus fidèle d'entre les fidèles, semble lui aussi avoir perdu la foi. Il déclare mettre en pratique la sagesse du philosophe chinois Ye-Men-Fou. Son bon mot fait fortune. Les impérialistes de la première heure ne retrouvent plus leurs repères dans un pouvoir dépouillé des attributions qui ont établi sa puissance. Ils ont la nette et désagréable impression qu'une page est en train de se tourner et ils se demandent même si Napoléon III est l'homme de la situation. N'est-il pas temps pour lui de passer le relais ? Seulement, avec un héritier de treize ans, le problème de la succession soulève bien des interrogations. À commencer par le rôle qu'aurait à jouer l'impératrice en cas de minorité.

Eugénie se tient prudemment à l'écart des querelles politiques qui secouent son propre camp. Elle refuse d'intervenir dans le débat, alors que les ministres étalent leurs divergences sur la place publique. Puisqu'elle a choisi de se taire, ses adversaires, à la Cour comme à la ville, la font parler. Les accusations mensongères, les allusions perfides et les sarcasmes dont on l'accable s'avèrent plus offensants que les attaques directes. Elle devient le point de mire d'insinuations odieuses. La presse radicale la prend pour cible ; les traits vénéneux que les journaux lui décochent visent en réalité à abattre l'empereur. L'un des plus licencieux, *La Lanterne* d'Henri Rochefort, ne se gêne pas pour la traiter dans ses colonnes de « grue couronnée » et écrire que les sujets de mésentente sont aussi nombreux que les sujets de Napoléon III. Le gouvernement personnel expose ainsi ceux qui l'incarnent à la vindicte de ceux qui le combattent. Eugénie refuse de se plaindre. Elle garde pour elle les blessures d'amour-propre provoquées par les insultes dont on la salit, elle et sa propre famille, sans autre motif que la politique. « Ce sont des tristesses, soupire-t-elle, qui jettent un voile bien sombre sur la vie. »

L'empereur estime pour sa part qu'un gouvernement qui se respecte ne doit rien céder sous la pression de la rue. « On veut mettre en action la fable du lion devenu vieux, l'entend-on dire un soir lors d'un grand dîner à Saint-Cloud. On lui rogne d'abord les ongles, puis on lui arrache les dents, ne lui laissant que sa crinière qui ne peut plus suffire à sa défense. » Malgré les promesses faites auparavant de s'en tenir désormais à une ligne droite et nette, il retombe dans des errements qui font craindre de sa part quelque action hasardeuse. Ses hésitations de dernière minute ne procèdent pas uniquement de vieux réflexes mais aussi de sa conviction que les mouvements populaires n'inspirent jamais de bonne politique. L'expérience libérale lui semble condamnée à l'échec et il n'entrevoit d'autre issue qu'un prévisible retour de bâton. D'ailleurs les fusils chassepots sont mis en état d'alerte permanente pour parer à toute insurrection. Il a la désagréable impression que les événements lui forcent la main, comme s'il prenait subitement conscience d'avoir enclenché le mécanisme d'une machine infernale prête à exploser à tout moment.

C'est pourquoi l'effet d'annonce du message impérial du 12 juillet 1869, par lequel Napoléon paraît disposé à tout accorder excepté la responsabilité ministérielle et le rétablissement de l'Adresse, est aussitôt gâché par sa décision, fort mal perçue, de démissionner le gouvernement et de suspendre le nouveau Corps législatif alors en pleine vérification des pouvoirs. Ses ministres sont bien trop divisés sur la portée des changements à opérer pour qu'ils lui soient encore d'une quelconque utilité. L'empereur a besoin de se déterminer en toute liberté et vite, car la gravité de la situation impose une résolution rapide. C'est dans cet esprit qu'il renvoie le cabinet et proroge *sine die* la Chambre basse, sans tenir compte, hélas ! du fait que de nombreux députés resteront invalidés aussi longtemps qu'il ne les convoquera pas. Les radicaux dénoncent aussitôt une manœuvre dilatoire, un retour aux pratiques odieuses du gouvernement personnel. Napoléon semble sous-estimer les réactions de l'opinion, indifférent aux récriminations de l'opposition. Mais mesure-t-il vraiment les conséquences d'une décision malheureuse qui entretient un climat de tension et de défiance au moment même où il paraissait résigné à se soumettre aux règles du jeu parlementaire ? Agit-il par aveuglement, faute de bien évaluer les implications de ses actes, ou bien cède-t-il à une forme de lassitude qui émousse sa perception de la réalité et le rend incapable de percevoir les mutations à l'œuvre dans le corps social ? Toujours est-il qu'en mettant les députés en congé forcé, avec cette inquiétude supplémentaire pour les invalidés que leur mandat ne soit pas confirmé de sitôt, en les chassant de l'hémicycle, il leur lance presque une invite à coordonner leur grogne. Aurait-il voulu qu'on doute de sa bonne foi qu'il n'aurait pu mieux s'y prendre !

Aux yeux d'Eugénie, Napoléon III doit rester l'homme du 2 décembre 1851. Le rétablissement intégral des libertés interviendra plus tard pour couronner l'avènement de Napoléon IV, leur fils. Elle a toujours vu dans le coup d'État un acte héroïque et non un mal honteux. Elle n'a jamais douté que le 2 décembre, en décapitant l'hydre révolutionnaire, eût sauvé la France du chaos et confirmé la mission providentielle de Louis-Napoléon. Elle estime sans doute que le plébiscite a largement effacé l'opprobre du recours à la force. Pour l'impératrice, la légitimité de l'Empire est double : par la figure mythifiée de Napoléon Ier, qui le guide, et par le suffrage universel, qui a consacré les pouvoirs de Napoléon III. C'est pourquoi elle récuse avec énergie les accusations d'Empire liberticide, car elle considère que l'Empire autoritaire demeure le meilleur garant des libertés. Elle croit en la pérennité de l'Empire, même si elle répète souvent qu'on ne gravit pas impunément les plus hautes marches sans risquer de tomber un jour dans les abîmes de l'infortune.

Elle connaît trop bien son histoire de France pour se raconter des histoires. De ses lectures elle a retenu que les défaites succèdent souvent aux victoires, que le peuple – surtout en France – brûlera demain ce qu'il a adulé hier, que la gloire est chose vaine, que les haines l'emportent sur l'amour et les souffrances sur la félicité. À partir de canevas sommaires tirés des précis d'histoire qu'elle a lus, elle a brodé en points sombres une vaste tapisserie où transparaît son obsession de la déchéance et de la fatalité des destins. Dans la tourmente, elle pousse Napoléon à réagir. L'empereur doit rester seul maître à bord. Elle ne veut pas qu'il devienne le capitaine impuissant d'un navire en perdition, à l'heure où l'Empire se fracasse sur ses propres contradictions. Il l'a toujours consultée, et elle qui penche du côté des conservateurs et n'en fait pas mystère s'inquiète de le voir pousser plus loin ses réformes. Mais puisqu'il est décidé à céder sur presque toutes les revendications de l'opposition libérale, elle se résigne à l'accompagner jusqu'au bout des mutations engagées. Elle reconnaît pourtant elle-même qu'un coup d'État est un boulet qu'on traîne et qui finit par vous paralyser la jambe. À défaut d'arrêter un processus que plus personne ne contrôle, Eugénie espère en corriger le mouvement. Après tout, ne sont-ils pas liés l'un à l'autre, pour le meilleur comme pour le pire ?

CHAPITRE II

« La seconde conscience de l'empereur »

Les grandeurs sont comme les parfums, ceux qui les portent ne les sentent quasi pas.

Christine de Suède.

De tous les ministres, l'impératrice, dit-on souvent sous forme de boutade, est celui qui a la plus forte influence sur Napoléon. Il ne faudrait pourtant pas se méprendre sur la portée réelle de son rôle. À ses débuts beaucoup l'ont considérée comme une jeune femme futile ne s'occupant que de chiffons. « On m'a reproché d'être frivole, racontera-t-elle sur ses vieux jours, et d'avoir trop aimé la toilette, mais c'est absurde, c'est ne pas se rendre compte du rôle qu'une souveraine a à jouer comme actrice, mais c'est plus difficile ! La toilette fait partie de ce rôle : de quelle avarice ne m'aurait-on pas accusée si j'avais usé de vieilles petites robes ! » La maturité venant, on en a fait une femme fatale, sans doute parce que Napoléon l'associe plus étroitement à ses affaires. Ses ennemis – et elle n'en manque pas à la Cour – la rendent responsable de toutes les fautes de l'Empire. Plus tard, après 1870, ils rejetteront sur elle la honte de Sedan. Ainsi est née la légende noire qui faussera longtemps l'appréciation des historiens à son sujet.

Eugénie porte indiscutablement en elle la fierté d'être l'impératrice des Français. Cet honneur que Napoléon lui a fait en l'élevant jusqu'à son trône égale chez elle l'orgueil d'être née « grande » d'Espagne. Le sang des Guzman et des Montijo lui rappelle toutefois qu'elle n'est pas montée d'assez bas pour avoir le vertige. Elle n'a rien d'une politique au sens propre du terme. Elle se défend même de l'être. Les femmes politiques, qu'elle qualifie d'« êtres amphibies », ne lui inspirent aucune sympathie particulière. Elle explique à son cousin le prince Napoléon que « Dieu donne aux femmes l'instinct de tout ce qu'elles ne savent pas quand il le faut, mais aussi il leur ordonne de s'effacer là où elles ne peuvent rien de bon ». Elle précise toutefois que si le devoir l'obligeait un jour à entrer en politique, si effrayante que fût pour elle cette perspective, elle n'esquiverait pas ses responsabilités. Elle se dit libérale, mais le mot chez elle prend un sens différent de celui qu'on lui attribue d'ordinaire. Pour Eugénie – et combien de fois s'en est-elle expliquée – libéral signifie juste. Elle renvoie dos à dos la tyrannie, la démagogie et l'anarchie des idées, cette ennemie redoutable de la vraie liberté au dire de Napoléon. Selon elle, le tempérament frondeur des Français justifie un pouvoir autoritaire capable de maintenir la morale et l'ordre. Les révolutions de 1830 et 1848, avec l'échec répété de l'expérience démocratique, ont prouvé l'immaturité politique du pays. Elle ne doute pas que la démocratie, pour triompher, a besoin de s'appuyer sur un chef garant de l'unité et de la concorde nationale. Comme l'empereur, elle condamne le parlementarisme, juste bon à servir les intérêts des partis et à maintenir le peuple dans un état d'ignorance, terreau de toutes les dérives. À ce système elle oppose le gouvernement personnel, seul pouvoir capable, d'après elle, d'œuvrer pour le bien général et de contenir les appétits de la classe politique. En ce domaine comme en beaucoup d'autres, ses idées se calquent sur celles de Napoléon.

Malgré les allégations de ses détracteurs, à commencer par le prince Napoléon qui la déteste, il n'y a jamais eu à proprement parler de « parti de l'impératrice ». « On la rend responsable de bien des choses auxquelles elle n'a jamais songé, proteste Mérimée dans une lettre à la comtesse de Montijo, la mère d'Eugénie. Vous connaissez les gens et surtout les femmes qui l'entourent, et vous devinez le parti qu'ils tirent de quelques mots échappés et interprétés ensuite au gré d'un parti. Lorsqu'on voit *Le Constitutionnel* donner des démentis à *La France*, et en recevoir de *La France*, lorsque le jardinier [le surnom donné par Mérimée au comte Walewski alors ministre d'État] et cet imbécile de La Guéronnière [un publiciste attaché au service de Napoléon] se posent comme les confidents de l'impératrice, en opposition à la politique officielle, que voulez-vous qu'on pense et qu'on dise en province ? » Ces bruits répandus avec l'intention de lui nuire circulent quand la délicate question romaine se perd dans les arcanes obscurs du secret de l'empereur.

Napoléon prône l'affranchissement de l'Italie du joug autrichien et l'union fédérative des États de la Péninsule. En 1859, il honore son alliance avec la Sardaigne en engageant la France dans une guerre contre l'Autriche. Défait, François-Joseph doit concéder des territoires et accepter la formation d'une Confédération italienne dont l'existence compromet à terme celle des États pontificaux. Le 31 décembre 1859, Napoléon insiste auprès de Pie IX pour qu'il cède aux circonstances et renonce à la Légation de Romagne qui réclame son annexion au royaume de Sardaigne. Rome ne veut rien sacrifier de ses possessions pour préserver son pouvoir temporel. La publication à Paris d'une brochure anonyme, *Le Pape et le Congrès*, où l'on reconnaît les idées de Napoléon, aggrave encore une situation déjà fort tendue. Elle donne des raisons supplémentaires d'inquiétude aux catholiques français concernant le pouvoir temporel du pape. Eugénie, dans une lettre du 14 janvier 1860 à sa sœur Paca, la duchesse d'Albe, examine les tenants et les aboutissants de la question romaine.

« Comme tu désires que je réponde de suite sur la brochure *Le Pape et le Congrès*, je le fais sans perdre de temps. En effet, la brochure est de M. de La Guéronnière et l'Empereur la connaissait. Voilà tout ce que je puis t'en dire, seulement je vois par ta lettre que tu ne l'as pas *lue*. Le fait qui en ressort, ce n'est pas d'ôter le pouvoir temporel au Saint-Père, mais on dit seulement : puisqu'il ne peut garder les Légations que par la force, ne serait-il pas mieux d'indemniser le Pape et laisser cette partie du territoire, qu'il ne possède *que depuis les traités de 1815*, en dehors, ce qui le rendrait plus fort dans le reste de ses domaines ? Je t'explique la brochure seulement, quant à moi je fais des vœux pour que tout le monde soit bien pénétré de l'esprit de l'Évangile. Je crains seulement de bien grandes complications du côté des États de l'Église, ce qui me navre le cœur. Le malheur de tout ceci, c'est qu'on veut être plus catholique que le Pape, et souvent des amis qui l'abandonneront au besoin veulent lui prouver leur respect en l'engageant dans une voie qui est bien épineuse pour le Saint-Père comme pour tous. Ainsi voilà le Congrès remis à je ne sais quand, et pourtant plus le temps se passe plus un arrangement devient difficile, car pour faire rentrer une province dans l'obéissance, il n'y a que deux moyens : l'un, celui des concessions sages et à temps ; l'autre, celui de la force, et il me semble difficile, car qui l'emploiera ? Les Autrichiens ne le peuvent plus par le traité de Zurich, nous ne le pouvons pas sans être inconséquents, le Saint-Père n'a pas d'armée, l'Espagne ne peut pas se mettre tout le monde à dos, alors qu'en adviendra-t-il ? Dieu le sait, seulement je demande de tout mon cœur que l'Empereur n'en ait pas la responsabilité. »

Dans ce contexte, on commence à prêter à Eugénie un rôle de chef de parti. L'impératrice agit, dit-on dans les cercles anticléricaux, pour la défense des intérêts de Pie IX. Napoléon lui-même, pour les besoins de sa politique intérieure, insinue, afin de calmer les catholiques ultramontains, que sa femme soutient leurs positions – on comprend à la lecture de sa lettre à Paca qu'il n'en est rien. Mais il est facile de donner d'une Espagnole à la foi ardente l'image caricaturale d'une dévote, d'autant que le gouvernement de Madrid encourage alors le Saint-Père à la résistance. « On l'a accusée d'avoir exercé une influence funeste sur le gouvernement dans les affaires de Rome, note dans ses *Mémoires* Victor Duruy, ministre de l'Instruction publique de 1863 à 1869. La politique relative au Vatican était commandée par la nécessité de ménager le parti catholique de France qui, déjà, le 31 mars 1849, trois avant le mariage impérial, avait imposé l'expédition de Rome, première faute que l'on continua jusqu'en 1870. Je crois que l'empereur était, au fond, aussi sceptique que la plupart de ses ministres.

Cependant, il n'a jamais fait la "guerre religieuse", parce que, chef de l'État, il ne pouvait violenter la conscience de trente millions de Français qui étaient ou se croyaient catholiques… Ce n'est donc pas l'impératrice qui a fait commencer cette politique et je l'ai toujours trouvée très gracieuse à mon égard bien qu'elle connût mes sentiments sur cette question… » Mais, cédant à des calculs cyniques, l'empereur a pris le risque de présenter l'impératrice sous un jour qui ne correspond pas à la réalité.

Eugénie cultive peu d'illusions sur l'avenir des États de l'Église car la détermination des habitants de la Romagne est trop vive et le temps des sages concessions est passé. Dès lors, Rome ne peut rétablir son autorité sur ses sujets révoltés qu'en recourant à la force. Mais qui oserait l'employer au nom de l'Église ? « Je demande de tout mon cœur, répond l'impératrice à cette question qui agite les milieux catholiques, que l'Empereur n'en ait pas la responsabilité. »

En septembre 1866, en villégiature à Biarritz, elle se laisse circonvenir par des émissaires de l'épiscopat qui lui suggèrent de se rendre à Rome pour rencontrer Pie IX. En soi, la proposition n'a rien d'incongru. Au vu de l'impasse dans laquelle se trouvent le Saint-Siège et le royaume d'Italie, elle a assurément de quoi séduire une âme pieuse. Eugénie craint en effet pour le sort de la papauté. Il paraît urgent de rétablir le dialogue entre Rome et Florence. Peut-être rêve-t-elle d'associer son nom à la recherche d'une solution négociée, d'un compromis qui préserverait les intérêts fondamentaux du pape sans faire obstacle à l'achèvement de l'unification italienne ? « Elle n'irait à Rome, écrit *L'Indépendance belge* dans son édition du 22 novembre, que dans le but d'obtenir du Saint-Père qu'il tende une main amie à l'Italie. Telle est du moins l'opinion de ceux qui ont eu l'occasion d'entendre se prononcer Sa Majesté sur ce qu'elle désirerait faire. » La mission s'annonce extrêmement périlleuse et l'opportunité du déplacement divise le gouvernement. Le baron Risocali, président du Conseil des ministres italiens, fait savoir à Napoléon qu'il approuve l'initiative prêtée à l'impératrice. « Ce voyage peut donc avoir un grand succès, câble à l'empereur le général Fleury, son émissaire spécial auprès de Victor-Emmanuel, puisqu'il est agréé par Florence, à la condition que Votre Majesté obtiendra tout d'abord certaines concessions. Sans cela, voyage dangereux, parce qu'il passionnera les esprits après départ, aussi bien à Rome qu'en Italie, et que le pouvoir temporel sera d'autant plus violemment attaqué et en péril qu'il n'aura rien concédé. Il faut donc bien sonder la situation avant de prendre parti. Il y a grande gloire pour l'impératrice si elle réussit, mais grand échec aussi à redouter. »

Séduite par le côté chevaleresque d'une idée dont elle évalue mal les dangers sous-jacents mais qui flatte ses convictions religieuses, Eugénie jouerait volontiers les bons offices. En la circonstance, dans son désir louable de bien faire, elle manque singulièrement de sens politique. « Je ne crois pas qu'elle pût faire rien qui lui fût plus nuisible personnellement, s'étonne Mérimée le 21 décembre auprès de son vieil ami Panizzi. Je crois pour ma part que l'inconcevable discours d'adieu de Sa Sainteté aux officiers français [de la division française stationnée à Rome] a fait plus d'effet que tous les raisonnements qu'on a pu faire... Notre auguste hôtesse est impératrice avant d'être chrétienne, et elle a ressenti, j'en suis sûr, très vivement les insolences de ce vieil imbécile. Je désire bien qu'elle persévère dans ce mouvement. » À un autre de ses correspondants il écrit : « Maintenant il faut penser aux détestables conseils que donne notre clergé et à toutes les folies qu'il peut suggérer à une petite cour qui n'a jamais brillé par le bon sens ni par la connaissance des hommes et du temps. » Le pape confie au général de Montebello, le commandant de la garnison française, le soin d'assurer l'empereur de ses prières. « On dit que sa santé n'est pas bonne, déclare-t-il, je prie pour sa santé. On dit que son âme n'est pas tranquille, je prie pour son âme. La nation française est chrétienne, son chef doit être chrétien aussi. » Quand Napoléon prend connaissance des paroles de Pie IX, il se montre contrarié par ses allusions perfides. Non seulement il interdit aux journaux de reproduire le dernier paragraphe du discours papal, mais il coupe court au voyage d'Eugénie.

La ligne de conduite à laquelle l'impératrice se tient durant tout le règne ne diffère fondamentalement pas de celle de Napoléon. Elle sait d'expérience que le caractère de son mari ne souffre aucune contradiction et qu'il ne sert à rien de chercher à infléchir ses opinions. Elle le suit dans toutes ses entreprises, sans toujours nécessairement approuver l'ensemble de sa politique. À deux reprises, en 1859 durant la guerre d'Italie puis en 1865 lors de son voyage en Algérie, il lui confie la régence avec des pouvoirs très étendus.

« L'Empereur part dès que l'armée sera réunie et moi je reste ici comme Régente, écrit-elle à Paca le 22 avril 1859. La responsabilité est bien grande pour moi, car tu sais que les Parisiens ne sont pas toujours très commodes à mener : mais Dieu me donnera, je l'espère, toutes les connaissances qui me manquent, car je n'ai que la volonté de bien faire et de ne point souffrir le moindre désordre. Comme la destinée est bizarre ! Qui nous aurait dit, étant enfants, ce qui devait nous attendre, et quand monsieur Beyle [Stendhal] nous racontait les campagnes de l'Empire que nous écoutions si bien, le mépris qu'on avait pour Marie-Louise, qui m'aurait dit : "Vous allez être partie active dans la seconde scène de ce poème et on vous jugera avec autant de sévérité qu'on l'a fait pour Marie-Louise si vous agissez comme elle" ? Je t'assure que ça fait réfléchir. Enfin, tous les événements de la vie se succèdent souvent malgré nous, mais je ne pourrai presque me défendre d'un sentiment d'orgueil si je puis, par ma présence, rassurer les esprits en France. »

Elle s'acquitte de ses responsabilités avec un sérieux et une application que saluent les ministres. Elle les surprend par sa facilité à assimiler le contenu des dossiers, par sa connaissance de la Constitution ; elle cite par cœur les décrets ou les sénatus-consultes comme le ferait un conseiller d'État. « Il est impossible de faire son métier de souveraine avec plus de dévouement et d'intelligence », rapporte Mérimée à la comtesse de Montijo, fière des progrès de sa fille. Il a fallu du temps à Eugénie pour apprendre son métier d'impératrice – elle a une conception très « professionnelle » de sa fonction –, métier difficile quand on n'en a pas commencé l'apprentissage dès sa jeunesse. Par timidité autant que par inexpérience, elle a commis quelques maladresses insignes qui ont froissé durablement bien des susceptibilités. On l'a accusée parfois de sécheresse et de dureté sans voir que cette raideur avait longtemps masqué un manque d'assurance. « Non, elle n'était ni froide ni indifférente, proteste dans ses *Souvenirs* la comtesse Des Garets, ancienne demoiselle d'honneur de l'impératrice, et son cœur ne fut pas insensible. Sur le pont de *L'Aigle*, pendant notre voyage d'Orient, j'ai vu ses larmes couler au récit des derniers moments d'un homme qui l'avait passionnément aimée et qu'on avait envoyé mourir au loin de la fièvre jaune pour expier le crime de l'avoir adorée. »

Éduquée par sa mère dans les manières du grand monde, elle a aisément adopté les habitudes de la vie de cour. La princesse Pauline de Metternich, l'ambassadrice d'Autriche, admire en elle « le savoir mondain uni à la puissance souveraine ». Eugénie excelle à composer de brillantes séries d'invités lors des séjours de la Cour à Compiègne, mettant le même soin à combiner ses listes qu'une maîtresse de maison à dresser un plan de table. Elle remplit ses obligations d'impératrice « avec plus que du talent, avec l'envie de réussir ». Elle a pris conscience que la machinerie du pouvoir fonctionne sur un mode comparable à celui d'un théâtre. On passe du registre dramatique au comique au gré des circonstances ou selon les impératifs politiques. Elle sait être tour à tour solennelle et grave, légère et souriante. Tout cela n'est qu'un rôle de composition, une sorte de désincarnation d'elle-même au profit d'une figure allégorique. En représentation permanente, obligée de toujours paraître sur scène, contrainte de changer plusieurs fois par jour de tenue – on serait tenté de dire de costume –, elle a aliéné son existence à la servitude des obligations protocolaires. Elle a parfois l'impression de n'être plus que le double de son image gravée en effigie sur l'avers des médailles de l'Empire. Sa liberté, elle l'a sacrifiée à ses devoirs d'impératrice. Elle a renoncé aux courses de taureaux qui avaient distrait son enfance, aux promenades en simple particulière dans les allées du Bois, aux emplettes chez les marchandes de modes parisiennes.

Les servitudes de la vie officielle l'enferment dans un rôle souvent lourd à porter, mais elle s'en plaint rarement. « Je suis comme les soldats un jour de bataille, aime-t-elle à dire. On ne peut être malade, et pour moi c'est le monde qui est mon champ de bataille. » Les déplacements officiels constituent toujours un véritable supplice. On inscrit à son intention dans un carnet des renseignements sur les situations familiales ou sociales des personnes qu'on lui présente. Elle doit apprendre par cœur ces fiches, ce qui ne l'empêche pas de commettre parfois de cocasses confusions sur les noms. D'où des gaffes, comme de féliciter un jour la femme d'un général pour ses cinq enfants alors que celle-ci meurt de chagrin de ne pas en avoir ! « On prétend que les princes sont entourés de flatteurs, remarque-t-elle. Hélas ! ce sont eux qui sont condamnés à flatter tout le monde. Leur vie se passe à remercier et à saluer. Ils n'ont pas le droit de trouver exécrables les livres qu'on leur dédie, les pièces qu'on joue devant eux, la musique dont on écorche leurs oreilles. Une souveraine, pendant qu'on la coiffe pour dîner, étudie l'ouvrage qu'un savant lui a offert, comme un écolier pioche sa leçon, afin d'y puiser la matière d'un mot aimable. Toutes les jeunes filles sont jolies, tous les artistes ont du talent : les princes sont condamnés à une plate et universelle admiration. »

Au milieu de cet enjouement un peu artificiel, elle n'est pas exempte de moments de lassitude qui rendent le poids de la grandeur proprement insupportable. Dans sa « cage dorée » – l'expression est d'elle –, les heures lui paraissent souvent des siècles. Près des cimes du pouvoir, le temps alourdi par la pesanteur de l'étiquette prend une lenteur insoupçonnable. Elle s'étonne que le peuple s'éblouisse si facilement au lustre de la Cour. « Souvent je suis si fatiguée en arrivant dans les villes, confie-t-elle à sa sœur en août 1860, que l'idée seule du bal et du dîner me donne envie de pleurer. » Mais son sens du devoir lui sert en quelque sorte de bâton de pèlerin. Elle se relève et repart comme si de rien n'était, condamnée comme le Juif errant à une éternelle marche.

Dans sa position, elle subit une surcharge émotionnelle constante dont elle ne peut guère se libérer faute de s'autoriser le moindre relâchement. Elle se surveille en permanence, redoutant ses propres dérapages, et elle impose à son entourage la même conduite. Elle s'est elle-même corsetée dans une discipline austère qui lui comprime la poitrine et l'empêche de respirer. Mais dès lors qu'une chose l'affecte en tant que personne et non plus comme souveraine, elle s'interdit d'extérioriser ses émotions. Au lendemain de l'attentat d'Orsini, elle s'offusque de la manière dont sa mère, par goût de l'ostentation, exhibe à Madrid sa frayeur au cours d'une action de grâces publique. Dans une lettre indignée à Paca datée du 24 janvier 1858, elle réclame le droit de remercier Dieu dans le silence de son oratoire, de souffrir en secret, de penser ou de sentir sans nécessairement prendre le monde à témoin.

« Le 15, ma première pensée au milieu de tout ce monde qui devait venir nous féliciter fut d'écrire à maman une longue lettre avec des détails et une autre pour toi. Je ne te parle pas du soi-même ; tu as vu par la dépêche que pas une minute n'avait été perdue, c'est-à-dire que, *dans le moment le plus critique de ma vie*, toi et elle êtes apparues à mes yeux pleines d'inquiétude et de désolation, et ma seule pensée fut de vous tranquilliser. Cinq jours après, je recevais vos lettres ; la tienne tendre comme je l'attendais, celle de maman telle qu'elle l'aurait écrite dans un moment normal ; deux mots sur notre danger et trois pages sur le changement du ministère Armero-Mon.

« Ceci, je te l'avoue, me fit mal et je ne répondis pas de suite ; le lendemain, je reçus une autre lettre : je vis par elle que la veille elle ignorait le danger aussi grand que nous l'avions couru. Tout heureuse je lui écrivis immédiatement, mon cœur se désespérait en la lisant et l'idée de tout le passé a été bien vite effacée. Je croyais ma pauvre mère *pleurant* et *remerciant* Dieu de nous avoir sauvés. Quel est mon étonnement de voir par une lettre que j'ai reçue d'elle hier que sa douleur avait eu besoin d'un témoignage public, qu'on s'était occupé des détails d'invitation, qu'elle avait pris les proportions de ces douleurs officielles, auxquelles on croit peu ou pas. Il y a quelque chose qui me répugne à l'idée d'inviter le public pour pleurer devant lui et demander presque sa pitié.

« Je ne sais si tu sens comme moi, mais jamais je ne voudrais qu'un sentiment de mon âme vienne se dévoiler devant eux. Le 14 au soir, si j'avais été seule dans ma chambre, j'aurais peut-être pleuré : le public était là et personne ne peut dire qu'il a vu une seule larme dans mes yeux. C'était si naturel de se tourner vers Dieu, mais dans sa propre chapelle, le remercier sans bruit et laisser à l'ambassadeur de France des détails qui répugnent au cœur d'une mère. J'ai vu depuis dans les journaux une polémique qui ne peut durer : les uns pour ma mère, d'autres pour Turgot [l'ambassadeur de France]. Quel besoin y avait-il de se mettre en hostilité ouverte avec lui ? Tu sais mon opinion sur lui, elle n'a pas changé, mais je te demande encore quel besoin a le monde entier de se mêler de ce qui ne le regarde pas. D'ailleurs, en faisant ces scandales, vous me faites tous du mal, et si je n'ai pas le droit de prier un étranger j'ai celui de dire à ma famille : "Vous m'aimez, prouvez-le, cessez ces hostilités, chacun peut faire un pas, et n'empoisonnez pas, après de si rudes épreuves."

« La seule consolation qui puisse me rester, c'est de voir l'union autour de moi, au moins *aux yeux du monde*. Tu peux appeler mes sentiments exagérés, ça tient peut-être à ce que je suis une sensitive pour tout ce qui vient de ceux que j'aime. Mais je vis dans un monde où j'ai dû faire deux parts, la vie publique et la vie privée ; tout ce qui a rapport à celle-ci me semblerait profané si elle devenait le domaine de l'autre, et je croirais jouer la *comédie* si je venais, même en le sentant beaucoup, leur montrer mes peines : voilà pourquoi un *Te Deum* public, où l'on me vante la *musique* et les ornements, me blesse. Et combien j'aurais été touchée des prières qu'on aurait adressées à Dieu dans la petite chapelle de ma maison, des vœux qui loin du bruit n'auraient pas été moins sincères ! »

Eugénie dispose d'assez peu d'échappatoires pour souffler vraiment. « Elle se laissait toujours absorber par les préoccupations politiques du moment, regrette madame Des Garets, et ne parvenait pas à secouer ses ressentiments, ni à se délivrer du fardeau de rancune et de révolte pesant sur son esprit. Elle ne possédait pas la grande magnanimité de l'empereur, ni sa haute philosophie. Le pardon lui était difficile et un méchant article de presse, un propos malveillant, un rien blessait son cœur et rendait parfois son humeur difficile. Aussi passions-nous souvent des heures pénibles : d'une nature tumultueuse et passionnée, elle devait souffrir plus que d'autres, je ne cessais de le répéter à tous et je la plaignais de toute mon âme. »

Une lettre à Paca du 8 février 1859, rédigée dans l'atmosphère propre aux veilles de guerre, en l'occurrence celle d'Italie, montre à quelle pression psychologique elle est continuellement soumise.

« Je suis bien fâchée de t'avoir attristée par le commencement de ma lettre, car vraiment je te disais d'être heureuse *pour deux* sans une véritable raison : je le suis autant qu'on peut l'être avec un mari excellent et un charmant petit garçon. Mais tu sais qu'en dehors de la réalité il y a bien des petites inquiétudes dont on ne peut s'affranchir, bien des préoccupations qui viennent vous assaillir, sans raison peut-être. Enfin la vie pèche par un côté ou l'autre.

« J'étais pourtant née pour la vie orageuse, le calme plat m'aurait ennuyée et rendue malheureuse : eh bien ! quelquefois je me mets à le regretter car si je comprends la vie avec des émotions, je n'en veux pas de constantes, et elle l'est ainsi dans ma position. Le jour de l'ouverture des Chambres, le discours de l'Empereur était bien difficile à faire. Si tu avais vu les figures des députés qui étaient décidés d'avance à ne pas être *contents*, et cette peur de la guerre qui est une vraie panique, et tout le monde sur le dos, qui vous répète sur tous les tons *qu'ils ont peur*, enfin ceux qui veulent se placer en oracles et qui prédisent la fin du monde, enfin ceux qui croient que l'Empereur a perdu la tête et que rien ne peut le calmer, tu verrais qu'il y a aussi bien des dégoûts dont personne ne se doute. Tout se calmera, je l'espère, mais tu ne dois pas t'étonner de me savoir quelquefois triste et un peu préoccupée. Je pense au temps où nous étions à Carabanchel, sans autre souci que nos leçons et pour robes de chambre nos blouses de gymnastique ; alors, il me prend une envie irrésistible de me revoir là, oubliant tout, même qu'il y a une Italie et une Autriche, et vivant de ma vie passée, mais il faut rester comme un soldat sur la brèche, tâchant de donner du cœur à ceux qui en manquent, et de la prudence à ceux qui en ont besoin. »

Elle dissocie la vie publique, quasi totalitaire, du domaine privé. Elle sépare jalousement le temps accordé aux autres de celui qu'elle se réserve pour des tête-à-tête avec elle-même. Le peu qu'elle soustrait à la curiosité populaire, elle entend le protéger avec vigilance. Aux Tuileries, son cabinet de travail, encombré de meubles et de vitrines débordantes de livres et de souvenirs, marque l'entrée de son home où, excepté les gens à son service, nul n'a le droit de pénétrer sans y avoir été dûment convié. Cachée derrière des écrans de plantes vertes, elle y travaille, lit, classe inlassablement ses papiers.

« L'impératrice se tenait habituellement sur un fauteuil bas placé à contre-jour, près de la cheminée, du côté de la porte d'entrée de son cabinet, les pieds sur une petite chaise inclinée, raconte madame Carette, une ancienne dame du palais. Un paravent en soie verte l'abritait. Elle avait à sa gauche, dans le coin de la cheminée, une petite table en bois noir à étagère, généralement couverte de papiers avec son buvard et son encrier en porcelaine à godet, entouré d'une éponge humide, avec les anciennes plumes d'oie. L'impératrice écrivait toujours sur ses genoux, très vite et d'une écriture large et nette, avec toutes les lettres bien formées. À sa droite, se trouvait une petite table bibliothèque ronde, à casiers, avec les livres familiers. Une grande table était placée près de la seconde fenêtre, enveloppée d'un paravent de bambous dorés, couverts de lierre, dont le pied se perdait dans une jardinière pleine de fleurs. Le paravent formant cloison isolait cette table chargée d'albums, de papier à dessin, de boîtes de couleurs. L'impératrice dessinait avec facilité et faisait de l'aquarelle ; cela lui servait surtout lorsqu'on exécutait les travaux de construction ou d'ameublement, dont elle aimait à s'occuper. La seconde pièce qui semblait encore faire partie du cabinet avait la même décoration, avec une cheminée placée vis-à-vis de la fenêtre. Elle contenait d'autres bibliothèques remplies d'ouvrages classiques, choisis parmi les chefs-d'œuvre de la littérature française, anglaise, espagnole, italienne. L'impératrice parlait ces différentes langues avec facilité. Au-dessus des bibliothèques étaient rangés des statuettes, des bustes, des vases et une collection de tableaux de petite dimension, dont chacun était un pur chef-d'œuvre. Il y avait, entre autres, des Wouwermans qui n'avaient pas de prix et auxquels l'impératrice tenait beaucoup. Une petite statue de marbre blanc, délicieusement drapée, s'élançait au milieu d'une jardinière ronde placée devant la fenêtre. Sur les tables étaient dispersés des portraits, des photographies de l'empereur, du prince impérial à différents âges, de diverses personnes que l'impératrice affectionnait. Une miniature du comte de Montijo offrait, bien qu'elle fût déparée par un bandeau de taffetas noir qui traversait le visage, suite d'une blessure reçue au service de la France, une ressemblance frappante avec le visage de l'impératrice… On voyait également des portraits de la mère de l'impératrice, une miniature de la reine Sophie de Hollande, avec laquelle l'impératrice entretenait une correspondance très suivie. »

Chez elle, Eugénie fait régner une véritable dictature. Elle a organisé son intérieur à l'image de son propre univers, elle lui a donné une touche d'autant plus personnelle qu'elle a le sentiment d'avoir été dépersonnalisée. Aussi pique-t-elle de vraies colères contre ses femmes de chambre si elle constate la disparition du moindre objet ou le déplacement de la plus petite chaise, car elle vit toute modification, si minime soit-elle, comme une sorte d'ablation de son identité opérée à son insu dans son intimité. Le commandant Schneider, le régisseur du palais de Saint-Cloud, est bien placé pour savoir combien elle mène la vie dure aux gens de sa Maison. « Chaque fois que l'impératrice revenait passer quelque temps à Saint-Cloud, consigne-t-il dans ses *Souvenirs*, le régisseur était sûr d'être appelé par elle et d'essuyer des reproches pour avoir changé de place un meuble quelconque de ses appartements. Dans son cabinet de travail, par exemple, il était difficile de pouvoir circuler en raison de la quantité de petites tables, de guéridons et d'étagères qui s'y trouvaient. Ces reproches n'étaient nullement justifiés et il ne fallait pas s'exposer à lui soutenir le contraire ; pour y obvier, le service de la Régie le jour du départ de S.M. dressait un plan exact de l'emplacement des meubles rangés par l'impératrice et, à son retour, si quelque difficulté surgissait, on le lui mettait sous les yeux. » On pousse même la précaution jusqu'à marquer à la craie sur les tapis la position des meubles pour s'éviter des remontrances.

Eugénie, à l'issue de ses deux régences, a prouvé son aptitude à gouverner. Napoléon sait désormais qu'en cas de vacance du trône l'Empire sera entre des mains expérimentées et fermes, et cette certitude le rassure. Il prend l'habitude d'avoir l'impératrice à ses côtés durant les conseils, mais sa présence discrète, comme une sorte de vigie muette, indispose les ministres. L'empereur ne veut rien entendre des récriminations des uns et des autres. Il juge leurs critiques ridicules et sans fondement, surtout qu'Eugénie intervient fort peu dans les discussions. Toutefois, sa présence, même silencieuse, dérange. Elle vient dédoubler en quelque sorte l'empereur et jeter ainsi la confusion en donnant au régime des allures de dyarchie. Souvent, en séance, Napoléon se tourne vers elle. Ce simple échange de regards, comme une sorte d'approbation réciproque, déplaît à ceux qui prêtent à la souveraine une ambition personnelle. Par leurs insinuations répétées, ces derniers ne ménagent pas sa susceptibilité. Le climat au sein du cabinet se détériore, la discorde attise les antipathies, déchire le gouvernement au lieu de le souder autour de la personne du chef de l'État, qui a plus que jamais besoin que la concorde règne dans sa propre maison. En novembre 1867, une fois terminées les festivités de l'Exposition universelle, Fialin, duc de Persigny, que sa vieille complicité avec Napoléon autorise à un parler franc, avertit le souverain que cette situation ne peut plus guère durer parce qu'elle équivaut à un partage de fait du pouvoir. Eugénie, froissée par la démarche de Persigny, renonce d'elle-même à participer aux conseils. Cependant, son influence sur Napoléon ne diminue pas pour autant ; elle l'exerce dorénavant à l'écart des oreilles des ministres.

Elle est en quelque sorte pour l'empereur comme une seconde conscience. « Elle lui prêtait, écrit Augustin Filon, le précepteur du prince impérial, son intuition, son instinct, et lui qui croyait au pouvoir de l'intuition, à l'infaillibilité de l'instinct, la consultait comme d'autres consultent une somnambule. » Quand la santé de Napoléon commence à décliner, elle se transforme en garde-malade, à la fois par dévouement mais aussi par un stratagème qui lui assure le contrôle de sa chambre. Elle travaille à sauver la couronne de son fils, mais elle ne s'entoure pas toujours des meilleurs conseillers. Elle se laisse facilement abuser par de jeunes courtisans aveugles et ambitieux qui ne voient pas combien tout se lézarde autour d'eux. Ils l'engagent à prendre en main les rênes du gouvernement, escomptant des avantages personnels d'une nouvelle régence. Ils l'encouragent surtout à se faire l'avocate d'une ligne dure, à opposer les principes bonapartistes à la pensée libérale. Impassible, Napoléon la laisse s'agiter. Quand on lui reproche sa trop grande faiblesse envers elle, il répond invariablement qu'il ne supporte pas de la voir pleurer. « Cela me bouleverse, ajoute-t-il, je suis bien obligé de lui accorder ce qu'elle demande pour sécher ses larmes. » « Il est trop bon, c'est son défaut », maugrée de son côté Mérimée.

CHAPITRE III

Une âme mélancolique

Ne dramatisez donc pas inutilement la vie, allez, elle est assez dramatique sans cela.

Eugénie à Lucien Daudet.

Napoléon s'est aperçu que cette femme qu'il aime sincèrement traîne avec elle une sourde difficulté à être. On ne parle pas encore à cette époque d'état dépressif, mais ce mal mine Eugénie. Il complique sa vie de couple. La mort de son père, don Cipriano Palafox y Portocarrero, comte de Teba, survenue à Madrid le 15 mars 1839 quand elle avait treize ans, l'a privée trop tôt d'une figure de référence. Passé au service des Français, comme d'autres officiers espagnols, le comte avait participé à la défense de Paris en 1814. Aristocrate libéral, il entretint ses deux filles, Francisca et Eugénie, dans le culte de l'empereur. « Tu nous dis de lire Napoléon et d'apprendre son histoire, lui a-t-elle écrit enfant, elle m'a bien fait pleurer, surtout quand Sir Hudson Lowe refuse de donner la lettre au gouverneur. N'est-ce pas bien cruel de sa part ? Ne mérite-t-il pas d'être bien puni ? »

Elle a fait de son père un héros de la légende napoléonienne. Quand, adolescente, elle ressentait trop vivement son absence, elle demandait à Henri Beyle, le grand Stendhal, un familier du salon de sa mère, doña Maria Manuela, de l'entretenir de l'épopée impériale, comme si elle recherchait l'ombre chérie de don Cipriano dans le récit des glorieux faits d'armes de la Grande Armée. La disparition prématurée du comte, à la mémoire duquel une fois adulte elle rendra un véritable culte, a creusé un peu plus sa solitude. À quoi s'ajoute la frustration d'un amour maternel trop exclusivement réservé à sa sœur Francisca, surnommée Paca, qu'elle adore mais dont au fond elle est jalouse. « Ma mère, remarquera plus tard l'impératrice, voulait faire le bonheur de tout le monde, mais pas à leur manière, à la sienne… Ce qui lui appartenait, choses et gens, était au-dessus de tout. Ses filles d'abord. Elle les vantait d'une manière gênante pour elles lorsqu'elles étaient là. Jusqu'à ses petits arbres rabougris de Carabanchel qui lui semblaient plus grands que les marronniers des Tuileries ! C'est cet optimisme qui la faisait réussir. Elle triomphait des difficultés à force de ne pas les voir. » Il lui a fallu subir une mère égoïste, possessive et autoritaire, accepter d'être dépouillée par elle de sa part de l'héritage paternel en faveur de Paca, souffrir en secret un dépit amoureux quand elle renonça, sur ordre de la comtesse de Montijo, à l'homme que son cœur avait choisi. « Peut-être, pour avoir le sens absolu du juste, faut-il avoir souffert de l'injustice, faisait remarquer le comte Primoli. Si l'impératrice mit toujours la justice au-dessus de tout intérêt particulier et même de toute affection personnelle, c'est sans doute parce que son enfance et sa jeunesse ont été empoisonnées par la partialité que sa mère avait pour sa sœur. »

Eugénie ne connaît vraiment un bonheur complet que tardivement, à vingt-sept ans, dans les bras de l'empereur. Elle aime, et pour la première fois de sa vie se sait aimée. « Je remercie Dieu d'avoir mis sur mon chemin un cœur aussi noble et aussi dévoué que celui de l'Empereur, confie-t-elle à sa sœur en janvier 1853. J'ai bien souffert dans ma vie, la foi au bonheur était presque éteinte. Eh bien ! à présent, je crois en lui ! J'étais si peu habituée à être aimée ! Ma vie à moi était un grand désert. Seule je vivais et quand par hasard, lasse de cette vie, je tâchais d'avoir une affection quelconque, on m'aimait par secousses et je n'en sortais que fatiguée. Celui-ci est un homme d'une force de volonté irrésistible sans être de l'entêtement, capable des grands et des plus petits sacrifices : il irait chercher une fleur dans les bois les nuits d'hiver, s'arrachant au feu pour aller se mouiller pour satisfaire le caprice d'une femme aimée. Le lendemain, il exposait sa couronne plutôt que de ne pas la partager avec moi ; rien ne lui coûte. »

Au lendemain de la proclamation de l'Empire, il est temps pour Napoléon, âgé déjà de quarante-cinq ans, de se trouver une épouse. Dans l'entourage du chef de l'État certains souhaiteraient qu'il contracte une alliance prestigieuse avec une maison royale, mais les princesses approchées, une Wasa de l'ancienne maison de Suède ou une Hohenlohe cousine de la reine d'Angleterre, se dérobent les unes après les autres. L'affaire du mariage impérial agite beaucoup les chancelleries. Les cours d'Europe snobent Napoléon. Soudain, on réalise que le cœur de l'empereur appartient déjà à une autre. Le 22 janvier 1853, dans la salle du trône des Tuileries, Napoléon annonce aux dignitaires de l'Empire son intention d'épouser Maria Eugenia Ignace Agostina Palafox y Montijo y Guzmán, comtesse de Teba. À Paris, où l'on spéculait depuis plusieurs semaines sur l'identité de la future élue, la nouvelle ne surprend guère. Le 7 janvier, au cours d'un dîner chez la princesse de Lieven, quelqu'un a chuchoté à l'oreille du comte de Hübner, l'ambassadeur d'Autriche, que mademoiselle de Montijo pourrait bien devenir impératrice. Le 14, madame de Saint-Arnaud, la femme du maréchal-ministre de la Guerre, confirme la rumeur. Le lendemain, l'empereur demande la main de la jeune personne à sa mère, dans le plus grand secret, mais la nouvelle transpire dès le 17 janvier.

« Messieurs, déclare-t-il visiblement soulagé et heureux aux sénateurs, aux députés, aux conseillers d'État, aux maréchaux, aux amiraux, je me rends au vœu si souvent manifesté par le pays en venant vous annoncer mon mariage. L'union que je contracte n'est pas d'accord avec les traditions de l'ancienne politique ; c'est là son avantage… Quand, en face de la vieille Europe, on est porté par la force d'un nouveau principe à la hauteur des anciennes dynasties, ce n'est pas en vieillissant son blason et en cherchant à s'introduire dans la famille des rois qu'on se fait accepter. C'est bien plutôt en se souvenant toujours de son origine, en conservant son caractère propre, et en prenant franchement vis-à-vis de l'Europe la position de parvenu, titre glorieux lorsqu'on parvient par le libre suffrage d'un grand peuple. Ainsi, obligé de s'écarter des précédents suivis jusqu'à ce jour, mon mariage n'était plus qu'une affaire privée. Il restait seulement le choix de la personne.

« Celle qui est devenue l'objet de ma préférence est d'une naissance élevée. Française par le cœur, par l'éducation, par le souvenir du sang que versa son père pour la cause de l'Empire, elle a comme Espagnole l'avantage de n'avoir pas en France de famille à laquelle il faille donner honneur et dignité. Douée de toutes les qualités de l'âme, elle sera l'ornement du trône, comme au jour du danger elle deviendra un de ses courageux appuis. Catholique et pieuse, elle adressera au Ciel les mêmes prières que moi pour le bonheur de la France ; gracieuse et bonne, elle fera revivre dans la même position, j'en ai le ferme espoir, les vertus de l'impératrice Joséphine.

« Je viens donc, Messieurs, dire à la France : j'ai préféré une femme que j'aime et que je respecte à une femme inconnue dont l'alliance eût eu des avantages mêlés de sacrifices. Sans témoigner de dédain pour personne, je cède à mon penchant, mais après avoir consulté ma raison et ma conviction. Enfin, en plaçant l'indépendance, les qualités du cœur, le bonheur de famille au-dessus des préjugés dynastiques et des calculs de l'ambition, je ne serai pas moins fort, puisque je serai plus libre. »

Ce discours fort habile, mêlé de hauteur et de modestie feinte, fait plutôt bonne impression. De l'aveu même d'Eugénie, il « a produit un effet magique parce qu'il parle au peuple et au cœur, deux choses qu'on n'invoque jamais inutilement en France ». Malheureusement, trois mois après son mariage, à la suite d'une fausse couche, elle sombre dans une profonde déprime. Son bonheur a été de courte durée. Ses lettres à Paca du printemps 1853 révèlent la noirceur de son âme, la détresse de ses pensées.

« Moi aussi très souvent je jette un regard en arrière, lui écrit-elle le 9 mai, et je ne ris pas dans ces moments-là, car je vois tout ce à quoi j'ai renoncé pour toujours : cette maison de Aranjuez où je me suis trouvée plusieurs fois avec toi, Ramanillos que je ne puis oublier même auprès de Fontainebleau ou de Compiègne : tu rappelles mille choses qui m'ont rendu si agréables ces lieux que je ne verrai plus. En échange de cela j'ai gagné une couronne, mais qu'est-ce que cela signifie, sinon que je suis la première esclave de mon royaume, isolée au milieu des gens, sans une amie, et il va sans dire sans un ami, jamais seule un instant ? Vie insupportable si je n'avais en compensation un homme près de moi qui m'aime à la folie, mais qui est esclave comme moi, qui n'a d'autre mobile, d'autre ambition que le bien de son pays, et Dieu sait comment il sera récompensé. En ce moment je rends grâce à Dieu de n'avoir pas réalisé une espérance qui me remplissait de joie, car je pense avec terreur au pauvre dauphin Louis XVII, à Charles Ier, à Marie Stuart et à Marie-Antoinette. Qui sait quel eût été le triste destin de mon enfant ! Je préférerais mille fois pour mes fils une couronne moins resplendissante mais plus sûre. Ne crois pas que le courage me manque. Je te dirai que le sang des Guzmán ne ment pas… Tu vois que mes pensées ne sont pas très gaies, mais songe que cela fait aujourd'hui vingt-deux jours que je suis couchée. » Les médecins l'obligent à rester allongée pendant plusieurs semaines. Autant que ses activités le lui permettent, l'empereur ne la quitte pas un instant, inquiet de la voir céder à des tentations ténébreuses.

Depuis sa jeunesse, elle s'est persuadée qu'elle mourra sur l'échafaud. Forte de cette conviction, elle éprouve une attirance presque morbide pour Marie-Antoinette. Son accession au trône attise un peu plus, par un effet d'identification poussée jusqu'au syncrétisme, sa sympathie pour l'infortunée souveraine. L'admiration qu'elle lui voue confine à l'obsession. Avec une manie quasi superstitieuse, elle collectionne les souvenirs de la reine. Pour enrichir son musée-reliquaire du Petit Trianon, Mérimée lui offre, en 1867, une broche en forme d'écusson fleurdelisé. Ce bijou, orné d'un portrait de la jeune archiduchesse, aurait été exécuté à Vienne avant son mariage et donné par elle à son amie la princesse de Lamballe. À Saint-Cloud, dans son propre salon, Eugénie fait suspendre le portrait en tapisserie de l'épouse de Louis XVI entourée de ses enfants, d'après le beau tableau d'Élisabeth Vigée-Lebrun. Dans les moments de douleur, elle se laisse aller à un curieux et dangereux transfert de personnalité. Un soir, au cours d'une visite nocturne du musée des Souverains aménagé au Louvre, elle prie le conservateur de lui lire la lettre testamentaire de la reine imprimée sur une pièce d'étoffe. Elle écoute en silence, les larmes aux yeux, les dernières paroles d'une veuve et d'une mère qui s'apprête à monter à la guillotine. Quoique apocryphe, ce texte a quelque chose de sublime et de pathétique. Sa lecture impressionne très fort l'esprit d'Eugénie ; elle ne se départira plus jamais de cette ombre royale qu'elle adopte comme modèle. Le Jeudi saint de 1860, elle visite son cachot à la Conciergerie ; dans le couloir que la reine a traversé pour comparaître devant le Tribunal révolutionnaire, la sérénité d'Eugénie se voile soudain de tristesse.

Elle demande à Winterhalter, le portraitiste attitré des têtes couronnées d'Europe, de la représenter vêtue en Marie-Antoinette, dans une robe de taffetas jaune foncé piquée de nœuds noirs et de rubans bleus, les cheveux poudrés de blanc et ornés d'une aigrette de plumes. La mise en scène confirme la mystérieuse affinité de l'impératrice avec la reine. Lors du carnaval de 1866, elle paraît à l'un des derniers bals costumés des Tuileries dans une robe de velours ponceau garnie de zibeline et de satin blanc, coiffée d'une toque à plumes comme en porte la reine dans un autre de ses portraits fameux. À la Cour, l'effet produit est diversement apprécié. Un masque s'approche d'elle et lui glisse à l'oreille : « Votre costume est des plus vrais, aussi gare à la tête ! » Ne commence-t-on pas à décrier l'« Espagnole », comme naguère on a conspué l'« Autrichienne » ? La plaisanterie manque singulièrement de délicatesse. Elle se révèle d'un goût douteux pour qui connaît les visions noires qui logent à demeure dans l'imagination de l'impératrice.

La solitude du pouvoir attise sa tendance naturelle à la mélancolie. En octobre 1856, sept mois après la naissance du prince impérial, elle avoue qu'elle a perdu son sang-froid. Elle a accouché, il est vrai, dans des conditions épouvantables, et de l'aveu même du docteur Dubois on n'a jamais vu femme autant souffrir pour mettre au monde son enfant. D'une nature impressionnable, facilement sujette à des crises de nerfs, elle surveille ses émotions. Elle redoute d'éveiller la pitié, soucieuse surtout de ne rien montrer de ses faiblesses. Sa conception supérieure de la majesté correspond en effet chez elle à l'image d'une femme forte et inébranlable que rien ne saurait atteindre. Mais la mort subite de sa sœur, survenue à Paris le 16 septembre 1860, brise net cette orgueilleuse assurance.

Paca expire au moment même où Eugénie et Napoléon s'embarquent pour Alger. L'empereur, informé par le télégraphe de la triste nouvelle, choisit de la cacher à sa femme. Il ne tient pas à décommander les festivités somptueuses organisées dans la colonie à l'occasion de leur voyage officiel. L'Algérie s'est mise en frais pour les recevoir et il serait malvenu de tout annuler. Napoléon préfère préparer progressivement

Eugénie à affronter la cruelle réalité. Il redoute avec raison une réaction hystérique de sa part. Aussi lui laisse-t-il d'abord entendre que l'état de santé de la duchesse s'est aggravé. « La dépêche que je viens de recevoir me rend folle, télégraphie-t-elle paniquée à sa mère depuis Alger le 17 septembre. Je ne sais ce que je fais ni ce que je dis. La pensée de savoir Paca plus malade et moi si loin m'empêche de vivre, car je suis dans une angoisse mortelle. » L'empereur lui avoue la disparition de Paca seulement à leur retour à Toulon. Une fois la représentation terminée et le rideau retombé.

Frappée d'une façon imprévisible, elle sombre aussitôt dans un état de prostration proche de celui qui a suivi sa fausse couche en 1853. « Sa sœur, remarque madame Carette, était la compagne assidue et dévouée, l'intime confidente, le cœur fidèle sur lequel toute créature humaine a besoin de s'appuyer dans les difficultés de la vie ; et elles sont d'autant plus lourdes qu'on est placé haut. C'était le lien doux et charmant qui la rattachait à son passé de jeune fille, à ses souvenirs d'autrefois, à son pays. C'était surtout l'asile où elle pouvait chaque jour se reposer de la contrainte et des exigences du pouvoir. » Sans doute Eugénie vit-elle comme une terrible injustice les impératifs politiques qui ont interdit qu'on lui transmette les dépêches l'avertissant de la dégradation rapide de la santé de Paca. Au nom de la raison d'État, on lui a refusé jusqu'au droit d'assister sa sœur dans les derniers instants de sa maladie. « Tu sais combien était grande l'affection que nous avions l'une pour l'autre, Paca et moi, écrit-elle à son cousin, le marquis de Arcicollar. Ainsi tu pourras comprendre quelle est ma douleur, surtout quand tu sauras qu'on m'a laissée dans la plus complète illusion. Je ne savais rien ; à Alger j'ai appris que son état s'était aggravé, c'est-à-dire le 17, et elle était morte le 16. Aussi, même en arrivant ici le plus rapidement possible, non seulement je n'ai pu trouver ma pauvre Paca, mais je n'ai même pas eu le bonheur d'embrasser son cadavre. La maison était vide, il y avait seulement son lit exactement comme au moment de sa mort, c'est la seule chose que j'ai vue. Ainsi, pour moi, tout ce qui est arrivé c'est un terrible rêve et quelquefois cela me paraît irréel. La seule consolation qui me reste est l'assurance que nous sommes éternellement condamnés à cette vie. Ainsi nous nous rejoindrons et pour toujours. »

Eugénie n'a jamais ressenti aussi fortement l'isolement que créent les honneurs. Après six semaines de retraite complète au cours desquelles elle a tenté en vain d'oublier sa douleur, elle éprouve le besoin de se secouer un peu. Sa santé la force à partir. Il n'y a là rien que de très normal, mais l'opinion publique admet mal qu'une souveraine se laisse aller à des réactions de bourgeoise un peu trop émotive. Le chagrin n'est pas permis aux princesses. « Je trouve Paris si triste depuis que ma pauvre sœur n'est plus, que je n'ose presque plus passer devant cette maison [l'hôtel dit de l'Impératrice situé à l'angle de l'actuelle rue Lincoln et des Champs-Élysées] où j'ai quitté ma sœur pour ne plus la revoir, dit-elle à James, son beau-frère. Je crois que le regret de n'avoir pas été là, auprès d'elle, double encore mes regrets… Je sens qu'un voyage me ferait du bien, car être toujours devant cette image de mon malheur me fait bien du mal, mais où aller ? Je voudrais fuir mais je ne sais où. » Partir loin de Paris et de la Cour est bien l'unique chose à faire. Elle échapperait ainsi à ce face-à-face intolérable avec un chagrin contre lequel elle lutte sans avoir la force de le surmonter. Dans le plus strict incognito, elle se réfugie en Écosse. Le choix des Highlands surprend, surtout à l'approche de l'hiver.

En France, on ne comprend pas ce geste de désespoir. Certains l'interprètent comme un caprice ou un abandon insensé de volonté. « Le mal de mer fait diversion au mal de terre, ironise madame Baroche, et qui sait ? le brouillard même peut dissiper les vapeurs... À vrai dire, il plane sur ce voyage une sorte de mystère qu'il est de bon goût de ne pas pénétrer. Comme la politique, la vérité est souvent ce qu'on ne dit pas, ce qui s'ignore, se devine. Je ferai comme tous ceux qui se croient dans le secret et qui le gardent. » Napoléon n'a pas jugé utile de mettre ses ministres dans la confidence. Du coup, chacun se perd en conjectures. À Londres, elle rencontre Victoria. Celle-ci la trouve très en beauté, quoique fort triste ; elle la réconforte de son mieux et essuie ses larmes. La reine notera dans son *Journal* qu'Eugénie n'a pas eu un seul mot pour l'empereur.

L'impératrice rentre d'Écosse prête à reprendre sa vie publique, mais elle est irrémédiablement marquée par la mélancolie. Comme le relève madame Carette, « à dater de cette époque, un changement profond s'opéra dans les goûts, dans les habitudes de l'impératrice. Il sembla que la jeunesse s'était évanouie et sous les traits charmants de la femme mûrie par le chagrin apparut la souveraine qu'on n'avait encore qu'entrevue ». À son retour, elle fait démolir l'hôtel des Champs-Élysées et vend les terrains. « Le lit et la chaise, mande-t-elle au duc d'Albe, je les fais mettre dans ma chambre à moi aux Tuileries. Enfin je m'entourerai de sa chère image tant que je le pourrai. » Elle prépare le transfert du cercueil de Paca à Madrid, arrange elle-même dans le wagon les fleurs et les boules d'eau chaude. James a exigé que sa femme soit enterrée dans le caveau de la maison d'Albe, mais Eugénie ne se résigne pas facilement à se séparer du corps de sa sœur. Elle aurait aimé retarder l'échéance de la séparation définitive, différer l'instant de l'ultime adieu, du dernier regard qui accompagne le train au moment où celui-ci s'éloigne. « Vous qui avez pu être près d'elle pendant ses derniers jours, vous ne pouviez pas sentir comme moi l'obligation de lui dire ce dernier adieu, bien déchirant aussi, car quand la vie n'existe plus on s'attache au corps inanimé comme à un dernier espoir, et on croit encore l'avoir quand on est le gardien de ce dernier souffle, écrit-elle à James et à ses enfants. Tout pour moi a disparu, la possibilité même de déposer quelques fleurs sur sa tombe : c'est le sacrifice le plus dur que j'ai eu à faire. » Désormais, irrémédiablement seule, il ne lui reste plus qu'à lutter contre sa peine.

Napoléon a pris le risque de passer aux yeux d'Eugénie pour un froid calculateur. Il va le payer cher, d'autant que ses aventures galantes fournissent déjà entre eux ample matière à discorde. Continuellement dépressive, terrifiée par la crainte d'une nouvelle grossesse, d'une sensualité atrophiée par son hyperémotivité, elle s'est physiquement détournée de lui après la naissance de leur fils. Il a repris alors ses habitudes de séducteur auprès des actrices ou des dames de la Cour. « Il est de notoriété publique, souligne madame Des Garets, que le souverain céda à quelques fantaisies dont l'Impératrice souffrit cruellement. Or, si elle souffrit, jamais elle ne chercha à se venger, parce que, je le répète, elle avait une idée très haute de sa dignité de femme et de mère, un sentiment du devoir très prononcé et, n'en déplaise à ses ennemis, jamais une tache de boue ne jaillit sur cette hermine. » Par pudeur, par orgueil, mais aussi par confort, elle choisit de fermer les yeux. Elle demande seulement qu'il lui évite tout scandale qui l'outragerait. Elle s'accommode des écarts de son mari, pourvu qu'ils ne la ridiculisent pas et qu'il n'y perde pas sa santé. Il lui importe bien davantage de conserver la confiance de l'empereur que de s'assurer de sa fidélité conjugale. Napoléon semble du reste accorder peu d'importance à ses conquêtes féminines. Il les collectionne avec la même indifférence que les tableaux de chasse qu'il aligne après les battues dans les taillis de Versailles. L'impératrice s'interroge toutefois sur ses infidélités. « Je crois, observe-t-elle un jour devant Augustin Filon, que, quand l'homme se détache et va vers d'autres femmes, ce qui le pousse c'est l'ennui et la curiosité : l'ennui de ce qui est identique à lui-même et la curiosité de connaître des âmes nouvelles ou de nouveaux états d'âme. » Elle ne supporte pas qu'il lui confesse ses amourettes, comme s'il cherchait par sa franchise à s'éviter toute autre explication. Sur ce point délicat, l'empereur ne ménage pas toujours la sensibilité d'Eugénie. Ses aveux font mal à son épouse, ils assombrissent un peu plus son existence. Lui-même souffre infiniment de la situation engendrée par sa maladresse.

Eugénie multiplie les voyages comme dérivatifs à ses maux. À l'automne 1863, elle fait préparer *L'Aigle*, le yacht impérial, pour une longue croisière au large des côtes du Portugal et de l'Espagne. Elle part de Biarritz, fait escale à Lisbonne pour saluer la jeune reine Maria-Pia, fille de Victor-Emmanuel II d'Italie, qu'on dit tourmentée de vapeurs hystériques, elle franchit le détroit de Gibraltar, remonte par Cadix et Valence. À Madrid, elle fait une entrée triomphale, magnifiquement reçue par la reine Isabelle II et le roi don François d'Assise. Après une longue absence, elle retrouve Carabanchel, le domaine de son enfance. Durant toutes ces années elle n'a cessé de s'intéresser de près aux affaires espagnoles. Sa mère la tient continuellement informée de la situation politique madrilène, des pronunciamientos à la pelle, des révolutions de palais. Elle se désole de voir son ancienne patrie sombrer dans le chaos et l'anarchie. La perspective de l'effondrement de la puissance de l'Espagne la bouleverse. Elle a une trop haute idée du destin de son pays pour s'accommoder de son déclin. À la fois à cause de la position géographique de l'Espagne et du fait des attaches personnelles de l'impératrice, l'instabilité politique qui ronge le royaume préoccupe Napoléon. Eugénie l'incite à intervenir dans les affaires intérieures du pays, mais la marge de manœuvre de l'empereur est étroite, car au moindre soupçon d'ingérence de la France tout risque d'exploser. « Il ne songe qu'à ce qui peut relever l'Espagne, expliquai-t-elle à Paca en mai 1860. Il vient, à ma prière, de passer une note que, si l'Espagne le veut, il enverra à tous les cabinets européens, pour déclarer notre cher et beau pays puissance de premier ordre ; et c'est le plus grand service qu'on puisse lui rendre ; en échange, aura-t-on un peu de reconnaissance pour lui ?... La vraie politique espagnole devrait être de donner franchement la main à la France avec la même franchise que celle-ci la lui tend. Si ce beau résultat avait lieu je m'estimerais bien heureuse d'avoir pu contribuer dans mon petit coin à un si grand résultat. »

En septembre de l'année 1864, elle va prendre les eaux en Allemagne, à Langen-Schwalbach, une station thermale du duché de Nassau réputée pour le traitement des états asthéniques. Elle adopte pour la première fois le nom de comtesse de Pierrefonds – elle a hésité avec le titre de comtesse de La Motte-Beuvron –, nom derrière lequel elle abritera dorénavant et jusqu'à la fin de sa vie son incognito. Ses médecins lui ont recommandé cette cure pour calmer ses spasmes nerveux à l'estomac qui l'empêchent de s'alimenter et l'affaiblissent considérablement. Elle passe les deux premiers mois de l'automne à prendre des bains dans les monts du Taunus où tout le gotha allemand se retrouve en villégiature. Le roi de Prusse débarque à son tour. « Son désir secret, rapporte madame Carette, qui participe au voyage, était de fléchir la volonté exprimée par l'impératrice de se renfermer dans une réserve absolue et de ne faire aucune visite... Le roi mit en œuvre tout l'agrément de son esprit, ses façons les plus engageantes. Il représenta le vif désir que la reine Augusta avait de se rencontrer avec l'impératrice. [Il] insista autant que la courtoisie l'y autorisait, mais il comprit que sous la bonne grâce de la forme se cachait un refus définitif. » Avide de repos, cherchant à oublier pour un moment la politique, Eugénie décline toutes les invitations de Frédéric-Guillaume Ier, au risque de froisser la cour de Berlin. Mais elle veut préserver à tout prix son incognito.

Napoléon ne formule aucune objection à son absence prolongée de Paris. Il a trop à se faire pardonner pour oser la moindre critique. Au fond, il la plaint. « Ai-je besoin de te dire, lui écrit-il contrit, combien je souhaite ton retour, combien je serai heureux de te presser dans mes bras et de te donner des preuves de mon amour et de ma tendresse. Ton souvenir ne me quitte pas de la journée et j'ai le cœur gros en pensant à tout ce que tu as souffert. Dis-moi, je t'en prie, que tu crois à ma tendresse, car le doute me rend malheureux. » Dans le testament qu'il rédige en avril de cette même année, parmi ses dispositions successorales il glisse une repentance, comme si elle suffisait à effacer sa faute et à le blanchir de tout reproche : « J'espère que mon souvenir lui sera cher et qu'après ma mort elle oubliera les chagrins que j'ai pu lui causer. » Il se sent à la fois coupable et honteux : il a besoin d'expier. Eugénie, qu'il respecte profondément, ne mérite pas tout le mal qu'il lui fait. Quand il réalise qu'il est en train de la perdre, il cherche le moyen de regagner son amitié.

Il n'admet pas qu'on la dénigre, encore moins qu'on salisse le nom des Teba y Montijo. Or, avec le rétablissement progressif de la liberté de la presse, les plumitifs se déchaînent. On n'attaque pas encore ouvertement l'impératrice mais, de façon plus sournoise et plus efficace, on insinue des méchancetés sans vraiment diffamer, on charge par des sous-entendus qui portent juste et blessent son amour-propre. Napoléon vole à son secours avec la même intrépidité qu'il s'est jeté, le soir de l'attentat d'Orsini, sur les deux policiers pour la protéger. L'impératrice souffre, comme on le dirait aujourd'hui, d'un déficit d'image auprès des élites du pays. Elle n'a jamais pu se débarrasser complètement de sa réputation d'aventurière due aux intrigues matrimoniales de sa mère. En outre, libéraux, bonapartistes et royalistes lui reprochent pêle-mêle son union avec Napoléon III, ses origines espagnoles, ce besoin permanent chez elle d'affirmer sur un ton cassant et péremptoire des idées arrêtées sur tout, avec une conviction obtuse qui en indispose plus d'un. Elle peut être brillante, éloquente, voire lyrique ; mais elle parle beaucoup, un peu bruyamment, et on l'entend dire des choses qu'elle aurait beaucoup mieux fait de ne pas dire. En privé, elle effleure d'un mot railleur ceux qui ne la ménagent pas, elle laisse échapper des paroles trop franches, trop spontanées sur les gens – elle ne sait pas se taire –, et les oreilles indiscrètes dans lesquelles elles tombent ne sont pas toujours des oreilles amies. Loin s'en faut. Augustin Filon constate en effet un manque absolu de sympathie entre elle et son entourage. « Elle ne le comprenait pas ; ils ne l'ont jamais comprise. Cette femme tant admirée a été mal connue. » Parmi les serviteurs des Tuileries, parmi les hôtes de la table impériale ou même les habitués des thés de l'impératrice, il se trouve toujours un malveillant pour rapporter aux rédactions des journaux l'une de ses saillies. Habilement retournées contre elle, elles fournissent matière à moqueries dont ses adversaires font des gorges chaudes. Ils la brocardent avec ses propres mots qui la frappent de plein fouet comme par un effet de boomerang.

Le 15 novembre 1868 paraît dans le premier numéro du *Dix-Décembre*, un journal bonapartiste, un éloge appuyé et remarqué de l'impératrice simplement signé « pour la rédaction du *Dix-Décembre*, A. Grenier ». L'identité de son auteur se laisse facilement deviner. Ce n'est pas une déclaration d'amour – personne n'y aurait cru et tout le monde en aurait ri – mais bien plutôt une sorte d'acte public de contrition, une manière élégante de lui présenter des excuses. Prenant l'opinion à témoin, Napoléon délivre à Eugénie un brevet d'intégrité morale. Il insiste sur ses qualités intellectuelles et de cœur dans le but de restaurer l'image de la femme bafouée, de l'épouse trompée, si préjudiciable à la majesté d'une impératrice des

Français, deux fois régente de l'Empire, mère de l'héritier du trône.

« La comtesse de Teba n'a pas disparu sous l'éclat de la couronne de France. L'impératrice est restée avec distinction une femme de goûts simples et naturels. Après sa visite aux cholériques d'Amiens, rien ne parut la surprendre comme le murmure approbateur qui vint de toutes parts applaudir à sa courageuse initiative. Elle avait fini par en être excédée. Le sort des classes malheureuses, surtout, éveille constamment son intérêt. Elle aime à s'occuper de ce qu'elle appelle aujourd'hui les œuvres sociales. On sait avec quelle efficacité active elle est intervenue dans la réorganisation des prisons d'enfants, dans l'œuvre des sociétés de sauvetage, dans le régime des établissements de bienfaisance. Elle a fondé la société des prêts de l'enfance au travail. Que de généreuses réformes elle poursuit encore avec une merveilleuse persévérance ! On retrouve toujours un peu chez elle la jeune phalanstérienne. La condition des femmes la préoccupe singulièrement ; elle s'efforce de la relever et, au besoin, elle s'avise de décorer Rosa Bonheur.

« Deux fois, pendant la guerre d'Italie et le voyage de l'empereur à Alger, elle a exercé la régence. On sait avec quelle modération, quel tact politique et quel sentiment de justice. Rentrée dans la vie inactive, l'impératrice se livre aux lectures les plus sérieuses. On peut dire qu'aucune question économique ou financière ne lui est étrangère. C'est un charme de l'entendre débattre avec les hommes les plus compétents ces difficiles problèmes. La littérature, l'histoire et l'art sont aussi l'objet de ses fréquentes causeries. À Compiègne, rien n'est plus attrayant que ce qu'on appelle un thé de l'impératrice. Elle aborde avec une égale facilité, dans ces réunions peu nombreuses, les sujets les plus élevés et les questions les plus familières. La nouveauté de ses aperçus, la hardiesse, la témérité même de ses opinions vous saisissent et vous captivent. Son langage, quelquefois incorrect, est plein de couleur et de mouvement. D'une étonnante précision dans les conversations d'affaires, elle s'élève, dans les matières qui touchent à la politique et à la morale, jusqu'aux effets d'une réelle éloquence.

« Pieuse sans bigoterie, instruite sans pédantisme, elle parle de toutes choses avec un grand abandon. Peut-être aime-t-elle trop la discussion. Très vive de sa nature, elle se laisse souvent emporter par sa parole, ce qui plus d'une fois lui a attiré des inimitiés, mais ses exagérations ont toujours pour mobile l'amour du bien. »

Ce dithyrambe à l'eau de rose, dans son apparente naïveté, prête à sourire. Eugénie s'y reconnaît peut-être et peut-être se sent-elle flattée, à moins que ce trop-plein de louanges ne l'alerte sur les intentions cachées de Napoléon. Tout en lui décernant des lauriers, n'exploite-t-il pas à des fins politiques sa détresse morale ? Comment ne pas supposer en effet que cet article de pure propagande ne s'inscrit pas dans le cadre d'une opération de communication mûrement réfléchie ? Sous couvert de faire amende honorable, il vise à l'autocélébration de la monarchie impériale au moment où l'Empire autoritaire est visiblement parvenu à ses derniers mois.

CHAPITRE IV

Un Égyptien à Paris

Ne connaît-on pas... à la Porte le goût du khédive pour le prestige extérieur et pour tout ce qui peut flatter son désir de faire admirer la richesse de l'Égypte ?

Le marquis de La Valette,
ministre des Affaires étrangères,
à Bourée, ambassadeur de France
à Constantinople, 25 juin 1869.

On se rappelle que de mai à juillet 1869 le khédive Ismaïl, accompagné de toute sa smala, a entrepris une vaste tournée des capitales européennes afin d'inviter un maximum de têtes couronnées à l'inauguration du canal de Suez. On a dit également que son bonheur aurait été incomplet sans l'assurance de la participation de l'impératrice aux festivités qu'il se propose d'organiser à Ismaïlia. D'où l'insistance qu'il met, et l'on ne s'en étonnera pas, à obtenir une réponse ferme et définitive d'Eugénie qui hésite encore à entreprendre un voyage aussi lointain.

Pour s'épargner l'accusation de bafouer les prérogatives du sultan Abdul-Aziz, son suzerain qui lui refuse toute initiative dans le domaine de la politique étrangère, il invoque des problèmes de santé. Fort prudemment, il fait dire à Constantinople qu'il se rend en France sur l'avis de ses médecins pour suivre une cure thermale aux Eaux-Bonnes dans les Pyrénées. Si, à Florence, le roi d'Italie Victor-Emmanuel II allègue des soucis politiques pour décliner l'offre, il promet néanmoins de se faire représenter par son neveu, le jeune duc de Gênes. À Vienne, l'empereur François-Joseph confirme son intention de se rendre en Égypte, à condition toutefois que l'impératrice Eugénie donne elle-même suite à son projet d'honorer de sa présence l'ouverture du canal à la navigation maritime. Les journaux autrichiens prêtent au pacha toutes sortes de plans plus hardis les uns que les autres, notamment l'intention d'obtenir une neutralisation du canal sous la garantie des puissances. Dans le même temps, la presse turque se déchaîne contre lui. À Berlin, où une compagnie d'honneur l'attend à la gare, le roi Frédéric-Guillaume invoque son âge pour s'excuser et se faire remplacer par le prince royal de Prusse.

À Paris, où l'on a juste eu le temps d'envoyer les cantonniers nettoyer les rues et enlever les bris de verre, comme si un coup de balai suffisait à chasser les germes de la révolution, aucune émeute ne vient perturber le séjour d'Ismaïl. De toute manière, les affaires françaises échappent à l'entendement de ce potentat oriental qui conçoit assez mal que des sujets aient l'audace de contester l'autorité de leur maître, lui qui ne reconnaît comme seule Constitution que la loi de ses caprices et les impératifs de son bon vouloir. Napoléon, guère troublé par les échauffourées de la veille, multiplie à son égard les marques d'estime. La sollicitude de l'empereur rassure le khédive sur la constance et la solidité de ses sentiments envers lui. Du reste, ce dernier a apprécié la présence au poste-frontière d'une escorte d'honneur venue le complimenter, il a goûté avec jubilation l'accueil que le général Fleury, le grand écuyer, lui a réservé à sa descente de voiture. La présence parmi les officiels de Djémal Pacha, l'ambassadeur de Turquie, a néanmoins jeté un trouble fugace sur le plaisir qu'il prend à être si bien fêté.

En cette année 1869 Paris fait encore figure de capitale de l'Europe, là où se discutent les problèmes diplomatiques majeurs, même si le prestige international de la France commence sérieusement à décliner. Et puis le canal est une œuvre française. Face à une Angleterre réticente et à une Russie soupçonneuse et facilement ombrageuse dès lors qu'on aborde l'épineuse question d'Orient, les Autrichiens et les Français ne souhaitent pas faire cavaliers seuls. Il ne coûte rien à l'Italie, à l'Autriche, à la Prusse ou à la France de flatter la vanité du vice-roi. C'est même acheter à bas prix sa reconnaissance et, par conséquent, renforcer leur emprise sur lui. Quant à le pousser à la rupture avec la Turquie, nul n'y songe. Les gouvernements occidentaux, coresponsables par traité de l'intégrité de l'Empire ottoman, se posent à la fois en protecteurs du sultan – surtout face aux visées expansionnistes des Russes – et en tuteurs d'une Égypte encore mineure dans le concert des nations.

Les déplacements officiels du khédive à l'étranger soulèvent immanquablement de délicats problèmes de protocole, car un rien suffit à froisser la susceptibilité maladive de la Sublime-Porte en matière de préséance. Aux yeux du gouvernement ottoman, en effet, le vice-roi d'Égypte demeure un gouverneur général de province bénéficiant certes d'une large autonomie, mais néanmoins toujours tributaire du sultan de Constantinople. Or l'indépendance, ce maître mot de son action, obsède Ismaïl. Il y pense à longueur de journée. Seulement, comment la conquérir sans provoquer une rupture radicale avec la Porte ? Il ne manque pas de ténacité, mais à la manière des gens capricieux qui n'aiment pas qu'on leur résiste. Il se persuade qu'il suffit de désirer fortement quelque chose pour l'obtenir, alors que le sultan n'est disposé ni à lui accorder la souveraineté ni même à lui être sympathique. Le gouvernement ottoman ne s'estime redevable de rien envers ce vassal imprévisible et turbulent dont les services s'inscrivent dans le cadre normal des obligations incombant à une province tributaire de l'Empire ottoman.

Ali-Pacha, le grand vizir, accumule les griefs contre lui. Il lui conteste le droit de lancer des invitations sans son accord. Il n'est pas loin de le considérer comme un renégat passible des pires supplices. Et lorsqu'il apprend qu'Ismaïl, outre des armes et des munitions, a passé commande de deux corvettes cuirassées aux chantiers de La Ciotat, il pique une telle colère, lui un homme d'ordinaire si posé, que le Bosphore en tremblera longtemps. Le vice-roi doit se préparer à quelques difficultés avec Constantinople. La Porte dispose désormais de la preuve irréfutable qu'il cherche à s'affranchir de ses liens de vassalité. Elle exige la rétrocession du matériel de guerre et des navires blindés ; elle l'accuse, non sans raison, d'inciter la presse cairote, assez montée contre les Turcs, à propager l'idée de la transformation de l'Égypte en royaume indépendant. Les conseillers du khédive ont beau lui rappeler qu'il ne doit rien faire sans l'accord formel d'Abdul-Aziz, qui lui interdit de signer des accords internationaux ou de contracter des emprunts, il ne veut rien entendre.

Cette perspective de désobéissance lui enflamme l'esprit comme à un enfant indiscipliné. Et, de fait, il a eu raison de s'obstiner, car il peut se flatter d'avoir été reçu partout avec des honneurs dignes d'un prince souverain. Il en tire la conclusion un peu hâtive que les puissances l'ont intronisé dans la cour des grands. Sa vanité l'égare souvent.

Son attitude, jointe à l'ambiguïté de la position des puissances, a raison de la patience du gouvernement ottoman. « La Sublime-Porte vient d'adresser à ses agents auprès des cours européennes une dépêche circulaire dans laquelle elle expose ses griefs contre S.A. le Vice-Roi en discutant la question de fond et en faisant ressortir aussi fortement que possible l'acte de souveraineté dont elle accuse S.A. de s'être rendue coupable en faisant les invitations en son nom et en demandant également en son nom la neutralisation du canal de Suez. La Sublime-Porte espère qu'après cette circulaire aucun souverain étranger n'osera répondre à l'invitation de S.A. ; si par hasard un souverain quelconque se rendait en Égypte sur cette invitation, le sultan s'y rendrait également pour faire lui-même les honneurs de l'ouverture du canal. On est très vexé de voir, bien que S.A. soit reçue par les souverains européens en audience d'arrivée en présence de représentants de la Turquie, ces mêmes souverains lui faire les honneurs royaux et le voir ensuite en tête à tête [1]. »

Et comme si la coupe n'était pas suffisamment pleine, en bon pacha, Ismaïl arbore fièrement le titre de

1. Copie de la dernière correspondance secrète adressée de Constantinople au vice-roi, Alexandrie, 25 juin 1869 (Archives diplomatiques de Nantes, Correspondance politique de Constantinople, série B/340).

khédive, emprunté au shah de Perse, qu'Abdul-Aziz à son corps défendant lui a accordé deux ans auparavant. Pour l'anecdote, la traduction de ce titre a causé en son temps bien des migraines aux chancelleries européennes. Elles ont hésité entre le « Seigneur », le « Sublime » ou l'« Archidieu », pour finalement renoncer par peur du ridicule à lui trouver un équivalent dans le codex diplomatique. Après tout, « khédive d'Égypte », cela sonne bien et produit son effet. Or donc, ce petit homme barbu et corpulent, rusé et affable, d'une vivacité d'esprit qui le rend d'un abord agréable, appartient à cette génération d'Orientaux tout pénétrés de culture européenne. Entreprenant, audacieux même, il a toujours vu grand car il cultive la passion de la grandeur.

Lorsque le 18 janvier 1863, à trente-trois ans, il succède à son oncle Mohamed Saïd, les uns voient dans l'avènement de ce prince éduqué à la française un signe de bon augure pour l'avenir du pays, les autres prédisent que son règne sonnera la perte de l'Égypte. En quoi ils n'ont pas complètement tort. Ismaïl se qualifie volontiers de réformateur, il se considère comme une sorte de despote éclairé converti aux vertus de la révolution industrielle. Il escompte de l'ouverture du canal à la navigation une pluie d'or qui se déversera sur son pays en l'intégrant au commerce international et lui donnera un élan économique qui le sortira enfin de son archaïsme. Ismaïl Pacha a l'obsession du progrès. Il rêve de propulser l'Égypte dans la modernité. Il fait de cet objectif le pivot de sa politique, la ligne directrice de toute son action.

Il apprend à composer avec la réalité complexe de la politique turque, à ne jamais attaquer de front, à toujours louvoyer. Il excelle à se frayer un chemin, nécessairement tortueux et étroit, dans le maquis des contradictions internes de l'Empire ottoman, à exploiter les opportunités qu'offre l'autorité déclinante de la Sublime-Porte, tout en s'inclinant obséquieusement devant un pouvoir qui a encore, quoi qu'on en dise, les moyens de se faire respecter. Il manœuvre adroitement, achète à Constantinople de judicieuses complicités, marchande avec le grand vizir la modification du mode de succession, l'autorisation de constituer une régence en cas de minorité, le droit de signer des conventions douanières, celui d'engager une réforme de la justice et enfin l'exclusivité du titre de khédive.

Sous son administration l'Égypte se transforme en une gigantesque machine à produire de l'argent et à fabriquer des dettes, un immense chantier de travaux publics. Il a compris que l'émancipation politique passe par le développement économique, qu'elle se conquiert à coups de manufactures, de cultures nouvelles, de lignes télégraphiques et de chemin de fer. Il est prêt à vendre l'Égypte à des investisseurs étrangers souvent sans scrupule pourvu qu'il en retire l'indépendance de ses États. Ses rêves les plus insensés et sa prodigalité lui servent de programme économique. Le pays ne marche pas vers le progrès selon un ordre préalablement établi, mais plutôt au gré des fantaisies de son maître. Le vice-roi croit qu'en éblouissant les cours d'Europe il en imposera au sultan. Il l'indispose au contraire. Après lui avoir accordé, non sans s'être fait tirer l'oreille, une assez large autonomie administrative, la Sublime-Porte exclut désormais toute concession nouvelle. Elle condamne par ailleurs avec la plus vive énergie les dépenses somptuaires qu'Ismaïl continue d'engager malgré les mises en garde pour financer ce maudit canal. Abdul-Aziz refuse d'en entendre parler ;

la seule évocation du nom de Suez lui donne des aigreurs d'estomac.

L'aventure du canal a véritablement commencé bien avant Ismaïl, en 1854 exactement, lorsque Ferdinand de Lesseps, ancien consul de France au Caire, a relancé l'idée de percer l'isthme de Suez pour mettre en communication la mer Rouge et la Méditerranée. Déjà en 1799, sous l'impulsion de Bonaparte et dans le sillage de l'armée d'Orient, les savants de l'Institut de France avaient fouillé les sables pour dégager, relever, collationner les vestiges de l'Égypte antique, et contribué ainsi à sa résurrection. Puis de grands projets ont mûri, échafaudés par des esprits généreux s'estimant capables de triompher de toutes les utopies. Dans les années 1820, le comte de Saint-Simon parle de percer l'isthme de Suez et esquisse les premiers plans. « C'est à nous à faire entre l'Égypte antique et la vieille Judée une des deux nouvelles routes entre l'Inde et la Chine, affirme Prosper Enfantin, son disciple. Suez sera le centre de notre vie de travail ; c'est là que nous ferons l'acte que le monde attend pour confesser que nous sommes mâles. » Enfantin s'efforce de convaincre Méhémet-Ali du bien-fondé de ses intentions. Le grand pacha, soucieux avant toute chose de ménager les Anglais qui s'inquiètent de voir des Français prendre pied sur les côtes de la mer Rouge et aux portes des Indes, l'éconduit gentiment. Prudent, le fondateur de l'Égypte moderne préfère construire des lignes de chemin de fer ou des barrages. Le mérite de relever le rêve abandonné des saint-simoniens revient donc à Lesseps.

Fort de l'appui de sa cousine Eugénie et de l'adhésion sans réserve de Napoléon III, qui va donner à son initiative les dimensions d'une affaire d'État, celui-ci arrache à Mohamed Saïd des concessions exorbitantes.

Grâce à quoi la Compagnie universelle de Suez devient une sorte de vice-royauté à l'intérieur de l'Égypte et son président, l'homme le plus puissant du pays. Dès son avènement, Ismaïl corrige certains de ces abus, notamment l'autorisation que son oncle a accordée à la Compagnie de recourir au travail forcé. Il supprime le système des corvées qui mobilisent chaque mois, et par roulement, des dizaines de milliers de fellahs pour le creusement du canal au détriment des cultures. Lesseps sait l'amadouer en l'entretenant habilement dans sa folie des grandeurs. Il invoque en permanence ses liens de parenté avec l'impératrice pour se prévaloir d'être le dépositaire de la pensée de l'empereur, fasciné comme Bonaparte par l'Orient.

Il a assez d'audace pour juger techniquement réalisable une entreprise considérée par beaucoup comme fantaisiste. Des voix autorisées s'élèvent pour prédire la submersion totale de l'isthme sur la foi d'anciens calculs, erronés du reste, qui laissent accroire que les deux mers, la Méditerranée et la mer Rouge, ne sont pas au même niveau. L'ambassadeur anglais à Constantinople se surpasse en montant le sultan contre Lesseps et Ismaïl Pacha. Les ministres de Napoléon III s'évertuent à calmer le jeu, répétant à l'envi que l'affaire n'a rien de politique, qu'elle est purement commerciale. Eugénie s'en mêle et intercède en faveur de son cousin. Sur-le-champ, Thouvenel, le représentant de l'empereur auprès de la Porte, arrache à Abdul-Aziz une adhésion formelle de son gouvernement à l'initiative de la Compagnie universelle de Suez. Bien mieux, le Divan accepte même le principe d'un recours aux cabinets de Londres et de Paris pour examiner et décider d'un commun accord les questions internationales que soulève l'ouverture du canal. Plus l'ouvrage progresse et vainc les multiples obstacles, plus les Britanniques mesurent la portée de leur erreur. En refusant de s'associer aux Français, ils ont laissé échapper une occasion unique de renforcer leur présence dans une région stratégique pour eux.

Avec le canal de Suez la France rattrape de façon inespérée le rêve inachevé de Bonaparte. Elle se lance à la conquête de l'Orient, non plus cette fois par la force, le sabre à la main, mais par la seule vertu d'un principe, le libéralisme économique, qui trace les contours d'un monde nouveau. Louis-Napoléon, adepte du saint-simonisme et de ses utopies, a occupé jadis sa réclusion au fort de Ham à percer des isthmes sur le papier et à ouvrir au commerce de nouvelles voies maritimes. Il a rédigé en 1845, à la demande d'un représentant des États du Guatemala, du San Salvador et du Honduras, un *Projet de jonction des océans Atlantique et Pacifique au moyen d'un canal.* « La guerre et le commerce ont civilisé le monde, écrivait-il. La guerre a fait son temps ; le commerce seul poursuit aujourd'hui ses conquêtes. Ouvrons-lui une nouvelle route… Pour mener à fin cette grande entreprise, nous faisons appel à tous les hommes religieux et intelligents, car elle est digne de leur zèle et de leur sympathie. Nous invoquons l'appui de tous les hommes d'État, parce que toutes les nations sont intéressées à l'établissement de communications nouvelles et faciles entre les deux hémisphères. Enfin, nous nous adressons aux capitalistes, parce que, tout en prenant part à une entreprise glorieuse, ils ont la certitude d'en recueillir de grands avantages pécuniaires. »

Lesseps lui apporte l'Égypte sur un plateau ; il oublie Panama et regarde désormais la vallée du Nil comme une terre de prédilection pour la réalisation du grand œuvre napoléonien. À sa manière, il mène sa propre expédition d'Égypte, mais là où Bonaparte a échoué lui scellera autour d'une entreprise française l'union de l'Orient et de l'Occident. C'est pourquoi il fait son possible pour aider le khédive à sortir son peuple du Moyen Âge ottoman. Il considère de surcroît qu'en contribuant à la modernisation de l'Égypte il lui donnera les moyens d'échapper à la tutelle de la Porte et par là même à celle d'une Angleterre autoproclamée mentor du sultan.

Eugénie partage avec Napoléon cette imagination qui les pousse tous deux à élaborer des rêves fous. L'empereur l'a convertie à sa foi dans le progrès et entraînée dans ses propres visions de l'avenir. Comme lui, elle est persuadée que l'humanité marche vers une sorte d'âge d'or, que la révolution industrielle concourt à améliorer la condition de l'homme. Elle s'est enthousiasmée pour le projet de son cousin parce qu'il est de ces audacieux qui forcent les portes du futur et y entrent en dansant comme un sorcier franchit un cercle de feu. Avec l'empereur, elle se félicite de l'achèvement d'un chantier dont la réussite donne à la France l'occasion de damer le pion à l'Angleterre.

En 1867, à l'Exposition universelle de Paris, l'Égypte est à l'honneur, ainsi que son vice-roi. Pendant six mois les visiteurs se bousculent par centaines de milliers au pavillon égyptien. Leur stupéfaction est totale. Dans l'introduction du catalogue, Charles-Edmond, le commissaire général pour l'Égypte, avertit le public : « Les peuples ont des mortes-saisons ; ils ont leur sommeil et leur réveil, et, quand ils viennent à renaître, il y a toujours un grand rôle à prendre, un beau règne à vivre pour le prince qui sait s'en rendre digne. De nos jours, l'Égypte s'engage ainsi en plein printemps ; après l'Égypte des pharaons, après l'Égypte des khalifes, une Égypte nouvelle est en train de venir à bien. Encore quelques années, et la vallée du Nil, si resplendissante autrefois, brillera de nouveau sur la carte du monde. » La reconstitution scrupuleuse du kiosque de Philae avec son avenue de sphinx, le selamlik, petit palais ciselé d'arabesques comme un bijou damassé, et l'okel, l'équivalent du caravansérail turc, à la fois auberge et bazar avec ses magasins et ses ateliers ouvrant sur une cour intérieure, rencontrent un succès colossal. À grands frais, le khédive a fait venir des palmiers en pot, des ânes et des dromadaires, d'authentiques fellahs. Et comme touche finale d'exotisme, une somptueuse dahabieh de vingt-sept mètres de long, baptisée *Ben-en-Nil*, la *Fille du Nil*, amarrée au pont d'Iéna, se balance indolemment sur les eaux de la Seine. La réussite de l'opération de promotion qu'Ismaïl a montée sans lésiner sur les moyens dépasse toutes ses espérances.

En 1869, deux ans après le mirage, l'Exposition universelle semble déjà un lointain souvenir, comme l'apothéose trompeuse d'un régime qui avance en aveugle vers sa chute au moment même où il croit atteindre son apogée. Il subsiste néanmoins un véritable engouement pour cette Égypte merveilleuse, dont la mise en scène s'inspire à la fois des *Contes des Mille et Une Nuits* et des volumes de *L'Univers pittoresque* publiés par Firmin-Didot. Les démêlés du vice-roi avec la Porte, l'implication personnelle de Napoléon III, la personnalité éclatante de Ferdinand de Lesseps placent l'Égypte sous les feux de l'actualité. Elle fascine et intrigue tout à la fois.

À Paris, Ismaïl oublie ses soucis. Une complicité de plaisirs le lie à cette ville qui l'éblouit par son luxe tapageur et sa quête effrénée de divertissements. Les réceptions brillantes, les bals de la Cour, les soupers aux Tuileries comblent sa sensibilité de prince oriental qui aime la surcharge et y répond par la surenchère. Il a hérité de son grand-père Méhémet-Ali, le grand pacha, une très vive admiration pour Bonaparte qu'il transpose sur son neveu. Il admire le savoir-vivre de l'empereur, il succombe au charme d'Eugénie. Non seulement la France le soutient dans la partie de bras de fer qui l'oppose au sultan, mais elle caresse son orgueil de mille façons flatteuses. Ne l'a-t-on pas installé au palais de l'Élysée et ne dort-il pas dans le lit où Abdul-Aziz a couché avant lui en juillet 1867 ? Ne donne-t-on pas en son honneur une magnifique fête à Saint-Cloud ? « Elle fut splendide, lit-on dans les *Souvenirs* du commandant Schneider. Pour la première fois, et la dernière hélas ! les jardins furent éclairés à la lumière électrique au moyen de deux projecteurs (système Serrin, le *nec plus ultra* à cette époque) placés dans les appartements supérieurs. Un feu d'artifice fut tiré au bassin des vingt-quatre jets et, à cette occasion, l'empereur donna l'ordre que le public fût admis dans le parc réservé pour jouir du coup d'œil. Aussi, plusieurs milliers de curieux profitèrent de cette permission et bientôt l'affluence des visiteurs fut tellement considérable aux abords du salon de Mars, qu'on fut obligé de requérir la troupe pour dégager l'allée de la Carrière, sans quoi la foule eût forcé les fenêtres qui étaient de plain-pied, et envahi le palais. Après le dîner de gala il y eut une représentation théâtrale dans le salon de Mars par des acteurs de la Comédie-Française... Aussitôt la représentation terminée, les invités se rendirent dans les jardins pour assister au feu d'artifice... Nombre de députés influents avaient été conviés ; l'impératrice se multipliait auprès d'eux. À un moment, elle entreprit monsieur Guyot-Montpeyroux [député du centre gauche de la deuxième circonscription de la Haute-Loire] et l'entraîna, tout en causant, un peu à l'écart ; mais tout le monde pouvait se rendre compte de l'animation de leur entretien, car les projections électriques ne quittaient pas S.M. dont les diamants étincelaient de mille feux… Cette fête fut la dernière donnée à Saint-Cloud : un an après presque jour pour jour la guerre avec l'Allemagne était déclarée. » La protection de l'empereur apporte au vice-roi une reconnaissance internationale. Mais ne prend-il pas le risque d'hypothéquer sa liberté avant même de l'avoir obtenue ?

Quoi qu'il en soit l'inauguration du canal tombe à pic. En perçant l'isthme de Suez, Ferdinand de Lesseps rappelle au monde que la France entend toujours imposer sa voix dans le concert des nations, en dépit de ses revers lamentables sur la scène internationale. Le désastre de l'expédition du Mexique (1862-1867), les échecs répétés des visées impériales en Pologne (1863), dans les Duchés (1864), au Luxembourg (1866) et en Orient avec la question de la Crète (1868) rendent plus qu'urgente une opération de séduction en direction des souverains d'Europe. Dans ces conditions, on ne s'étonnera pas que le voyage inaugural de l'impératrice à Suez ait pris parfois des allures curieuses de congrès impromptu dans les sables chauds du désert d'Afrique.

Le déplacement d'Eugénie aura également valeur de symbole. Il correspond à l'image d'un Second Empire missionnaire portant volontiers le flambeau de la civilisation occidentale à un « Orient barbaresque ». En cette deuxième moitié du XIXe siècle, la France prétend toujours incarner un modèle dominant au point de faire croire un peu vite que l'esprit et les bonnes manières ne soufflent qu'à Paris. Napoléon s'inquiète toutefois que le patronage de l'impératrice n'entraîne des complications supplémentaires, notamment avec Londres et Saint-Pétersbourg. Les Anglais et les Russes ont annoncé qu'ils bouderaient les festivités de Suez. Quant au sultan, de plus en plus irrité par les attentions dont les cours d'Europe couvrent son vassal, il menace carrément d'envoyer son armée en Égypte pour remettre le khédive au pas. On comprend dans ces conditions que Napoléon, en donnant son accord de principe au voyage de l'impératrice, se soucie d'abord d'éviter tout incident diplomatique. Même si les rodomontades turques ne sont que des rugissements d'impuissant. De l'avis du ministre des Affaires étrangères, il n'y a vraiment pas lieu de s'en émouvoir outre mesure. Celui-ci s'en ouvre à l'ambassadeur de France en poste à Constantinople.

« Le voyage du Vice-Roi en Europe paraît, d'après votre correspondance, avoir excité d'assez vives susceptibilités à Constantinople et Djémal Pacha, de son côté, m'en a transmis l'expression, lui mande-t-il le 25 juin. La Porte s'est émue surtout de l'initiative prise par ce prince auprès des souverains à propos de l'inauguration prochaine du canal de Suez. Mais en même temps, elle a témoigné une grande satisfaction en apprenant les détails de l'arrivée et du séjour du khédive à Paris. En effet, nous n'avons pas perdu de vue un moment les égards dus aux droits de la Turquie, et nous ne nous sommes pas bornés à maintenir l'observation des règles dans la question d'étiquette et de représentation, nous n'avons fait entendre que de sages avis dans les questions politiques. Quant à ses propres intentions [du vice-roi], il n'en faudrait pas juger sur l'éclat qu'il a voulu donner à son voyage. Il me semble qu'à Constantinople on attribue trop d'importance aux invitations adressées par Ismaïl Pacha aux souverains. Il serait difficile après tout de décider à qui appartient le droit à cet égard ; et tout en se montrant irrité que le Sultan n'ait pas été invité le premier ou du moins consulté, la Porte a parfaitement admis que le Vice-Roi pouvait, dans cette circonstance, parler en son nom propre aux autres têtes couronnées. Il est juste également de reconnaître que le percement du canal de Suez est l'œuvre de son administration, qu'il a fait des sacrifices immenses pour la conduire à bonne fin, et l'on ne peut s'étonner qu'il cherche à recueillir les avantages de popularité qu'il est en droit d'attendre d'une pareille entreprise. Ne connaît-on pas, d'ailleurs, à la Porte le goût du khédive pour le prestige extérieur et pour tout ce qui peut flatter son désir de faire admirer la richesse de l'Égypte ? La puissance n'est pas là et cette aspiration est moins dangereuse que ne le serait peut-être une politique plus réservée et plus économe des deniers de l'État. Il n'y a donc aucun sujet pour la Porte de prendre ombrage de l'excursion que le Vice-Roi accomplit en ce moment et il y a lieu de penser, dans tous les cas, qu'il en rapportera des impressions favorables au maintien de ses bons rapports avec le gouvernement ottoman. »

Dans un souci d'apaisement, Napoléon décide qu'Eugénie s'arrêtera à Constantinople afin de bien marquer la primauté du sultan sur le vice-roi. De plus, il est en dette envers Abdul-Aziz qui, fait sans précédent, est sorti de ses États pour se rendre à Paris en 1867. L'assurance qu'il aurait à sa disposition une mosquée dans l'enceinte de l'Exposition universelle a eu raison de ses réticences à traverser la Méditerranée. Or il est dans les règles élémentaires de la politesse qu'Eugénie lui rende sa visite. Présenté de la sorte, le séjour de l'impératrice à Constantinople sauve les apparences : la France ne s'abaisse pas à une espèce d'acte de contrition pour se faire pardonner une quelconque maladresse et la Turquie oublie son mouvement d'humeur. Le geste de Napoléon met du baume au cœur du gouvernement ottoman. Il est apprécié comme une marque de courtoisie entre les deux souverains et un signe d'amitié entre les deux pays. « Dans la matinée, on avait reçu à la Porte la nouvelle officielle de ce voyage et l'on y a vu avec satisfaction que l'impératrice vient ici avant de se rendre en Égypte. C'est cette impression qu'on a fait connaître aux représentants à qui avait été adressée la dépêche en leur donnant l'ordre de faire ressortir ce fait[2]. »

Napoléon fait confiance à sa femme pour gagner la sympathie de Sa Hautesse, qui s'est montrée plutôt distante lors de son séjour à Paris, et désamorcer ainsi sa colère envers le khédive. Il ne manquerait plus qu'Abdul-Aziz débarque à la tête de ses légions – hypothèse assez peu vraisemblable en ce qui concerne l'héroïsme guerrier du sultan et sa répugnance à reprendre la mer – et vienne jouer à Suez les trouble-fête devant un parterre de têtes couronnées.

Eugénie brûle d'un vieux rêve de visiter l'Orient. D'ailleurs, une rumeur de voyage dans ces régions du

2. Copie de la dernière correspondance secrète adressée de Constantinople au vice-roi, Alexandrie, 6 juillet 1869. Post-scriptum à une dépêche de juin 1869 de la Sublime-Porte à ses représentants relatif au voyage de l'impératrice à Constantinople (Archives diplomatiques de Nantes).

Levant a déjà couru à ce sujet en janvier 1861. Elle n'est pas la seule à succomber à la tentation de l'Égypte, plus que jamais à la mode avec l'imminence de l'inauguration du canal. Le Tout-Paris parle de se donner rendez-vous à Suez. Mais pour l'heure, les circonstances politiques requièrent sa présence à Paris. Elle réserve encore sa réponse. Qu'adviendrait-il, en effet, si le pire venait à se produire durant son absence ? En cas de coup dur, l'Empire ne pourrait guère compter ni sur un empereur cacochyme ni sur un prince héritier encore adolescent. Ismaïl repart impatient et dépité. Le départ d'Eugénie dépend aussi de l'évolution de la situation internationale. Or au cours de l'été la querelle qui oppose le khédive au sultan prend soudain une tournure désagréable. Leurs désaccords risquent de finir par des coups de canon. « Je vous avoue, confie Mérimée à la comtesse de Montijo, que je ne serais pas fâché que quelque incident diplomatique empêchât Sa Majesté de rester si longtemps hors de France. » Effectivement, on peut s'inquiéter que l'absence prolongée de l'impératrice ne délie les méchantes langues. On peut craindre également, de la part du personnel diplomatique français en poste à Constantinople, des maladresses dont il est, paraît-il, coutumier. On soupçonne Bourée, l'ambassadeur de l'Empereur, de s'être mis en tête de faire donner par le sultan un bal en l'honneur de l'impératrice. « C'est à peu près pour les Turcs, plaisante Mérimée, comme si l'on demandait à l'empereur de jouer le rôle de monsieur Jourdain dans la cérémonie turque du *Bourgeois gentilhomme*. »

CHAPITRE V

« Mademoiselle, vous tuez l'empereur »

Arrivés à Bastia, nous allons descendre à terre. Louis va très bien et est enchanté de son voyage en mer. Je suis très fatiguée mais bien portante. Les dépêches que je viens de recevoir nous rendent très heureux. Nous vous embrassons tendrement.

Dépêche d'Eugénie à l'empereur,
Bastia, 28 août 1869,
12 h 25 du soir.

Au milieu de l'été 1869, l'opinion publique s'intéresse bien davantage à l'état de santé de l'empereur, qui suscite soudain de vives inquiétudes, qu'elle ne s'enflamme vraiment pour le dernier train de réformes par lequel Napoléon abdique pourtant les restes de son pouvoir personnel.

Son entêtement et sa méfiance instinctive envers les médecins le rendent mal commode à soigner. Déjà en août 1865 une première attaque de calculs urinaires a nécessité une intervention chirurgicale qui a échoué et l'a fait beaucoup souffrir. Échaudé, il préfère ensuite s'adresser à des guérisseurs incapables de combattre le mal, tout juste bons à l'abuser avec leurs boniments.

Son extrême sensibilité à la douleur physique, son appréhension nerveuse de la maladie surprennent d'autant plus qu'il a montré dans les circonstances les plus dramatiques de sa vie un profond mépris de la mort. Faute des soins appropriés qu'il refuse, son état empire. Il exige du docteur Nélaton, son chirurgien, un silence absolu. Au palais, on remarque bien que sa démarche s'alourdit, mais comme il ne se plaint jamais et ne s'alite pas, personne ne soupçonne les souffrances qu'il endure. On le sait seulement sujet à des rhumatismes qui provoquent parfois de légers accès de fièvre, mais rien qui l'empêche d'assumer ses fonctions officielles. De Plombières, où chaque année il va prendre les eaux dans l'espoir de guérir, il écrit à l'impératrice en mai 1861 : « Je me sens mieux ; cependant je t'avoue que ces douleurs sourdes que j'éprouve dans les jambes m'inquiètent, parce que je suis persuadé que c'est le symptôme d'un mal qu'on pourrait guérir si les médecins savaient en découvrir la cause. » Quand Napoléon apprend en 1865 qu'il souffre en réalité de calculs rénaux, il se garde bien de dire la vérité à Eugénie. Sans doute pour ne pas l'inquiéter. Mais aussi pour s'épargner l'insistance qu'elle mettrait inévitablement à ce qu'il accepte un traitement approprié si elle en avait connaissance.

Il ne renonce pas pour autant à la compagnie des femmes. Quoique très affaibli, il entretient une liaison avec Julie Lebœuf, dite Marguerite Bellanger, une habile courtisane mais une médiocre comédienne. Il l'installe dans un petit hôtel de la rue des Vignes où il lui rend de fréquentes visites, accompagné de Mocquard, son secrétaire. Il y use un peu plus ses dernières forces. Déjà déclinant sur le plan physique, il est sur le point de s'épuiser totalement à des plaisirs qui, dans son état, ne sont plus de son âge. La Bellanger a le tort de se faire indiscrète, l'empereur la légèreté de s'afficher un peu trop avec elle. Il essuie les foudres de sa femme qui lui reproche ses frasques. Il prend un air penaud, comme un collégien pris en faute. « Je n'ai pas répondu de suite à ta lettre, lui écrit-il de Plombières le 23 juillet 1868. J'ai d'abord été bien mal à mon aise les premiers jours, et puis toutes les fois que je prends en main la plume pour t'écrire tant de choses s'accumulent dans ma pensée ! Je voudrais avoir l'éloquence de Cicéron pour te faire partager toutes les émotions, toutes les sensations qui assiègent mon cœur. Et puis après un moment de réflexion, je me dis que je n'arrêterai pas le cours du destin. Plus il coule, plus il s'éloigne de sa source et plus ses flots augmentent. Ma consolation est de penser à notre fils. Que Dieu le protège !... Je mène ici une vie bien régulière et j'en attends d'heureux effets. C'est trop d'avoir toujours un mal moral qui vous mine et un mal physique qui vous abat. Les bains me font du bien et tout ce que je désire c'est qu'ils me donnent encore la force de mourir avec honneur et non dans mon lit comme un gratteur. »

Son insouciance révolte Eugénie, mais d'un autre côté elle n'a pas le cœur à l'accabler davantage. Il a quelque chose de pathétique qui force à la clémence. Elle estime toutefois de son devoir d'épouse d'agir. Puisqu'il n'en a pas lui-même la volonté, elle l'empêchera de commettre l'irréparable, elle l'arrachera à ses suicidaires habitudes. Un matin, n'en pouvant plus, elle fait demander Mocquard. « Je sors, vous m'accompagnez, lui intime-t-elle, j'ai demandé le petit coupé. » Elle dit au secrétaire de la conduire rue des Vignes. « Si, si, je vous dis, chez mademoiselle Bellanger ; c'est vous qui avez procuré cette fille à l'empereur, eh bien vous m'accompagnerez chez elle. » Interloqué, Mocquard s'exécute. « Mademoiselle, lance-t-elle à la favorite, vous tuez l'empereur ; si vous avez quelque attachement pour lui, vous devez renoncer à lui… Et maintenant, adieu, mademoiselle. »

Le 11 août 1869, une nouvelle crise de calculs, cette fois d'une particulière gravité, terrasse Napoléon à Saint-Cloud, le jour même du départ d'Hussein Pacha, le fils du khédive, son hôte depuis un mois. Il doit interrompre le conseil des ministres et se retirer dans ses appartements. Des sentinelles placées à chaque porte reçoivent l'ordre de ne laisser entrer personne excepté les médecins. Il tombe plusieurs fois en syncope. Pour ne pas alarmer l'opinion, on cache la vérité. On minimise les choses en évoquant une crise d'hémorroïdes. Napoléon espère dédramatiser la situation ; son initiative ne fait qu'ajouter à l'émotion générale. Elle alimente les rumeurs. Les commentaires les plus excessifs vont bon train et créent un mauvais climat qui pousse la rente à la baisse. « Il suffit qu'il soit souffrant, note Mérimée, pour que toutes les imaginations se représentent ce qui pourrait arriver s'il était mort. » On donne à la presse d'opposition, incrédule et irrévérencieuse, matière à se moquer. Elle ne s'en prive pas. Un chroniqueur du *Charivari* relève que les journaux illustrés à la solde du gouvernement exagèrent énormément la taille du prince impérial, comme pour mieux suggérer à leurs lecteurs que malgré ses treize ans l'héritier du trône pourrait au besoin succéder à son père. « Si cela continue, conclut l'humoriste, quand ce jeune homme entrera dans sa seizième année, on le représentera ayant quatre pouces de plus que les cent-gardes de son escorte ! »

La douleur maintient l'empereur en état de prostration. « Il avait peine à dissimuler sa lassitude ; il semblait porter un monde sur ses épaules fléchissantes », se souvient madame Des Garets. En quelques semaines, il perd l'énergie de se battre, mais sa conscience, comme aiguisée par la déchéance physique, reste d'une remarquable acuité sur l'ironie de sa situation. Le désabusement le libère des faux espoirs qu'on aime souvent à entretenir pour mieux se rassurer sur son propre compte. Tenaillé par d'atroces douleurs à la vessie, il accuse psychologiquement le coup et se replie beaucoup sur lui-même, se méfiant de plus en plus de son entourage divisé en clans rivaux où s'affrontent conservateurs et réformateurs. Sa pugnacité s'émousse. L'homme tenace et énergique apparaît désormais sous les traits d'un souverain défait et valétudinaire. Il a la désagréable impression de ne plus être compris, d'appartenir à un autre monde. Il croit prudent de réorganiser la régence en instituant un conseil pour entourer l'impératrice. Il y nomme le prince Napoléon, Rouher, Persigny et quelques autres grands dignitaires de l'Empire. Si le prince impérial n'était pas un enfant, peut-être passerait-il la main, mais peut-il envisager sérieusement de transmettre le flambeau à un garçon de treize ans ?

Il annule tous ses déplacements en province. Le 14 août, Louis le représente aux manœuvres du camp de Châlons et il dépêche Eugénie auprès de la reine Victoria à Osborne dans l'île de Wight pour l'entretenir des affaires d'Allemagne. Quand le prince rentre à Saint-Cloud, le 19 août, il trouve sa mère en pleins préparatifs d'un voyage officiel en Corse. Ce mois d'août 1869, en effet, mois de tous les dangers et de toutes les incertitudes, coïncide avec le centenaire de la naissance de Napoléon Ier, le fondateur de la dynastie.

Le 15 août, pour commémorer cet anniversaire, l'empereur décrète une amnistie pleine et entière. Les ultrabonapartistes dénoncent un acte de faiblesse ; on sait avec quels mots magnifiques et brûlants Victor Hugo la refuse. Au moment où l'Empire chancelle, où l'empereur languit, où Paris s'agite, les Corses s'apprêtent à célébrer un événement qui, par bien des côtés, paraît anachronique tant l'Empire à beaucoup ne semble plus d'actualité. Les festivités d'Ajaccio auraient dû marquer l'apothéose du régime impérial ; elles en masquent à peine la décadence. Pour ne rien arranger, la maladie de l'empereur retarde la mise en chantier des dernières réformes. L'inquiétude de l'opinion s'accroît en conséquence. Le climat social se dégrade très vite, le malaise général entretient un mécontentement diffus et le moindre incident peut à tout instant tourner à l'explosion. L'Empire connaît dans les bassins houillers ses premières grandes grèves. L'avenir s'écrit désormais pour les Napoléon avec un point d'interrogation en guise de couronne.

Les soucis assaillent Eugénie et exercent sur elle une tension qui met à mal ses nerfs déjà bien éprouvés. Elle vit sous la pression permanente des événements. L'empereur a abattu ses dernières cartes ; seulement elle n'est pas sûre qu'il dispose d'un très bon jeu, malgré les quelques atouts qu'il conserve encore dans sa manche. Mais même s'il devait perdre la partie elle se dépenserait jusqu'au sacrifice pour l'aider à emporter la mise. Il y va de la couronne de Louis ! Les campagnes de dénigrement systématique menées par la presse d'opposition n'ont pas entamé le lien entre Napoléon et son peuple, un lien étroit, quasi mystique, mélange complexe d'admiration, de déférence et de crainte.

Eugénie et Louis quittent Saint-Cloud le 23 août

pour se rendre à Lyon, première étape d'un périple de onze jours qui les conduit à Toulon, Bastia, Ajaccio, et Chambéry au retour. Elle part le cœur serré par l'inquiétude. Sans la promesse d'être tenue informée heure par heure de l'état de Napoléon grâce au télégraphe, cette merveilleuse invention faite, dit-elle, pour calmer les imaginations malades, elle aurait probablement refusé de le laisser seul. La fatigue accumulée au cours des semaines précédentes, où elle a peu dormi et beaucoup veillé, tend son émotivité jusqu'à la mettre dans un état quasi hystérique. En dépit de son épuisement, elle reprend l'habit et les automatismes d'une souveraine en représentation. Elle remplace l'empereur et entend s'acquitter de son devoir, surtout que cette tournée dans des lieux chargés de références symboliques comporte un enjeu politique de taille : l'intronisation du prince impérial et la préparation psychologique des populations à une passation éventuelle des pouvoirs de Napoléon III à Napoléon IV. La question de la succession s'ouvre inopportunément en plein centenaire de Napoléon Ier.

Nul ne peut prévoir la manière dont Lyon réagira à la visite de l'impératrice. L'Empire a emmuré sous une chape de répression l'activisme républicain qui s'est signalé en 1849 et 1851. Les démocrates, sortis de la clandestinité, ont retrouvé le goût de la lutte. Lors du scrutin du 24 mai, les républicains ont obtenu la majorité des suffrages et, malgré un savant redécoupage des circonscriptions électorales opéré à la sauvette par l'administration, ils ont arraché deux sièges de députés. Dans ces circonstances particulières, la venue de l'impératrice a toutes les chances de passer pour de la provocation. Eugénie ne manque d'ailleurs pas de cran à se jeter comme elle le fait au cœur de la contestation.

Contre toute attente – et c'est presque inespéré – elle découvre une ville en liesse. Il faut se rendre à l'évidence, le régime impérial sait encore mobiliser ses troupes. De la Croix-Rousse au boulevard de l'Empereur, les Lyonnais massés tout au long du parcours ovationnent le cortège officiel et noient la calèche impériale sous des brassées de fleurs. On s'empresse de mander la bonne nouvelle à Napoléon. Le premier écuyer de l'empereur, le comte Davillier, chargé de la correspondance télégraphique avec Saint-Cloud, envoie des messages enthousiastes, tout retentissants des acclamations qui ont salué Eugénie sur son passage. Leur lecture conforte l'empereur dans sa conviction que la contamination révolutionnaire se limite pour l'heure aux marges extrêmes de la société.

Le 26 août, l'impératrice arrive à Toulon où *L'Aigle* l'attend pour la conduire en Corse. Émile Ollivier, le président du conseil général du Var, accourt lui présenter les hommages du département. Ce grand ténor de l'opposition libérale, récemment rallié à l'Empire, dont le nom va être bientôt synonyme de guerre et de défaite, se croit voué à un destin national. Il se voit comme le sauveur de la monarchie impériale et se vante d'avoir l'oreille de l'empereur. On évoque avec insistance son nom comme probable chef du gouvernement, mais on dit aussi qu'Eugénie est très indisposée à son égard. Elle lui réserve un accueil plutôt aimable. Ils discutent librement de la situation politique, des combinaisons possibles. Elle se défend d'avoir jamais été son ennemie. Il la met en garde contre les mauvais services que lui rendent ses amis en lui prêtant des propos réactionnaires. « Que voulez-vous que je fasse ? lui demande-t-elle. – Madame, empêchez-les de vous faire parler. » Elle redit qu'elle ne se mêle pas de politique, qu'elle reste dans son rôle de femme et ne veut se lier à aucun parti pour être libre de se concerter avec tous. Elle lui donne sa parole qu'elle ne s'interpose pas entre Napoléon et lui. Cette clarification nécessaire le rassérène. Avant de prendre congé, il s'enquiert de la santé de l'empereur. « Il souffre beaucoup, lui répond-elle, sans que cela ait rien d'inquiétant ; ce sont de simples rhumatismes. S'il était vraiment malade, je ne l'aurais pas quitté. »

Le 27 août à 21 heures, le contre-amiral de Surville, commandant de *L'Aigle*, donne l'ordre d'appareiller. Par centaines, des barques pavoisées et illuminées ont envahi le port. Au milieu de ces feux mobiles et capricieux, on remarque les bâtiments de la flotte égyptienne qui ont éclairé leurs batteries. À chaque sabord, à la bordure des bastingages, dans les mâtures pendent des lumières bariolées. Les silhouettes des navires se découpent en pointillés lumineux sur le fond sombre de la mer. *L'Aigle* manœuvre sa sortie de la darse de Toulon sous les acclamations d'une foule enivrée par l'éblouissement de cette fête vénitienne. Il s'éloigne à bonne allure puis disparaît tout à fait dans la nuit. Le feu tournant du phare du cap Sépet balaie de ses faisceaux rouges l'entrée de la haute mer.

La promesse d'une navigation en Méditerranée a permis sans doute à Eugénie de supporter les obligations protocolaires des jours précédents. Il suffit d'un peu d'air marin pour qu'elle se sente soudain plus légère. La mer a sur elle des effets roboratifs. Le samedi 28 août à 11 heures du matin, le yacht arrive au mouillage dans le port de Bastia après une traversée passablement secouée. Elle demande au préfet de la Corse d'alléger son programme. Sur la place Saint-Nicolas, elle répond à l'allocution de bienvenue du maire par quelques mots gentils, au vrai toujours les mêmes banalités parfaitement bien rodées. Malgré ses recommandations, elle ne peut échapper ni à la pose de la première pierre de l'hospice municipal, ni à la présentation des dames de la ville, ni à la réception des autorités, ni à la remise des décorations, ni au défilé des députations communales. Au terme d'une journée trop chargée, *L'Aigle* lève l'ancre et se dirige vers Ajaccio, escorté par l'aviso *Le Renard*. Le lendemain matin à 11 heures, il entre dans la baie d'Ajaccio, accueilli par les matelots de l'escadre cuirassée et les salves des canons de la citadelle.

C'est un nouveau lever de rideau pour une millième représentation. Après les compliments d'usage, l'impératrice est invitée à poser avec une truelle d'argent la première pierre… de la cathédrale, rite obligé de tout voyage officiel qui transforme immanquablement les déplacements des souverains en d'interminables tournées de chantiers. Puis visite des collections municipales, réception à l'hôtel de ville, défilé des députations et des troupes de la garnison. Vers midi, elle n'en peut plus. Elle s'effondre d'épuisement, prise d'une crise de nerfs. Le prince impérial représente sa mère au banquet du département donné dans la salle du conseil général. Elle reparaît visiblement reposée pour le grand dîner qu'elle offre à bord de *L'Aigle* aux notabilités d'Ajaccio. Un grandiose feu d'artifice tiré depuis les hauteurs de Chiavari et de Castellucio clôture la soirée. Les lisses, les mâts et les cordages des bâtiments de l'escadre s'illuminent soudain, les cheminées des chaloupes à vapeur s'embrasent comme des colonnes de feux. La musique des bâtiments amiraux couvre les milliers d'applaudissements. Eugénie s'abandonne un instant à la volupté d'une rêverie soustraite aux contraintes d'une existence épuisante.

Elle a fort honorablement rempli sa mission. À Lyon elle a regagné les cœurs, du moins s'en persuade-t-elle. En Corse elle a distribué la manne impériale avec une telle générosité qu'on la pare de toutes les vertus de la charité. Il faut dire qu'elle n'est pas venue les mains vides. Avec l'argent du gouvernement elle a ravivé la flamme bonapartiste, elle a versé cent mille francs de secours à diverses œuvres de bienfaisance, elle a remis à des prisonniers la grâce de l'empereur, elle a annoncé aux autorités de l'île l'ouverture imminente d'une enquête publique pour la construction tant attendue du chemin de fer transinsulaire.

« Après une bonne nuit, je suis moins fatiguée ce matin », télégraphie-t-elle à Napoléon dès son retour à Toulon. Avant de remonter sur Saint-Cloud, elle doit encore assister à la mise à feu d'un nouveau modèle de torpille, une arme secrète capable de percer les meilleurs blindages et sur laquelle l'état-major de la marine fonde de grands espoirs. Elle reçoit à sa table l'amiral égyptien responsable des deux corvettes cuirassées achetées par le khédive et que le gouvernement français, embarrassé, retient de peur que leur livraison n'envenime davantage les relations entre Le Caire et Constantinople. Heureusement pour Eugénie, le voyage touche à sa fin. Du reste, elle écourte son arrêt à Chambéry. Elle fait avancer l'heure de son départ, officiellement pour ne pas rentrer en pleine nuit et réveiller l'empereur. En réalité, elle est incapable de pousser plus loin ses forces. Le 3 septembre à 8 h 30 du soir, le train impérial franchit enfin la grille du parc réservé de Saint-Cloud.

Le 6 septembre un sénatus-consulte entérine les

ultimes concessions de l'empereur qui accélèrent le passage à un régime de type parlementaire. Napoléon accorde au Corps législatif le droit d'élire son président, son bureau, ses questeurs, il lui reconnaît l'initiative des lois, le droit d'interpellation et le vote du budget par chapitre. Les ministres peuvent désormais appartenir aux Chambres, le ministère d'État est supprimé. En commentaire de la réforme, le prince Napoléon, connu pour ses sympathies républicaines, se contente de dire : « Tout ce qui s'y trouve est bon, mais tout ce qui est bon ne s'y trouve pas. » Pour les ultrabonapartistes, les limites du supportable sont franchies ; les libéraux estiment qu'il reste encore beaucoup à faire. En définitive, la voie médiane entre des passions rivales et exacerbées s'avère presque impossible à suivre.

Le 10 septembre, Napoléon qui se rétablit lentement peut se montrer sur les boulevards. À défaut d'une meilleure médecine, Eugénie l'oblige à des sorties quotidiennes, d'abord quelques pas dans le parc réservé puis, quand son état le permet de nouveau, l'invariable promenade en Daumont dans les rues de Paris. Sa convalescence suit un cours normal et rien ne justifie plus dans l'immédiat les appréhensions publiques. L'apparition du souverain contribue à rassurer l'opinion. La rente se redresse légèrement. Les répercussions de la maladie de l'empereur sur la confiance des investisseurs se fait sentir jusqu'à la pointe du Sérail. La Porte suit avec attention l'évolution de l'état de Napoléon car au sein du Divan il ne fait de doute pour personne que l'empereur des Français est sans doute le seul à pouvoir modérer les velléités indépendantistes du vice-roi. Si Napoléon venait à disparaître, il serait à craindre qu'Ismaïl ne se comporte en électron libre capable des pires dérives. « Les inquiétudes relatives à la santé de l'Empereur se sont produites à Constantinople avec une intensité persistante, télégraphie Bourée à son ministre le 8 septembre. Elles sont l'explication donnée par le public à la baisse des valeurs sur les marchés européens et surtout des valeurs françaises. Hier à Galata, il y a eu une panique jusqu'à ce jour sans exemple et telle que la Bourse a été fermée. Quant aux titres turcs, c'était à qui s'en déferait. » Pendant ce temps, loin de relâcher leur pression, les députés de l'opposition continuent de protester haut et fort contre le report de la convocation du Corps législatif. Les plus déterminés à en découdre brandissent la menace de l'émeute. Le 24 septembre, Émile de Kératry, un élu du Finistère, met le cabinet en demeure de convoquer la Chambre avant le 25 octobre. Le 1er octobre, Gambetta lance un déclamatoire « Il faut en finir ! ». Napoléon reste de marbre.

Les journaux annoncent que l'amélioration définitive de la santé de l'empereur autorise l'impératrice à reprendre son projet de voyage en Orient. « Sa Majesté s'embarquerait vers la fin de septembre à Toulon », croit savoir le *Mémorial diplomatique*. « À peine le voyage décidé, écrit madame Des Garets, l'Impératrice pria M. Maspero, le célèbre égyptologue, de venir lui donner, ainsi qu'à nous, quelques notions générales de l'histoire d'Égypte et des principaux monuments que nous devions visiter. Notre professeur, très jeune à ce moment, paraissait fort timide. Il s'agissait de passer en revue trente-cinq dynasties en huit ou dix leçons, et d'étudier l'œuvre de tant de siècles… La tâche n'était pas facile et il devait s'en rendre compte ; nous prenions des notes, l'Impératrice posait des questions. Il n'eut jamais, j'en suis sûre, d'auditoire plus attentif… et plus ignorant. Il se contenta du reste de nous tracer un vaste schéma, insistant seulement sur les monuments les plus célèbres. »

CHAPITRE VI

Tout Paris va à Suez

Nous n'y ferons rien ; nous renonçons même aux boîtes à couleurs, comme devant être tout à fait inutiles. J'emporte seulement un peu d'aquarelle, quelques crayons et de quoi écrire. J'écrirai plus que je ne dessinerai.

Eugène Fromentin,
lettre à C. Busson,
6 octobre 1869.

Quand le Tout-Paris apprend que le vice-roi s'apprête à donner aux festivités d'Ismaïlia une magnificence tout orientale, chacun veut être de la partie. Ismaïl a décidément le sens de la communication. Qui nierait que le canal, par son exemplarité, est de nature à intéresser tout esprit éclairé ? Le khédive veut ouvrir les portes de l'Égypte à l'intelligentsia européenne, attirer des milliers de convives vers ce nouveau foyer de la modernité, ce laboratoire de toutes les expériences, ce creuset de la civilisation.

Le pacha d'ascendance albanaise n'est pas plus égyptien que les Lagides ne le furent en leur temps. Mais de même que les ancêtres de Cléopâtre avaient naturelle-

LES PARISIENS AUX FÊTES DU CAIRE.

— Qu'est-ce que vous cherchez donc ?
— Parbleu ! qu'avez-vous fait des quarante siècles qui étaient là-dessus ?

— Il n'a pas de nez !
— C'est encore un bonheur, puisqu'il n'a pas de bras pour se moucher.

« Croquis par Cham », Le Charivari, *19 et 26 septembre 1869.*

ment enfilé les chausses des derniers princes de la XXXe dynastie, de même il se considère comme l'héritier des pharaons et des empereurs romains. À l'instar d'un Chéops ou d'un Trajan, il fait œuvre de bâtisseur, presque de démiurge, en amenant l'eau et la vie dans le désert, en entaillant la surface de la terre. Son côté pragmatique lui fait valoir les avantages que lui procurera le canal ; son goût de l'impossible, en l'entraînant dans la démesure, lui retire toute sagacité dans l'appréciation des choses. Il a fallu à Ismaïl une pointe de folie ou de mégalomanie pour poursuivre un projet dont rien de prime abord ne garantissait la réussite sinon la volonté farouche de vaincre. Percer un isthme en plein désert au milieu du XIXe siècle était une entreprise autrement plus hasardeuse et ardue que de creuser un tunnel sous la Manche dans le dernier quart du siècle suivant. Maintenant que les eaux des deux mers se sont rejointes sans provoquer de cataclysme, n'en déplaise à ses détracteurs de tout poil, que le rêve est enfin devenu réalité, Ismaïl croit qu'avec la gloire il a gagné la puissance. Aussi est-il si fier de lui et si vaniteux qu'il aimerait convier le monde entier à venir admirer à Suez le prodige qu'il a réalisé. Il veut créer l'événement, éblouir l'humanité, rééditer la féerie de l'Exposition universelle de Paris. Il demande à Charles-Edmond, le commissaire de l'exposition égyptienne de 1867, de dresser la liste de ses invités français.

Les uns font semblant de se faire prier. À la princesse Mathilde, cousine germaine de l'empereur, Théophile Gautier se plaint que son nom ait été retenu, comme s'il s'agissait d'une loterie, mais il omet de dire combien il se sent flatté qu'on ait pensé à lui. « Il paraît, lui mande-t-il, qu'il faut que j'aille en Égypte pour l'inauguration du canal qui joint la mer bleue à la mer rouge.

Eh bien, sans courtisanerie aucune, cela m'ennuie et m'attriste de m'en aller si loin de ceux que j'aime, et je pense avec mélancolie que l'honneur d'être contemplé du haut des pyramides par quarante siècles et demi me coûtera huit mercredi chez V. A. C'est vraiment bien cher… Mais l'on est toujours puni par la satisfaction de son vice. J'ai eu la passion du voyage et toutes les fois qu'il s'ouvre quelque chose quelque part, on vient me chercher pour la cérémonie, et j'ai beau être heureux où je suis, il faut se rendre au bateau à vapeur et subir des chaleurs de soixante degrés, sous prétexte de pittoresque. »

D'autres au contraire avancent à visage découvert, comme le peintre Eugène Fromentin qui fait ouvertement sa cour. « Quelqu'un de très digne de foi, écrit-il à Charles-Edmond le 1er juillet, m'a dit qu'à propos des invitations qui se préparent pour l'inauguration du canal mon nom aurait été prononcé chez vous, peut-être bien par vous-même ; et que vous auriez tout pouvoir pour y faire admettre ceux que vous désignez. Que dois-je penser de cette fort agréable faveur qui me serait faite, et à laquelle d'ailleurs je n'ajouterais quelque foi que parce qu'on vous en attribue l'initiative ? S'il en était ainsi j'aurais à vous remercier grandement de l'intention – et je vous avouerais que je serais naturellement ravi de faire partie d'un pareil voyage, et d'apercevoir, ne fût-ce qu'en courant, un pays que, sans cette circonstance, bien sûr, je ne verrai jamais. Y aurait-il indiscrétion, mon Ami, à vous prier de me faire savoir ce qu'il y a d'imaginaire ou de fondé dans cette histoire, qui depuis ce matin me préoccupe ? Vous me rendrez service. » Par retour du courrier, son correspondant lui confirme la bonne nouvelle.

On s'amuse des intrigues qui se trament en coulisses

pour figurer parmi les heureux élus. On se moque des fâcheux ou des opportunistes qui se découvrent une passion subite pour les trésors de l'Égypte éternelle et les miracles de sa modernisation. Tout ce que la capitale compte de célébrités des lettres, de journalistes à la mode ou débutants défile dans le cabinet du maître des cérémonies. On plaisante de cet engouement subit pour l'Égypte, de cette fièvre égyptienne qui fait tourner la tête aux esprits les plus rationnels.

Au théâtre Dejazet « une fantaisie égyptienne en deux tableaux » de Marc Le Prévost intitulée *Tout-Paris est à Suez* tient l'affiche durant plusieurs semaines. Le premier tableau met en scène un Sphinx accroupi (en granit rose !) et une momie emmaillotée de bandelettes et « à demi encaissée ». Le premier déclare son amour à la seconde qui se révèle être la défunte Cléopâtre. Au second tableau, la statue de Memmon les rejoint. Le colosse leur apprend qu'il déménage sans regret, que les perceurs de l'isthme l'ont exproprié.

« Aujourd'hui même, annonce Memmon, doit avoir lieu l'inauguration du canal. Des millions d'invitations ont été à profusion lancées sur les populations de l'univers en ébullition. On arrive, on arrive… Et le désert égyptien ne tardera pas à être envahi par une multitude de visiteurs auxquels, certes, il est loin d'être habitué. »

Surviennent en dansant et en chantant des gandins et des gandines parisiens.

« Voilà, j'espère, lance Cocodette, ce qui s'appelle faire son entrée dans le désert d'une manière excentrique et chorégraphique… On se croirait place du Châtelet. »

Ce petit monde s'assoit sur le dos du Sphinx, des mains caressent la momie.

« Ô douce ivresse ! Je me sens ressusciter. Que l'on s'empresse de me démailloter », supplie la momie.

À la huitième scène, la Méditerranée rencontre la mer Rouge. Toutes les deux se présentent à Memmon.

« Nous ne sommes pas accourues de si loin pour bavarder avec cet imbécile, dit la Méditerranée.

– Non certes, mais bien pour mélanger nos ondes en nous précipitant dans nos seins mutuels », rétorque la mer Rouge.

– Touchant tableau ! Vous l'avouerai-je ?... Eh bien ! en ce moment j'aimerais assez nager entre leurs deux eaux », laisse tomber le colosse.

Cette satire impitoyable s'achève, comme tout bon vaudeville, par un chœur chanté sur un air nouveau d'Eugène Dejazet, le fils de la célèbre actrice qui a obtenu le privilège du théâtre des Folies-Nouvelles auquel elle a donné son nom :

Peuples, rendons hommage à l'initiateur
De l'idée à la fois grandiose et féconde,
Qui pacifiquement fera courber le monde
Sous un niveau sublime et civilisateur.
Pouvant plus aisément se voir et se connaître,
Toutes les nations seront sœurs, et peut-être
Se convaincront enfin de l'inutilité
De ces combats qui font pleurer l'humanité.

Derrière la dérision, la critique politique n'est jamais bien loin. Autre exemple. *Sur les bords du Nil, une fantaisie isthmatique* pourrait passer pour une innocente galéjade, une turlupinade de potaches qui met en scène une famille de crocodiles. Au lever de rideau, « la lune, qui est à son dernier quartier et qui ne montre que son croissant, comme il convient à la lune d'un pays mahométan, éclaire seule la scène. La nature entière observe un silence de momie ». Le père (« philosophe et prudent, perclus de rhumatismes »), la mère (« jeune encore, pleine d'étourderie et d'inconséquence ») et leurs trois petits sortent de l'eau. S'ensuit une conversation entre les parents, tandis que les enfants partent chasser la grenouille. En fait, le texte est à plusieurs degrés. Au premier, le spectateur, gagné par le comique de la scène, s'esclaffe. S'il décrypte les allusions, il sourira d'entendre persifler un empereur arthritique et une impératrice souvent raillée comme une « grue couronnée ».

« LE PÈRE : Où est le temps où je trottais comme eux ? Maintenant que j'ai des douleurs dans tous les membres, il y a des jours où je peux à peine me traîner. Oh ! la vieillesse !

« LA MÈRE : Tu t'écoutes peut-être un peu trop aussi ?

« LE PÈRE : Pourquoi ne dis-tu pas tout de suite que je suis douillet ?

« LA MÈRE : Non, mais…

« LE PÈRE : Assez là-dessus, nous ne sommes pas sortis de l'eau pour nous disputer. J'ai à te parler sérieusement… Je sens que je n'ai plus longtemps à vivre, ma pauvre amie. Je suis arrivé aux dernières limites de l'âge des crocodiles... Ne pleure pas, j'irai t'attendre là-haut dans un fleuve meilleur.

« LA MÈRE : Que deviendrons-nous quand tu ne seras plus là ?

« LE PÈRE : C'est à toi que reviendra le soin de veiller sur les enfants, à moins que tu ne te remaries et qu'un autre crocodile…

« LA MÈRE : Jamais !

« LE PÈRE : Merci pour cette bonne parole. Alors, écoute-moi attentivement. Les temps vont changer, et avec eux la vie calme et tranquille que vous avez menée jusqu'à ce jour.

« La mère : Pourquoi ?

« Le père : L'isthme de Suez est percé… Dans deux mois, on l'inaugurera… Dans deux mois, des hommes de toutes les nations afflueront ici.

« La mère : Je ne déteste pas la chair humaine ; elle est plus tendre que celle du lézard.

« Le père : C'est aussi mon avis, et si j'étais sûr d'être encore de ce monde à ce moment-là, je ne craindrais pas de vous promettre d'avance des jours et des nuits bourrés de festins… Un conseil encore... Parmi les voyageurs invités à l'inauguration, j'ai entendu dire qu'il y aurait beaucoup de journalistes. Méfiez-vous, ils sont généralement maigres et coriaces. »

De leur côté, les caricaturistes se déchaînent. Cham, de son vrai nom Amédée de Noé, dessine pour *Le Charivari*, dont il est l'un des collaborateurs attitrés, une chronique humoristique de l'inauguration. Il croque monsieur Prudhomme dans des situations qu'il rend désopilantes en combinant les citations historiques et les remarques de bon sens, il ridiculise la cuistrerie des Parisiens invités au Caire en leur prêtant des observations dignes de Bouvard et Pécuchet. Dans le même temps, les journaux se couvrent d'encarts publicitaires qui proposent aux amateurs d'exotisme des croisières de rêve sur le Nil. Un certain Office indo-américain annonce qu'« à l'occasion des fêtes auxquelles va donner lieu l'inauguration du canal de Suez, il a affrété quelques-uns des magnifiques paquebots de la Baltique, et donnera pour douze cents francs le transport, aller et retour, le voyage par terre, soit par chemin de fer soit par caravane, ainsi qu'une table somptueusement servie et fournie par les Frères Provençaux ».

L'Égypte devient plus que jamais une destination à la mode, elle alimente tout un commerce. On se rue vers elle, mais on est encore bien loin des vacances pour tous. Le tourisme reste alors l'apanage d'un art de vivre réservé à une élite.

Énumérer les noms des cent vingt membres de la délégation française reviendrait à décliner les pages d'un Bottin mondain. Après avoir été à la peine, la France est à l'honneur. Les sciences, la médecine, les arts, le barreau et la magistrature, la littérature et la presse, l'armée, le Jockey-club, au total rien que du beau monde parmi lequel on repère six membres de l'Académie des sciences, les chimistes Antoine Balard, Charles Wurtz et Marcelin Berthelot, le naturaliste Jean-Louis de Quatrefages de Bréau, le physiologiste Étienne Marey, le physicien Jules Jamin, le chirugien Paul Broca et l'anthropologiste Hamy de l'Académie de médecine, des philologues comme Émile Miller ou François Lenormant, le fils du compagnon de Champollion, des professeurs comme Victor Duruy, ancien ministre de l'Instruction publique, des poètes de la célébrité d'un Théophile Gautier, des critiques d'art comme Charles Blanc, le fondateur de *La Gazette des beaux-arts*, des peintres établis comme Jean-Léon Gérome, Narcisse Berchère, Charles-Émile Vacher de Tournemine, des sculpteurs comme Jean-Baptiste Guillaume. Pas de doute, c'est un défilé de la France des académies et des collèges, qui revient sur les pas des fouilleurs de désert et des décrypteurs de mystères de l'expédition d'Égypte. Ismaïl s'inspire de l'exemple de Bonaparte. Il a levé sa propre armada du savoir, il a regroupé, comme Monge et Berthollet l'avaient fait soixante-dix ans plus tôt à la demande du général en chef de l'armée d'Orient, des astronomes, des économistes, des orientalistes, des chirurgiens, des médecins, des botanistes, des zoologistes, des minéralogistes, en un mot un véritable régiment de savants et d'artistes, non plus pour s'attaquer à l'ignorance et à la barbarie, telle qu'on croyait qu'elle régnait encore sur la vallée du Nil à l'aube du XIXe siècle, mais pour témoigner devant l'humanité de la renaissance égyptienne.

Toutefois cette députation de l'humanisme et de l'encyclopédisme, grossie d'éléments venus de l'Europe entière, comme les égyptologues allemands Karl Richard Lepsius et Johannes Dümichen ou leur confrère suisse Édouard Naville, ne serait pas complète sans son escadron de correspondants de presse, professionnels ou de circonstance. On y remarque pêle-mêle Florian Pharaon, rédacteur en chef de *La France*, Jean-Auguste Marc, directeur de *L'Illustration*, Pierre Pichot de *La Revue britannique*, Xavier Feyrnet du *Temps*, E. Yung du *Journal des débats*, Charles-Louis Lambert de La Croix pour *Le Moniteur universel*, Edmond Tarbé des Sablons pour *Le Gaulois*, Laleu pour *L'Universel*, Boulanger du *Journal de Paris*, Appleton de *La Presse*, Louise Colet du *Siècle* et Camille Pelletan du *Rappel*.

Ismaïl vient d'inventer le voyage de presse. De concert avec les patrons des journaux, il a orchestré, réitérant son coup de maître de 1867, une campagne de promotion qui assure à l'inauguration du canal une large couverture médiatique. Les rédactions dépêchent au Caire leurs meilleures plumes pour les fournir en reportages où le sensationnel rivalisera souvent avec le merveilleux. Mais que rapporteront-ils de l'Égypte, ces journalistes promenés d'un site archéologique à l'autre sur des baudets rachitiques, guidés par les serviteurs du khédive avec consigne de les tenir éloignés de la misère proprement révoltante d'un peuple réduit au servage ?

Il n'entre pas dans les intentions du vice-roi de gâcher le plaisir de ses hôtes, encore moins d'ébrécher l'image très retouchée d'une Égypte débarrassée de ses scories et rehaussée des couleurs d'un Orient de bazar. Retranchés derrière leurs préjugés d'Occidentaux, subjugués par les tours de magie du vice-roi au point de croire qu'à Ismaïlia une ville entière a surgi au cœur du désert en l'espace d'une nuit, conquis par la prouesse technique et les moyens colossaux déployés pour remporter ce pari fou, les représentants de la presse ont dans l'ensemble de grandes chances de passer à côté de l'Égypte des fellahs, celle de l'exploitation scandaleuse des hommes et des mauvais traitements. En soupçonneront-ils même l'existence ?

Charles-Edmond demande aux invités du khédive de se préparer à quitter Paris au plus tard le 7 novembre. Il prie les candidats à l'excursion en Haute-Égypte que Mariette Pacha, l'égyptologue, a montée à leur intention de s'inscrire vers le 1er septembre, attendu qu'il leur faudra embarquer à Marseille le 9 pour se trouver au Caire le 16. « Les personnes invitées, les informe-t-il, n'auront pas à s'occuper des passes de chemin de fer, qui leur seront délivrés à Paris, et des cabines, qui seront retenues à leur intention à bord des paquebots des Messageries impériales, ainsi que de leur séjour en Égypte. Le retour pourra s'effectuer directement d'Alexandrie à Marseille, soit d'Alexandrie à Brindisi et par les chemins de fer italiens et français. »

Du côté de chez l'impératrice aussi on s'agite fort. Depuis qu'on sait officiellement que Sa Majesté se rendra en Orient, les cabales jouent sans relâche. Dans l'entourage d'Eugénie, on se bouscule au guichet comme un soir de première pour décrocher une loge, mais les places sont déjà en partie réservées. De tous ses intimes, Mérimée est certainement un de ceux dont elle apprécierait le plus la présence. Il a pour lui d'être drôle, caustique même ; surtout, il l'impressionne par son immense érudition. Il donne l'impression d'approcher la connaissance universelle, il est une encyclopédie vivante. S'il acceptait de l'accompagner, il lui ouvrirait les yeux sur les belles choses. Elle insiste, mais il s'excuse, invoque sa mauvaise santé et son âge. La Grèce, Constantinople et l'Asie Mineure, il a déjà vu, le reste lui semble désormais accessoire. Et puis, sans trop oser l'avouer à la souveraine, il tient les hiéroglyphes en horreur. L'Égypte l'ennuie.

« J'ai eu l'honneur de déjeuner la semaine passée avec LL. MM., écrit-il à la comtesse de Montijo. L'Impératrice est au beau fixe, toujours aussi active… Elle a eu la bonté de me proposer de l'accompagner en Égypte, mais je suis beaucoup trop patraque pour entreprendre un pareil voyage et lui donner l'embarras d'un malade. Je regrette que le moment choisi ne soit pas le meilleur, aux dires de ceux qui connaissent le pays. S.M. arrivera vers la fin de l'inondation, lorsque tout le pays est sous l'eau et dans la boue. C'est aussi la saison la moins saine de l'année. » Faute d'obtenir Mérimée, Eugénie se rabat vainement sur l'architecte Viollet-le-Duc. Elle lui fait demander par le comte de Cossé-Brissac, son chambellan, s'il peut s'absenter deux mois et demi pour faire partie du voyage en Orient. Accaparé par le chantier de Pierrefonds, celui-ci exprime « ses regrets bien amers de ne pouvoir saisir cette belle occasion de courir le monde… Il me faut, je vous assure, répond-il à l'émissaire de l'impératrice, de la vraie vertu pour résister à une tentation si gracieusement offerte ».

Il va de soi qu'Eugénie, pour préserver son incognito et sa tranquillité, n'embarquera pas avec elle une suite pléthorique de gens qui l'encombreraient et la feraient ressembler à une sultane déambulant avec sa caravane d'esclaves et d'eunuques. « Nous étions, tous et toutes, fort anxieux d'apprendre quels seraient les heureux privilégiés désignés pour accompagner la souveraine, se souvient la comtesse Des Garets. J'avoue que ma joie fut grande quand je sus que mademoiselle Marion et moi nous étions du nombre des élus. Les deux nièces de l'impératrice devaient l'accompagner avec leur gouvernante, ainsi que la comtesse de La Poëze, madame de Nadaillac et, parmi les hommes, le prince Murat, le général Douay, le commandant de Reyffe, monsieur Raimbaux, le comte Davillier, le comte de Brissac et le comte Clary. Nous devions trouver en Égypte Mariette-Bey. » À ces personnes, il faut ajouter neuf femmes de chambre et dix-neuf domestiques. « De tous ces gens de service, précise le ministre des Affaires étrangères à l'ambassadeur de France à Constantinople chargé de préparer le séjour de l'impératrice dans la capitale ottomane, il conviendrait de loger près de l'appartement de S.M. quatre femmes de chambre, un valet de chambre, un coiffeur et un valet de pied. »

Au total, une quarantaine de personnes. On peut s'étonner de la discrétion de ce petit comité, presque un cercle d'amis partis en expédition. On n'y relève en effet aucun diplomate, aucun représentant du gouvernement, aucun haut dignitaire. L'impératrice suffit à elle seule ; elle est en elle-même représentative de l'Empire. La composition de ce groupe restreint préserve le caractère privé de son déplacement : son neveu et ses deux nièces, Cécile de Nadaillac, née Delessert, une camarade d'enfance qui sait se rendre insupportable et à qui Eugénie passe presque tous ses caprices, les gens de la Maison impériale, les demoiselles de compagnie, le chambellan – qui fait office de chef du protocole – et l'écuyer, sans parler de l'imposant train des serviteurs. Au XIXe siècle, les riches particuliers voyagent avec leur domestique, à la fois factotum, secrétaire et valet de chambre. Il en est de même pour une impératrice, à la différence qu'ici le service s'élève à vingt-huit personnes. Celles-ci assurent la logistique, elles veillent, où que l'impératrice se trouve, au bon fonctionnement de l'étiquette. Elles forment une sorte de cour en miniature qui colle à la souveraine. Où qu'elle aille, Eugénie ne peut échapper à l'emprise de sa fonction, elle fait corps avec elle, elle ne saurait se définir sans elle. Elle est l'impératrice avant d'être Eugénie. Ce n'est pas un dédoublement de personnalité, c'est la fusion totale d'une identité et d'un emploi qui s'ajustent parfaitement à son tempérament héroïque.

Dans *Le Rappel*, Camille Pelletan, jeune journaliste proche des irréconciliables, n'épargnera pas de ses sarcasmes l'équipée impériale. « Il est décidé que l'impératrice n'ira pas à Jérusalem et on tient à ce qu'on sache qu'elle ne doit pas y aller. *Le Constitutionnel* dit qu'il n'a "jamais été question d'un pareil voyage" ! En revanche, elle ira à Athènes en quittant Venise. L'impératrice n'a voulu emmener cette fois dans son voyage aucun *reporter*, elle n'a pas le plus petit histrion à sa suite. Un journal, dans un excès de zèle impérialiste, n'en fait pas moins filer, sans tambour ni trompette, un de ses rédacteurs sur Constantinople pour transmettre à la postérité les faits et gestes de l'auguste voyageuse. C'est ce qu'on appelle le chroniqueur… malgré elle. »

Les mois d'octobre et de novembre 1869 constituent comme une parenthèse dans la vie d'Eugénie. Les contraintes exténuantes des visites officielles forment un contraste saisissant avec l'intense sentiment de liberté que la navigation en Méditerranée ou sur le Nil fait naître chez l'impératrice. Chaque étape revêt une signification politique particulière, car l'itinéraire emprunté ne doit rien au hasard. Il reflète les préoccupations diplomatiques des Tuileries, il reproduit la carte des stratégies d'alliances que Napoléon dessine dans le secret de son cabinet de travail : Venise-Constantinople-Le Caire, autant de lieux fabuleux riches de ressources touristiques mais aussi autant de gouvernements dont il faut ménager la susceptibilité, autant d'équilibres précaires à préserver entre les États ou d'amitiés à consolider.

En cette année 1869, Napoléon se sent affreusement isolé en Europe. La Russie lui tourne le dos, l'Angleterre prend ses distances avec le continent. Dans le même temps, ses agents en poste à Berlin l'alertent sur les ambitions hégémoniques du chancelier Bismarck qui vise à fédérer les États allemands autour de la Prusse. Outre-Rhin, les esprits s'échauffent contre la France. L'empereur, hélas ! n'écarte plus l'éventualité d'un conflit. Déjà, le maréchal Niel, son ministre de la Guerre, a mis en chantier une vaste réforme de l'armée, mais celle-ci s'enlise dans les finasseries budgétaires de la Chambre. Or il y a urgence. Pour parer au plus pressé, Napoléon III cherche à nouer de nouvelles alliances et entame, en grand mystère, des négociations avec Vienne et Florence en vue d'une entente à trois. Pour parvenir à un accord, il élude la délicate question romaine, un sujet de discorde permanent avec Victor-Emmanuel. De leur côté, les Autrichiens, désormais guéris du syndrome italien, se disent prêts à un rapprochement avec le jeune royaume transalpin. Mais les discussions piétinent, les résultats sont décevants. Finalement, les pourparlers sont ajournés *sine die*. Dans un échange de lettres au demeurant fort courtoises, les trois souverains constatent leurs divergences de vues. En septembre, personne n'envisage plus sérieusement la rédaction d'un traité. Pour Napoléon, c'est un motif supplémentaire d'inquiétude.

Il compte sur l'impératrice pour impulser un second souffle à cette affaire bien mal engagée. Il a pris l'habitude, en effet, d'en faire sa *missi dominici* pour certains dossiers qu'il traite indépendamment du Quai d'Orsay. Dans l'Europe monarchique du XIXe siècle, une conversation informelle entre souverains, à l'occasion d'une rencontre aux eaux ou d'une partie de chasse, permet souvent de lever des malentendus entre gouvernements, à condition toutefois qu'elle ne fausse pas l'action des chancelleries. Eugénie sait mettre à l'aise ses interlocuteurs. Si elle réussit bien dans son rôle de messagère officieuse, elle se révèle en revanche une médiocre diplomate parce qu'elle est incapable de cacher ses intentions ou de feindre l'indifférence quand quelque chose la touche profondément. Elle ne voit pas que les affinités de personnes, fussent-elles des rois, pèsent d'un maigre poids en comparaison de l'intérêt supérieur des États. Elle se place sur le terrain de la franchise et de l'affectif quand il lui faudrait se cantonner à celui de la raison politique. Elle partage sans doute avec l'empereur cette illusion désuète que la parole donnée oblige la nation entière, par-delà son chef, sans vouloir reconnaître que sa conception aristocratique de l'honneur a quelque chose de dépassé.

On ignore si Napoléon a véritablement cru en ses

chances de réussite. Quoi qu'il en soit, il lui conserve une confiance indéfectible. À Venise, elle répétera à Victor-Emmanuel que l'empereur est lié d'honneur à Pie IX et que l'Italie, au nom des services rendus, ne peut refuser son projet d'union. À Constantinople, elle dira au sultan que le soutien accordé au vice-roi d'Égypte ne cause aucun tort à la Porte, que l'étalage de fastes et l'avidité de gloire d'Ismaïl Pacha sont d'insignifiants mouvements d'orgueil excusables chez un prince vaniteux. Devant François-Joseph, elle insistera sur la solidité de ses sentiments d'amitié et sur son désir ardent d'une alliance avec l'Autriche.

« Les ambassadeurs de France, d'Angleterre et d'Autriche, écrit-on de Constantinople, ont de nouveau insisté auprès du grand vizir pour que la Turquie use de tous les ménagements qui peuvent se concilier avec son honneur dans la poursuite de son différend avec le vice-roi d'Égypte. Afin de donner à leurs conseils une autorité plus grande, ils les ont transmis sous forme de démarche collective. Le gouvernement impérial semble partagé entre le désir d'accéder aux vœux de ses alliés et la crainte de laisser porter atteinte à ses intérêts ou à sa dignité. Du reste, la solution, quelle qu'elle puisse être, ne peut guère se faire attendre, car il n'est pas possible de supposer que l'impératrice Eugénie accepterait presque en même temps l'hospitalité du sultan et celle du vice-roi si leur querelle devait continuer à menacer la paix en Orient. On continue sur une vaste échelle les préparatifs de la réception de S.M. française… Le séjour de S.M. en Orient devant être de courte durée, l'incognito cessera aux Dardanelles. »

Le départ d'Eugénie a lieu le jeudi 30 septembre 1869. L'empereur et le prince impérial l'accompagnent à la gare de chaume située à l'extrémité du parc privé de Saint-Cloud, où l'attend le train spécial commandé à la Compagnie des chemins de fer du P.L.M. Sur le quai se pressent les membres de la suite. Ses femmes chargées des atours surveillent le chargement des lourdes malles renfermant ses toilettes et les cadeaux destinés au sultan, au vice-roi ou aux chefs bédouins. L'impératrice a supervisé elle-même l'emballage de ses effets. Elle a vérifié qu'on n'oubliait pas de prendre les objets fétiches qui l'accompagnent partout dans ses déplacements : une théière en vermeil provenant d'un service livré pour Napoléon Ier, deux salières en argent en forme de hiboux pour saupoudrer de sel ses toasts, le rouleau de cuir qu'elle glisse derrière son dos pour éviter les maux de reins, son éternel sac en toile verte.

À 17 h 30, chacun s'installe à sa guise dans les neufs voitures. Napoléon embrasse l'impératrice et lui rappelle de faire donner de ses nouvelles tous les jours par le télégraphe. Eugénie, incapable de retenir ses larmes, serre son fils très fort contre elle. Elle lui parle comme à un grand garçon, elle lui recommande de bien veiller sur son père. Dix minutes plus tard, le train impérial franchit la grille de Montretout et file en direction des Alpes et de l'Italie.

CHAPITRE VII

Venise

Elle était née voyageuse sur la terre et sur la mer, sur la mer surtout, dont elle aimait l'immensité, le mouvement, la couleur et l'odeur.

Ernest Lavisse.

La locomotive fonce à vive allure jusqu'à Saint-Michel-de-Maurienne, le terminus de la ligne du côté français. À son réveil, Eugénie découvre la sérénité grandiose des Alpes aux sommets enneigés et des glaciers resplendissants sous le soleil du matin. Elle se sent aussitôt transportée vers les jours insouciants de l'été 1860 et de sa précédente visite en Savoie avec l'empereur. Elle ignorait alors que sa sœur fût si malade ; on lui avait tu la gravité de son état pour ne pas l'affoler. Tandis qu'elle parcourait la mer de Glace et qu'elle avait l'impression, comme elle le notait dans une lettre, « de marcher sur de véritables vagues qui se seraient glacées d'un coup au moment d'un violent orage », Paca se mourait à Paris sans qu'elle en sût rien. Avec le temps elle a surmonté son chagrin, elle s'est habituée à vivre avec le deuil de la chère absente… Le chargement de ses bagages dans les petits wagons du chemin de fer à crémaillère de la compagnie Feller l'arrache brutalement à ses tristes souvenirs.

Au col du Mont-Cenis, saisie par le silence et l'air pur de ce bout du monde, elle comprend que dans sa vie rares ont été les moments de grand calme. À midi, le train s'arrête le temps d'un déjeuner sur l'herbe. Eugénie s'éloigne un instant pour cueillir des fleurs sauvages. Elle raffole de ces parties de campagne, de ces pique-niques où elle exige d'être traitée à l'égal des autres, de ces randonnées au cours desquelles elle épuise ceux qui l'accompagnent. Pour elle, la joie du voyage réside surtout dans le changement de vie, le dépaysement qu'il amène. On la dit indifférente aux beautés de la nature, et plus encore à l'évocation des grands souvenirs historiques. C'est injustement sévère.

De l'autre côté de la frontière, à la gare de Cran-Croce, le chapelain de l'hospice du Mont-Cenis lui dévide un compliment trop long et trop appuyé. Premier contact amusé avec l'Italie ! À Suze, elle change de train et monte dans celui que Victor-Emmanuel lui a envoyé. Le jour décline, on distingue encore les tours crénelées des châteaux en ruine en haut des collines. Après Milan s'ouvre la plaine du Pô. Quelques faibles lumières indiquent les villages ou les grosses fermes perdues au milieu des cultures. À 9 heures, elle s'arrête à Magenta pour un hommage aux combattants français tués au cours de la célèbre bataille du 4 juin 1859. La nuit est douce et étoilée, les torches des paysans accourus pour la saluer éclairent la pyramide élevée à la mémoire du général Espinasse. L'impératrice se recueille quelques minutes dans la chapelle expiatoire ; les soldats qui reposent loin de leur pays, de leurs parents et de leurs amis ont droit plus que personne à nos prières, expliquera-t-elle à son fils. Elle aimerait que leurs noms soient gravés sur des plaques scellées au mur des écoles pour servir à l'édification morale des enfants. Elle repart, touchée de la gentillesse de ces pauvres gens, des bouquets de fleurs qu'ils lui ont offerts. Elle a surtout hâte d'arriver à Venise, première étape de son périple méditerranéen.

« Venise » : longtemps le nom a sonné aux oreilles de l'empereur comme une idée fixe. En dépit de la guerre d'Italie de 1859 et de la défaite des Autrichiens, pendant sept ans encore, l'aigle à deux têtes des Habsbourg a tenu dans ses serres la cité des doges. Cette image d'une victoire incomplète a poursuivi Napoléon. En 1866, François-Joseph accepte enfin de céder la Vénétie à la France à charge pour elle de la restituer aux Italiens. Venise n'est plus vraiment l'affaire des Autrichiens. Durant les dernières années de leur domination, ils se sont désintéressés de son sort, lui préférant Trieste, sa rivale. Ses commerçants l'ont désertée, l'herbe a envahi les places, les murs des palais se sont effrités. Le « masque de l'Italie », comme la désignait Lord Byron, ressemble alors à un vaisseau échoué sombrant lentement dans les profondeurs de l'Adriatique.

Redevenue italienne, Venise a repris progressivement confiance en elle. Napoléon III, grand ordonnateur du principe des nationalités, se félicite d'avoir contribué à la libération d'un peuple auquel le rattache le nom de Bonaparte. Il aurait pu donner de la publicité à cet indiscutable succès personnel, mais il se montre modeste, laisse dire sur la magnanimité de son geste, comme s'il s'acquittait d'un vieux fond de dettes envers lui-même. Il s'est retenu d'un triomphe facile à la fois pour ménager la fierté de Victor-Emmanuel et ne pas paraître tirer profit de l'infortune militaire de

François-Joseph. Comme les vicissitudes de sa politique l'ont empêché de recueillir lui-même des lauriers qu'il a bien mérités, c'est à Eugénie que les Vénitiens rendent hommage. Seulement, en aucun cas la visite de l'impératrice ne doit passer pour une visite d'État. Il serait inconvenant de faire sentir à Victor-Emmanuel tout ce qu'il doit à la France. Certes, l'incognito de l'impératrice est une grossière ficelle dont personne n'est dupe, mais elle arrange tout le monde.

Le samedi 2 octobre à 2 heures du matin, le train franchit le viaduc du chemin de fer qui relie la lagune à la terre ferme. Le contre-amiral de Surville, commandant de *L'Aigle*, entouré de ses officiers, attend l'impératrice sur le quai pour la conduire jusqu'à son yacht. Une foule immense encombre les abords de la gare. Malgré l'heure tardive, Venise est restée éveillée. La cité et ses habitants sont gagnés par cette espèce de fièvre qui prélude ici aux réjouissances populaires. Escorté par une multitude de gondoles sombres glissant sans bruit et presque sans mouvement, le canot d'Eugénie descend le Grand Canal, passe sous le Rialto et débouche enfin devant la Piazzetta. Indifférente à la fatigue, elle fait accoster au Môle pour se promener quelques instants sur la place Saint-Marc. Les réverbères au gaz projettent d'étranges lueurs sur la façade du palais des Doges noyé dans l'obscurité profonde d'une nuit sans lune. À 3 heures, l'équipage rangé sur la passerelle du navire salue l'arrivée à bord de l'impératrice au cri sept fois répété de « Vive l'empereur ! ». À la tête du grand mât flotte le pavillon impérial tricolore aux armes de l'Empire et semé d'abeilles.

Eugénie prend possession de sa chambre tendue de soie verte, située à l'arrière du côté bâbord, près du grand salon. On a procédé à sa demande à quelques réaménagements intérieurs afin de pourvoir au logement de la suite et du personnel de service. Luxueux mais sans la solennité pompeuse des appartements des Tuileries ou de Saint-Cloud, *L'Aigle* est pour elle un refuge idéal, une sorte de havre qui lui rappelle un peu sa villa de Biarritz, par le raffinement de ses décors et de son mobilier confortable fournis par la maison Fourdinois, par son atmosphère bon enfant. D'ailleurs, elle reconnaît préférer le pont d'un navire à tout autre palais et elle répète souvent que si elle était un homme elle serait un marin. Elle témoigne aux cent quatre-vingts hommes de bord et à leurs officiers une affection particulière ; elle se considère un peu comme leur marraine, s'intéresse de près à leur carrière, sollicite pour eux du ministre de la Marine avancements et médailles. Elle fascine l'équipage par son pied marin, par sa témérité au milieu des tempêtes, par sa connaissance des termes de navigation. Eugénie n'a jamais caché sa passion pour la mer ni son attirance pour les gens de mer qui lui rendent bien la sympathie qu'elle a pour eux. L'amiral Jurien de La Gravière, par exemple, l'un des aides de camp de l'empereur, l'adule et, puisqu'un jour à Biarritz elle s'est déclarée devant lui la mère de tous les marins, il ne la désigne plus depuis que sous le sobriquet affectueux de « maman ».

Bercée par les ondulations du bateau, grisée par l'image furtive d'une Venise entrevue dans l'opacité de la nuit, comme une odalisque derrière le moucharabieh d'un harem, épuisée par un trajet long et éprouvant, Eugénie s'endort et dans son sommeil elle entend encore les *canzoni* vénitiennes que chantaient les *pittori* de maître Bartolini sur le Grand Canal…

À son réveil, depuis les fenêtres de sa chambre qui ouvrent sur la Giudecca elle aperçoit la façade colossale de Saint-Georges-Majeur dans la pleine lumière du soleil levant ; le marbre blanc des colonnes du portique paraît d'or et la brique rouge des murs de l'église plus sanguine. Venise, fière de ses chefs-d'œuvre, s'exhibe pour elle et se montre dans ses plus beaux atours. De mémoire de Vénitien on n'a pas connu de plus brillantes réceptions que celles organisées par la municipalité en l'honneur de l'impératrice : cinq jours de fêtes ininterrompues, de sérénades, d'illuminations, de feux d'artifice tirés sur la lagune.

Télégramme de l'empereur, à Saint-Cloud, à madame la comtesse de Pierrefonds, à bord de L'Aigle, *Venise, 2 octobre, 9 h 20 du soir*[1]

Merci de ton télégramme de Magenta. J'apprends, mais non par toi, ton heureuse arrivée à Venise à trois heures du matin. J'en fais part à ta mère. J'espère que tu n'es pas trop fatiguée. Louis demande à chaque instant de tes nouvelles. Saint-Cloud est bien triste sans toi. Je continue à aller bien. Napoléon.

Lettre de l'empereur à l'impératrice, palais de Saint-Cloud, le 2 octobre 1869[2]

Ma chère Eugénie,

Ton départ nous a bien attristés et Saint-Cloud n'est pas gai. Je me console en pensant au plaisir que tu éprouveras à voir les beaux pays que tu dois parcourir. J'ai bien regretté que tu aies traversé l'Italie de nuit. Ton télégramme de Venise que j'ai reçu ce matin m'a fait grand plaisir et je suis heureux que tu n'oublies pas les tiens. Louis va très bien et moi je me remets un peu chaque jour davantage. Cependant, il me faut encore

1. Toutes les dépêches de Paris citées sont cotées A.N. F 90 1055/404.

2. A.N. 400 AP 43.

beaucoup de ménagement. Hier j'ai fait une grande promenade à pied, mais je n'ai pas pu rester en voiture. Cela va retarder mon départ pour Compiègne. Aujourd'hui au conseil nous avons arrêté la convocation du Corps législatif pour le 29 novembre. Cela n'a pas été sans peine. Magne[3] et Chasseloup[4] voulaient adopter le 26 octobre ou le 18 novembre. Heureusement les autres membres du cabinet m'ont soutenu ; d'ailleurs j'aurais plutôt changé de ministres que d'accepter la date du 26 octobre sous l'injonction de monsieur de Kératry[5] ! Maintenant que je t'écris à peu près rétabli, j'ai bon espoir que tout ira bien et que nous sortirons des difficultés présentes sans troubles. J'espère que si le temps est mauvais tu ne partiras pas. On ne gagne rien sur mer à affronter le mauvais temps. Je t'envoie Hepp[6] le 4. Louis t'embrasse et moi aussi très tendrement. Crois à ma tendre affection. Napoléon.

3. Pierre Magne (1806-1879), ministre des Finances du 13 novembre 1867 au 27 décembre 1869, favorable au libéralisme impérial.

4. Juste-Napoléon-Samuel, marquis de Chasseloup-Laubat (1805-1873). Après avoir dirigé le ministère de la Marine et des Colonies, il est nommé le 17 juillet 1869 ministre-président du Conseil d'État, poste qu'il occupera jusqu'au 27 décembre suivant. En cette qualité, il a été chargé de la préparation du sénatus-consulte destiné à réaliser le programme libéral du message du 12 juillet qui vise à instaurer la pratique du gouvernement parlementaire.

5. Émile, comte de Kératry (1832-1908). Député de l'opposition, élu de la deuxième circonscription du Finistère, membre du tiers-parti libéral, il est l'un de ceux qui, à la Chambre, réclament le plus énergiquement la convocation du Corps législatif dans le « délai constitutionnel » du 26 octobre. Après la révolution du 4 septembre, il deviendra préfet de police de Paris.

6. Jules-Édouard Hepp, capitaine d'état-major, officier d'ordonnance de l'empereur.

Le dimanche à 14 heures, Victor-Emmanuel II se présente habillé en bourgeois pour ne pas donner un caractère officiel à sa visite. On a toutefois hissé le pavillon italien au grand mât de *L'Aigle*. Son entretien avec Eugénie est bref, moins de quinze minutes. Le courant a toujours mal passé entre eux ; il y a chez ce roi moustachu à l'allure soldatesque et aux gros yeux saillants quelque chose d'impertinent qui la met mal à l'aise. Elle ne supporte pas ses manières rustres envers les femmes, ce besoin pervers qu'il éprouve de les faire rougir par des questions indiscrètes. Elle décline son invitation à venir s'installer au palais royal qui ferme la place Saint-Marc, prétextant son désir de conserver l'incognito, en vérité soulagée d'échapper à une hospitalité qu'il lui aurait coûté de devoir accepter.

M. Torelli, sénateur-préfet de Venise, et le prince Giovanelli, syndic, ont établi à son intention un programme touristique très chargé qu'on dirait inspiré directement de l'*Itinéraire de l'Italie du Nord* des Guides Joanne. Ses cicérones l'emmènent dans tous les hauts lieux artistiques de la ville, palais, églises, musées. À l'Arsenal, elle admire les collections d'armes anciennes et s'arrête un instant devant le modèle du dernier *Bucentaure*, la galère d'apparat des doges, celui que les Français ont détruit en 1797 et dont une des figures allégoriques, avec sa faux et son sablier, rappelle au prince qu'il est le maître du temps. Ce temps, justement, sur lequel l'empereur, pense-t-elle, compte un peu trop et qui lui est peut-être désormais compté. Aux Archives, le chevalier Tommaso Gar, le directeur, averti de son goût pour les vieux papiers et les autographes, lui montre les cent quatre-vingt-treize volumes de la correspondance des ambassadeurs de la République auprès de la cour d'Espagne. Au palais des Doges, quand elle se présente à la loge extérieure, la foule massée sur la Piazzetta l'acclame.

Le premier soir, des centaines de gondoles, portant fixées à leur proue des lanternes multicolores, surgissent sur le Grand Canal de tous les coins de la lagune, tels des follets marchant sur les eaux. Un peu en avant du Môle, édifié sur une barge, s'élève un pavillon de style Renaissance surmonté d'un vaste diadème impérial entièrement constitué de lampions rouges, blancs et bleus. À l'endroit où le canal décrit une vaste courbe, à distance égale des deux rives, un bateau lumineux de proportions gigantesques reproduit en girandoles de papier *Le Bucentaure*. À 8 heures, cette énorme machinerie, qui transporte deux orchestres militaires et que remorquent cinquante rameurs répartis dans cinq barques, s'ébranle et remonte le canal jusqu'à la Piazzetta. Les quais et les palais plongés dans l'obscurité afin de laisser plus d'éclat à la fête nautique sont couverts de grappes humaines, fiévreuses et affolées de joie. Quand ce *Bucentaure* qu'on croirait soufflé dans du cristal de Bohême arrive à proximité de *L'Aigle*, les musiques attaquent en l'honneur de l'impératrice *En partant pour la Syrie*, l'hymne de l'Empire, puis l'air d'*Haydée* d'Aubert *Ah ! que Venise est belle !* À peine les dernières notes ont-elles roulé leurs ondes sonores qu'un grand silence s'établit. Aussitôt, du sein du pavillon Renaissance retentit un prélude exécuté par plusieurs violons et altos, puis une première voix s'élève, une voix d'homme, forte, vibrante, passionnée ; bientôt une deuxième, une basse formidable, suivie d'une autre… Une dixième retentit… Un soupir, une dernière note mélodieuse résonne, s'affaiblit et s'éteint. Alors, à un signal donné, des centaines de lumières rouges, bleues, violettes ou vertes illuminent les façades des palais et des églises. Comme en écho, *L'Aigle* allume à son tour ses feux. Installée sur le roof du yacht, Eugénie regarde émerveillée Venise s'embraser dans une féerie pyrotechnique, elle est touchée de l'aubade que lui donnent les gondoliers chanteurs.

Lettre du prince impérial à l'impératrice, Saint-Cloud, le 3 octobre 1869[7]

Ma chère Maman,

Je suis heureux d'apprendre que vous êtes arrivée à Venise en bonne santé. Saint-Cloud est bien triste en votre absence et, quoiqu'il y ait bien peu de temps que nous vous avons quittée, il nous tarde bien de vous revoir. Je vous souhaite un heureux voyage et vous embrasse de tout cœur. Votre affectionné et bien respectueux fils.

Télégramme de l'empereur, à Saint-Cloud, à madame la comtesse de Pierrefonds, à bord de L'Aigle, *Venise, 4 octobre, 6 h 30 du soir*

J'ai reçu une réponse de ta mère hier, mais depuis le télégraphe est coupé en Espagne par l'insurrection républicaine qui gagne du terrain du côté de Givone et de Figuières. On annonce une tempête pour la grande marée du 6. J'espère qu'elle n'ira pas du côté de l'Adriatique. Nous t'embrassons tendrement. Napoléon.

Télégramme de l'empereur, à Saint-Cloud, à madame la comtesse de Pierrefonds, à bord de L'Aigle, *Venise, 6 octobre, 8 h 40 du matin*

7. A.N. 400 AP 75.

Malgré les prédictions, il fait un temps superbe. À quelle heure pars-tu demain ? Les troubles continuent en Espagne. Nous t'embrassons tendrement. Napoléon.

Télégramme de l'empereur, à Saint-Cloud, à madame la comtesse de Pierrefonds, à bord de L'Aigle, *Venise, 6 octobre, 6 h 30 du soir*

Les nouvelles d'Espagne paraissent à Barcelone être favorables aux républicains. J'ai reçu aujourd'hui le prince de Roumanie[8]. Le prince de Hechingen-Hohenzollern[9] qui avait épousé ma cousine Eugénie est mort et j'ai pris le deuil pour quatre jours. On a trouvé le nommé Leclerc de l'*Argus* qui avait été débarqué depuis un mois lorsqu'il a fait cette mauvaise plaisanterie. Nous t'embrassons tendrement. Napoléon.

8. Le prince Charles Ier (né Hohenzollern-Sigmaringen), hospodar de Roumanie, principauté tributaire de l'Empire ottoman, élu et proclamé prince régnant avec droit d'hérédité par le plébiscite du 30 mars 1866, reconnu définitivement par la Sublime-Porte le 24 octobre suivant. « L'empereur, rapporte le *Journal des débats*, est venu aujourd'hui en calèche découverte à Paris rendre visite au prince Charles de Roumanie, à l'hôtel Bristol. L'entrevue, commencée à 4 heures, a duré une grande demi-heure. En sortant de la place Vendôme, l'empereur est retourné à Saint-Cloud par la rue de Rivoli et les Champs-Élysées. »

9. Frédéric-Guillaume-Constantin, prince de Hohenzollern-Hechingen, duc de Sagan, né le 16 février 1801, est mort le 3 septembre 1869. Il avait épousé en premières noces le 22 mai 1826 Eugénie-Hortense, princesse de Leuchtenberg (1808-1847), fille du prince Eugène et d'Auguste-Amélie de Bavière, petite-fille de l'impératrice Joséphine et cousine germaine de Napoléon III.

Lettre de l'impératrice à son fils, Venise, sans date

Mon bien cher enfant,

Je suis déjà installée dans le cabriolet du pont de *L'Aigle*, comme à notre dernier voyage en Corse. C'est entourée de ta chère image que je t'écris. Tu vois par l'en-tête de ma lettre que je suis à Venise. Quelle ville étrange ! Elle ne garde de son ancienne puissance que le souvenir historique. Son commerce est nul, on ne peut plus ni la craindre ni la jalouser, mais on est conquis par son charme poétique. Un jour tu visiteras Venise à ton tour, tu en subiras l'attrait irrésistible, tu visiteras le palais des Doges, les églises, le musée. Partout des chefs-d'œuvre, partout des souvenirs. Je me suis arrêtée à Magenta pour y déposer un bouquet de fleurs et prier sur la tombe de nos soldats ; ils reposent loin de leur pays, de leurs parents et amis. Ils ont droit plus que personne à nos prières. Tu vas trouver ma lettre un peu triste, mais loin de toi et de ton père je ne me sens jamais complètement heureuse. Je t'embrasse tendrement. Ta mère qui t'aime [10].

L'Aigle appareille à 10 h 30. Quelques nuages voilent le ciel, mais la mer est belle et il souffle une légère brise de nord-est. On lève l'ancre, les machines rugissent, les roues s'ébrouent et brassent l'eau. Eugénie debout sur la plate-forme agite son mouchoir en guise d'adieu aux Vénitiens attroupés sur la Piazzetta et à la pointe de la Douane de mer. Le yacht s'éloigne lentement du Môle. L'impératrice s'avance jusqu'à l'extrémité de la poupe et jette un dernier regard un peu nostalgique sur cette cité des songes qui l'a fêtée comme aucune autre, nulle part, ne l'avait jamais fait depuis seize ans. Partout où elle s'est montrée durant ces cinq jours, elle a reçu les marques de

10. A.N. 400 AP 75.

la plus vive et de la plus respectueuse sympathie de la part de la population. Dans la *Gazetta d'Italia*, on pourra lire le lendemain de son départ que « la comtesse de Pierrefonds a laissé au cœur des Vénitiens un long souvenir et d'éternels regrets ».

Lettre du prince impérial à l'impératrice, Saint-Cloud, 8 octobre 1869[11]

Ma chère Maman,

J'ai reçu votre charmante lettre, elle m'a fait un grand plaisir en m'apprenant que vous vous plaisiez à Venise. J'espère que le reste de votre voyage sera aussi heureux et aussi intéressant que le début. Bien que nous soyons séparés l'un de l'autre par un bien grand espace, tous les matins et tous les soirs je vous embrasse par la pensée comme si vous étiez encore à Saint-Cloud. Mon cœur et ma pensée voyagent avec vous et plus tard, quand je ferai ce beau voyage, je me dirai : comme Maman a dû trouver ce pays-là beau, et je vous écrirai pour vous faire part des impressions que vous avez déjà éprouvées. Papa est en très bonne santé et fait beaucoup d'exercice. Hier nous sommes allés voir l'exposition des Arts appliqués à l'industrie et j'ai acheté un petit souvenir pour vous et pour mes cousins. Dites, je vous prie, à Marie que je vais lui répondre. Embrassez, je vous prie, Marie, Louise et Charles[12] et faites mes amitiés aux personnes qui vous entourent. Je vous embrasse de tout mon cœur, votre affectionné et respectueux fils.

11. *Ibid.*

12. Il s'agit des nièces et du neveu de l'impératrice : Maria Asunción Stuart y Portocarrero (1851-1927), duchesse de Tamanès ; Maria Luisa Stuart y Portocarrero (1853-1876), duchesse de Medinacelli ; Carlos Stuart y Portocarrero (1849-1901) 9ᵉ duc de Berwick, 16ᵉ duc d'Albe.

Conformément aux instructions du ministre de la Marine, *L'Aigle* navigue en vue des rivages de l'Adriatique. Durant les premières heures de la traversée, le temps est magnifique, mais bientôt les conditions météorologiques se gâtent. Dans la soirée, le ciel se couvre de nuages, le vent se lève et oblige le commandant à rallier les côtes de la Dalmatie pour y trouver un peu d'abri. *L'Aigle* passe le détroit d'Otrante et laisse à l'ouest le cap de Leuca. Le 9, il sort de l'Adriatique, longe à très petite distance les îles Ioniennes. Le 10, il atteint le cap Matapan, où il essuie de gros grains et une forte bise de nord-est. Grâce au bon fonctionnement de la machine et à sa remarquable tenue en mer, le yacht, sans ralentir sa vitesse, poursuit sa course vers Le Pirée. Il est chahuté par de fortes vagues, le mal de mer frappe les passagers les uns après les autres. Parmi la suite, une véritable hécatombe réduit le nombre des convives aux heures des repas. Eugénie, qui a le pied marin, ne s'attendrit guère sur le sort de ces infortunés qui tentent par des efforts surhumains de réapparaître au salon. Indifférente au danger, elle passe ses journées sur la dunette, fascinée par la lutte du bateau contre les vents. Elle aime voir l'étrave plonger dans les lames et en ressortir toute ruisselante d'eau, sentir les embruns sur son visage, entendre le fracas des vagues furieuses qui se brisent sur les flancs du navire. « L'impératrice seule n'a pas souffert, mande le contre-amiral à son ministre. Elle paraissait au contraire heureuse et satisfaite de se trouver à la mer en semblable circonstance, et son goût pour la marine semblait s'en affirmer davantage. » Elle est un peu comme le chien que les Hollandais laissaient jadis sur le pont pour aboyer à la tempête.

Le dimanche 10 octobre en début de soirée, *L'Aigle,*

qui vient de parcourir quatre cent vingt-cinq lieues depuis Venise en moins de quatre jours, mouille dans le port du Pirée, premier point de relâche avant Constantinople.

> *Télégramme de l'empereur à Saint-Cloud à madame la comtesse de Pierrefonds, à bord de* L'Aigle, *10 octobre, 1 h 15 du soir*
>
> J'espère que tu auras fait une bonne traversée, car ici le temps est superbe. Nous allons bien et comptons aller le 12 à Compiègne. L'empereur d'Autriche part à la fin du mois pour Constantinople et Suez. La manifestation pour le 26 paraît abandonnée. Le gouvernement espagnol combat l'insurrection avec succès. Je reçois des nouvelles de ta mère qui est tranquille. J'espère que tu seras de retour à Paris le 27. Nous t'embrassons tendrement. Napoléon.

Athènes est une brève escale technique. Aussi nous la passerons vite. Le 11, le roi Georges et la reine Olga font à l'impératrice les honneurs de leur capitale, mais Athènes n'est alors qu'une grosse bourgade sans attrait. Eugénie parcourt l'Acropole au pas de charge ; le ciel gris et maussade ne fait pas chanter les pierres du Parthénon. Elle n'est nullement séduite, presque déçue devant la pauvreté de ces ruines si peu évocatrices pour elle. Elle regarde à peine et se retourne souvent pour s'assurer que derrière elle ses gens soutiennent le rythme d'une visite rapidement expédiée. L'impératrice a demandé au contre-amiral de Surville de se tenir prêt à lever l'ancre à 9 heures du soir ; les conditions météorologiques s'annoncent particulièrement mauvaises, la suite de la traversée houleuse.

C'est pourquoi nous allons voler à tire-d'aile vers

Constantinople. Il ne servirait à rien de nous attarder à bord, d'autant que les passagers sont presque tous malades, que le commandant a interdit à l'impératrice de sortir sur le pont, que les quelques rescapés encore valides se sont repliés dans le roof, où ils étouffent parce que les hublots sont fermés. Au salon, Eugénie parle beaucoup, pour tuer le temps. Elle saoule son auditoire de paroles, elle ne cache pas sa désillusion sur la Grèce, si misérable. « Et puis, dit-elle, ces Grecs anciens étaient tellement antipathiques, bavards, insupportables, vivant perpétuellement dans les guerres intestines, les troubles, les intrigues : des ingouvernables, enfin. » À se demander si, victime de son éloquence, elle n'en vient pas à confondre les Grecs et les Français !

CHAPITRE VIII

Constantinople

Maintenant que j'ai vu le Bosphore, je comprends la convoitise des Russes.

Eugénie.

Affrontant des vents contraires et violents, *L'Aigle* atteint dans la soirée du 12 octobre les parages de Besika, où il rate le *Forbin*, la corvette de l'ambassadeur de France venu à sa rencontre. Il conviendrait de l'attendre, mais Eugénie trouve qu'on a déjà perdu beaucoup trop de temps, elle donne l'ordre de foncer sur les Dardanelles. Et tant pis pour Bourée, il la rejoindra plus tard. *L'Aigle* file à quinze nœuds. Le 13, à la hauteur du cap San Stefano, plus de trente bâtiments à vapeur de toutes les nations le rejoignent pour lui faire escorte. Il réduit sa vitesse pour permettre aux navires turcs de le suivre dans sa course. Un yacht du sultan se présente. Il faut stopper tout à fait les machines afin de laisser monter à bord un chambellan envoyé par Sa Hautesse.

Télégramme de l'empereur à Compiègne à madame la comtesse de Pierrefonds, à bord de L'Aigle, *13 octobre, 8 h 40 du matin*

> Nous sommes à Compiègne depuis hier. Le temps est magnifique mais le palais est bien triste sans toi. Demain j'aurai tous les ministres pour quelques jours. J'espère que tu auras fait une bonne traversée. Ta mère m'écrit que Madrid est tranquille ; combats sanglants à Saragosse et Valencia. Nous t'embrassons tendrement. Napoléon.

De la dunette de *L'Aigle* les passagers voient défiler le château des Sept-Tours, le vieux Sérail, Scutari, la côte d'Asie, puis la tour du Séraskier, d'où l'on signale les incendies, les minarets blancs et les coupoles bleuâtres des mosquées. La Corne d'Or et le Bosphore se découvrent progressivement à leur vue. Il n'y a pas de quais et la ville plonge partout ses pieds dans la mer. Eugénie « a la figure heureuse des bons jours, note madame Des Garets. Autant à Athènes elle paraissait triste et déçue, autant elle semble ici à l'unisson de cette rutilance et de l'éclat de l'Orient ». L'impératrice éprouve sans doute ce mélange d'appréhension et de fierté qui s'attache à son arrivée. L'événement n'a guère de précédent en effet. Pour la première fois le souverain d'une nation chrétienne, et de surcroît une femme, rend visite, chez lui, au grand commandeur des croyants. Depuis François Ier, la France s'est évertuée à entretenir de bonnes relations avec l'empereur des Turc, mais jamais aucun roi ne s'était déplacé jusqu'à Constantinople. Pendant plus de trois siècles on a gardé le contact par ambassadeur interposé. Abdul-Aziz est le premier à être venu en Europe. Il a besoin de l'alliance de la France et de l'Angleterre pour se protéger des Russes. Hôte de Napoléon à Paris en juillet 1867, puis de la reine Victoria à Londres, il reçoit à son tour l'impératrice. Qu'il ait accepté de le faire, en dehors de toute autre considération, démontre au moins sa résolution à poursuivre le programme de modernisation (les *Tanzîmât*, « remise en ordre, réorganisation ») de l'Empire ottoman entamée par Abdul-Medjid Ier à partir de 1839.

À 2 heures de l'après-midi, *L'Aigle* relâche devant Beylerbey, le palais qu'Abdul-Aziz a mis à la disposition d'Eugénie, au milieu des salves tirées par les bâtiments de guerre et les forts, sous les hourras d'une population innombrable massée sur les deux rives du Bosphore. L'équipage reçoit le sultan avec tous les honneurs réglementaires. L'impératrice, vêtue d'une toilette jaune d'or, embarque avec lui dans le caïque impérial pour accoster au débarcadère de Beylerbey.

« Ce palais, qui a été bâti il y a quelques années à peine, écrit un correspondant de presse, forme un carré dont l'aspect extérieur est assez lourd... Il est composé de deux étages, surmontés d'une terrasse à balustrade en marbre. Son architecture, tant à l'extérieur qu'à l'intérieur, n'offre pas de caractère bien tranché et se rapproche jusqu'à un certain point de l'ordonnance néo-grecque. Il est, ainsi que toutes les habitations turques, divisé en deux parties égales. D'un côté le harem, appartement des femmes ; de l'autre le sélamlik, appartement des hommes. Cette séparation se reproduit à tous les étages.

« C'est dans le harem que sont les appartements de Sa Majesté. L'escalier d'honneur conduit à un salon d'attente qui a un très grand caractère. C'est un carré long. Sur le plafond, soutenu par des colonnes de bleu turquin, sont prodigués les caprices d'une ornementation merveilleuse. Sur ce salon d'attente s'ouvrent, aux quatre angles, quatre salons ravissants, l'un bleu, l'autre rouge, le troisième blanc, le quatrième blanc et or. La salle à manger, qui donne également sur le salon d'attente, présente l'heureuse alliance du confort européen et des usages du pays. Les bassins et les aiguières destinés aux ablutions qui précèdent et suivent les repas sont incrustés de pierres précieuses. Toutes les pièces du service de table turc sont d'une magnificence orientale. Le Sultan a, de plus, fait exécuter en Europe un service d'un luxe inouï. Sur le salon d'attente, qui est le point central d'où rayonnent tous les appartements, s'ouvre du côté du palais qui donne sur le Bosphore une enfilade de salons de réception, les uns meublés à l'européenne, les autres exclusivement dans le goût turc. Les premiers sont remarquables par le prix des matières, leur éclat, la profusion avec laquelle elles sont employées. Ce n'est pas de grand goût, mais l'aspect général éblouit les yeux. Les salons turcs sont décorés avec une délicatesse qui rappelle les merveilles de l'architecture arabe. Là, pas une muraille qui ne soit comme découpée à jour ; partout des arabesques et des inscriptions poétiques, courant sur les plafonds émaillés des plus brillantes couleurs.

« On pénètre ensuite dans les appartements réservés, dont la première pièce, qui sert de salon pour les dames de service, offre deux particularités remarquables. L'un des côtés de ce salon est fermé par un immense châle de l'Inde. Le fond est blanc, et sur ce fond courent des rinceaux d'or. Des bahuts d'une forme originale renferment une partie de la collection provenant des ancêtres d'Abdul-Aziz. Ce sont des objets précieux et des armes d'une richesse et d'une finesse d'exécution qui ne se peut exprimer. Non loin du salon, sont la chambre à coucher et les cabinets de toilette, dont l'aménagement a été approprié aux usages européens. Le lit, à estrade, est surmonté d'un dais formé d'étoffes précieuses et soutenu par des chemins dorés. De la chambre à coucher, on pénètre, par un corridor long à peine de quelques mètres, dans le bain qui est d'un goût exquis. Il est composé de deux salles surmontées d'une coupole. Cette coupole, supportée par des pendentifs, est percée d'une infinité de petites ouvertures rondes par lesquelles pénètre la lumière. Les robinets sont en argent. Les deux salles sont revêtues de marbre blanc. Dans l'une un lit de repos, et, couvrant le mur, un châle merveilleux.

« Le jardin du palais n'est pas plat, comme en Europe, ou simplement orné de quelques terrasses. Il surplombe l'édifice, et l'on monte à ses mille étages par des escaliers en marbre blanc. On découvre à mi-chemin la ville entière de Stamboul, avec ses minarets sans nombre. Du sommet, la vue s'éloigne au loin, planant à la fois sur la mer Noire et sur la mer de Marmara. »

Télégramme de l'empereur, à Compiègne, à madame la comtesse de Pierrefonds à Constantinople, 15 octobre, 8 heures du matin

Nous jouissons du plaisir que tu éprouves en voyant tant de merveilles. Je te prie de dire à S.M. le Sultan combien je suis touché de l'accueil qu'il te fait. J'attends aujourd'hui Frémy[1]. Le gouvernement espagnol a dompté l'insurrection, excepté Valence. Nous t'embrassons tendrement. Napoléon.

Lettre de l'empereur à l'impératrice, Compiègne, 15 octobre 1869

Ma chère Eugénie,

Je suis ravi de tes triomphes, d'autant plus que je sais que tes succès tiennent bien davantage à ta

1. Il s'agit probablement de Louis Frémy (1807-1891). Député de l'Yonne de 1849 à 1869, il dirige le Crédit foncier de 1857 à 1877.

manière d'être et à ton affabilité qu'à la position que tu occupes. Frémy vient de me remettre les lettres. Je vois que tu es contente de ta réception mais fatiguée ; on le serait à moins. J'ai reçu une lettre du roi d'Italie qui se félicite de sa réception, qui regrette de n'avoir pas pu, à cause de la présence d'un tiers, t'entretenir de choses qui t'auraient fait plaisir.

Nous sommes à Compiègne depuis deux jours. Les ministres sont avec moi et je mène une vie bien différente de la tienne, mais qui convient mieux à l'état de ma santé. Je vais bien mais je ne suis pas encore tout à fait remis. Je suis toujours obligé de me relever la nuit mais mes forces reviennent et j'ai déjà chassé à Saint-Cloud la veille de mon départ.

On semble avoir abandonné l'idée d'une manifestation pour le 26 et je t'envoie un petit article du *Journal des débats* curieux sur le sujet, mais l'hiver ne passera pas sans coups de fusil. Ce pays est malheureusement incapable de supporter la liberté. On commence à en être convaincu comme tu pourras t'en convaincre par la lettre ci-jointe d'Émile Ollivier à Girardin[2].

Il y a une affaire qui fait beaucoup de bruit ; c'est l'affaire de monsieur de Beaumont[3] qui, dit-on, a trouvé chez sa femme une vingtaine de lettres d'amour de monsieur Halles-Claparède, du sieur de Metternich[4] et de monsieur de La R[illisible]. Il s'est déjà battu contre le premier et le second. Metternich n'a été

2. Émile de Girardin (1806-1881), journaliste et homme politique. Longtemps rédacteur en chef de *La Presse*, il fonde en 1866 *La Liberté*, journal en rupture de ban avec le régime impérial. Proche d'Émile Ollivier, il est élevé le 27 juillet 1870 à la dignité de sénateur, mais le décret ne sera jamais publié.

3. Louis-Robert de La Bonninière de Beaumont (1833-1896), capitaine en second aux dragons de l'impératrice.

4. Le prince Richard de Metternich-Winneburg, ambassadeur d'Autriche.

que légèrement blessé, mais ce qu'il y a de triste c'est qu'il paraît que Metternich, pour se faire valoir auprès de madame de Beaumont, lui a envoyé les lettres de messieurs Pourtalès[5], Moulton, Halles fils, Gallifet[6], et que dans le premier moment monsieur de Beaumont voulait les envoyer aux maris ! On a obtenu de lui qu'il n'en fera rien. Ce qu'il y a de ridicule, c'est que monsieur de Beaumont affirme que sa femme est innocente mais qu'il veut venger son honneur offensé[7].

Je t'envoie de mes photographies qui sont bien réussies. En terminant je te répète que sans toi la vie me paraît très triste et que ma seule consolation est de pouvoir compter sur ton affection. Louis va très bien et est toujours très gentil et m'a demandé pourquoi on

5. Le comte Edmond de Pourtalès, l'un des habitués de la Cour.

6. Gaston-Alexandre, marquis de Gallifet (1830-1909). Colonel, il commande le 3e régiment de chasseurs d'Afrique. Promu général de brigade le 30 août 1870.

7. « Il y a quelques jours, en cherchant une clé égarée qu'il croyait dans l'appartement de sa femme, le comte Robert de Beaumont trouva des lettres qui n'étaient pas même sous clé, ce qui exclut toute pensée blessante pour madame de Beaumont. Ces lettres étaient de divers gentilshommes, le prince de M[etternich], le baron de la R…, le vicomte H[alles-Claparède] ; et d'autres qui en vrais petits-fils de Louis XV répondaient à des quêtes de la comtesse par un don accompagné de fines galanteries et d'hommages à sa grâce. Monsieur de Beaumont jugea que nul n'avait le droit d'écrire sur un ton badin à sa femme et députa deux témoins au vicomte H[alles-Claparède] qui accepta une rencontre à l'épée et fut blessé grièvement. Le soir, au cercle, monsieur de Maugny ayant exprimé tout haut son étonnement que le comte Robert de Beaumont eût été provoquer le plus jeune des auteurs des lettres trouvées par lui, quand il pouvait s'adresser aussi bien au baron de la R… ou au prince de M[etternich], le comte de Beaumont, frère du comte Robert, provoqua monsieur de Maugny et le blessa dans un duel à l'épée. » (*Le Gaulois*, 8 octobre 1869.) L'affaire fut jugée par la 6e chambre, le 1er décembre 1869.

n'inviterait pas des dames pour danser. Je lui ai dit de faire une liste. Je t'embrasse tendrement. Napoléon.

Lettre du prince impérial à l'impératrice, Compiègne, 15 octobre 1869[8]

Ma chère Maman,

Je vous remercie de bien des choses : d'abord du presse-papiers et de l'album que monsieur Frémy m'a remis de votre part, ensuite de la lettre qui accompagnait ces objets. Je vous demande pardon, Maman, de commencer toujours mes lettres par la même formule, mais vraiment, ce n'est pas ma faute : c'est vous qui m'y forcez. Nous sommes à présent à Compiègne, nous nous y amusons beaucoup. Papa a fait faire ses photographies. Il va chasser à tir et, j'espère, à courre. Pierrefonds est bien changé et bien beau[9]. Je vous embrasse de tout mon cœur et suis, ma très chère Maman, votre dévoué, affectionné et respectueux fils.

8. A.N. 400 AP 75.

9. Le chantier de Pierrefonds, dirigé par Eugène Viollet-le-Duc, s'ouvre au début de l'année 1858. Très attaché à la relève des ruines de ce château qui devient résidence impériale en 1861, Napoléon III suit de près l'avancement des travaux pour lesquels il mobilise de gros moyens. Il y entrepose sa collection d'armes. « L'empereur attache tant d'importance à Pierrefonds qu'il me faut sans cesse aller là et être en même temps ici dans ce château, se plaint l'architecte le 27 novembre 1866. Ce serait charmant si j'avais trente ans, mais cela devient un peu fatigant à mon âge. Il est vrai que l'extrême grâce de Leurs Majestés rend tout cela possible et qu'on ne saurait mieux faire que d'être fort satisfait et honoré. » Le 12 octobre 1869, un télégramme de Piétri, le secrétaire particulier de Napoléon, avertit Viollet-le-Duc que « l'empereur compte aller demain à Pierrefonds. Sa Majesté me charge de vous dire que vous aurez toujours une chambre au palais de Compiègne quand vous voudrez venir » (A.N. F[90] 1055/404).

Télégramme de l'empereur, à Compiègne, à madame la comtesse de Pierrefonds à Constantinople, 17 octobre, 10 heures du matin

Je vois avec plaisir que tu n'es pas trop fatiguée. Les insurgés de Valence se sont soumis mais je n'ai pas encore de nouvelles de ta mère. Le prince de Metternich s'est battu dans une île du Rhin. Il a été porté chez monsieur de Bussières [10]. J'ai envoyé hier savoir de ses nouvelles. Il m'a fait répondre que son état est aussi satisfaisant que possible. Il reprend des forces à vue d'œil. Il a un coup de sabre au bras droit profond, mais sans lésion majeure. Davillier [11] peut t'accompagner jusqu'à Alexandrie. Nous t'embrassons tendrement. Napoléon.

Télégramme de l'empereur, à Compiègne, à madame la comtesse de Pierrefonds à Constantinople, 18 octobre, 9 h 20 du matin

Tout va bien ici. Tout le monde s'est rétracté à propos de la manifestation du 26. Le maréchal Regnaud [12] s'est démis de son commandement pour

10. Baron Léon de Bussière, conseiller d'État, membre du conseil général du département du Bas-Rhin.

11. Édouard Davillier (1824-1908). Marié à la belle-fille du maréchal Regnaud de Saint-Jean-d'Angély, il est autorisé en 1864 à porter le titre de comte Regnaud de Saint-Jean-d'Angély. Capitaine de cavalerie, officier d'ordonnance et premier écuyer de l'empereur.

12. Auguste-Michel-Étienne, comte Regnaud de Saint-Jean-d'Angély (1794-1870). Nommé commandant en chef de la Garde impériale le 6 avril 1857, maréchal de France le 5 juin 1859, il est relevé de ses fonctions à sa demande pour raisons de santé le 15 octobre 1869. Il meurt à Cannes le 1er février 1870.

> cause de santé. J'ai nommé Bazaine[13] à sa place. Crény[14] est nommé chef d'escadron. Je travaille tous les jours avec les ministres le matin, et après le déjeuner nous chassons. Louis regrette beaucoup l'absence du beau sexe. Davillier peut rester. Nous t'embrassons tendrement. Napoléon.

On pourrait reconstituer par le menu le séjour d'Eugénie à Constantinople (13-19 octobre), s'appesantir sur le programme élaboré à son intention, relater chaque réception, dresser la liste des personnes qui lui furent présentées, décrire dans le détail chaque dîner de gala à Dolma-Batché. On pourrait tout aussi bien indiquer le nom des plats servis à la table de Sa Hautesse, conter les anecdotes – et elles fourmillent – qui ont émaillé cette visite d'État, relever les incidents diplomatiques – et il y en eut d'insignifiants –, insister sur les découvertes inattendues ou les rencontres fortuites. Mais, n'était la touche de pittoresque, le déroulement de ces six jours passés sur la Corne d'Or ne diffère guère de n'importe quel voyage officiel. Il y a dans l'existence d'une impératrice quelque chose de si ordonné et répétitif qu'il n'est pas surprenant que l'ennui ait toujours été la contrepartie de l'apparat. Sans conteste, Eugénie triomphe à Constantinople.

Et pourtant la partie n'était pas gagnée d'avance. Dans une cour qui s'est déjà fortement européanisée mais qui reste méfiante vis-à-vis de l'élément européen, où la ségrégation entre les hommes et les femmes

13. François-Achille Bazaine (1811-1888), maréchal de France le 5 septembre 1864. L'empereur lui confiera le commandement en chef de l'armée du Rhin le 12 août 1870.

14. Charles-Léon de Crény, capitaine de première classe au corps d'état-major, officier d'ordonnance de l'empereur.

demeure encore au cœur de l'organisation du sérail, où le sultan d'un caractère fantasque devient pour un rien d'humeur bilieuse, tout contribue à compliquer l'exercice. Eugénie profite de l'attrait de la nouveauté. Elle mobilise des foules qui n'ont jamais vu d'impératrice. Dans un pays où les princesses vivent recluses au fond du harem, en voilà une au moins qui laisse voir son visage sans être obligée de le dissimuler derrière un voile. La noblesse et l'élégance de son maintien, le décorum dont elle s'entoure la rendent à la fois réelle et fabuleuse, comme une figure que chacun peut approcher mais qui serait descendue du ciel.

On pourrait également dépeindre les émotions qu'elle a ressenties, ses fatigues, peut-être aussi s'interroger sur son désir de prolonger de quelques jours cette espèce d'enchantement. Mais dans son comportement rien ne contredit ce qu'on sait du personnage. À Constantinople, Eugénie reste égale à elle-même. Comme à Ajaccio en août, elle est saisie d'une espèce de panique au moment de répondre à l'allocution de bienvenue du député de la colonie française. Elle qui cause avec tant de facilité et d'abondance est paralysée chaque fois qu'elle doit prendre la parole en public. Au palais de Pera, l'ambassade de France, elle balbutie quelques mots de remerciement d'une voix étranglée, articulant à grand-peine des phrases inintelligibles. « Sa Majesté, rapporte Bourée à son ministre, après avoir reçu le haut clergé dans la salle du Trône, est entrée dans la grande salle où sa grâce accoutumée avait déjà tout conquis, quand est intervenu un incident inattendu, en dehors des prévisions et des échanges de paroles qui sont toujours un peu convenus. L'Impératrice, répondant au discours que lui avait adressé le deuxième député de la nation, s'est troublée, des larmes allaient suppléer à la parole, à la voix qui manquait, et j'ai vu le moment où j'aurais à soutenir S.M. Cette émotion touchante dominant la solennité a gagné toute la salle qui s'est précipitée autour de l'Impératrice avec les acclamations les plus sympathiques, et la réception est devenue un véritable triomphe. »

Ce voyage, riche en impressions nouvelles, n'a rien de décisif pour elle. Sur le plan politique, son symbolisme prévaut sur les enjeux diplomatiques, somme toute secondaires, qu'il recouvre. L'impératrice n'est pas ici pour désamorcer une crise majeure ; les chancelleries s'en chargent. Il ne s'agit pas pour elle de participer à un quelconque congrès où les souverains des puissances iraient discuter de la question d'Orient. Elle est simplement venue saluer le sultan, lui rendre la politesse de sa visite, comme une sorte d'ambassadrice extraordinaire de l'empereur. Et le plus difficile, finalement, pour elle sera d'amadouer le Grand Turc. Pour y parvenir, elle déploie des trésors de séduction, car elle se rappelle combien, lors de son séjour à Paris deux ans auparavant, Abdul-Aziz a terriblement manqué aux usages du monde. Elle s'est demandé si sa froideur envers elle ne venait pas de l'opinion que se font les Turcs de l'infériorité relative de la femme. Elle n'a pas oublié comment, le 1er juillet 1867, jour de la distribution des récompenses pour l'Exposition universelle, il a refusé obstinément, au mépris de l'étiquette et malgré les efforts insistants de son ministre des Affaires étrangères, de lui offrir son bras pour descendre de l'estrade impériale, ni par quel subtil manège elle a réussi le lendemain à appuyer sa main sur son bras pour entrer dans la salle du banquet aux Tuileries. Il a quand même trouvé le moyen de s'écarter d'elle ! Le sultan a retenu de son passage en France des frayeurs ferroviaires et un impérissable sentiment d'ennui. Ne l'a-t-on pas récupéré au fond de son wagon transi de peur ? À l'Opéra, n'a-t-il pas dormi durant la représentation du *Trouvère* et de *Giselle*, visiblement assommé par la musique de Verdi et d'Adolphe Adam, rêvant plutôt au bal Mabille ?

Au-delà de toute espérance, Eugénie émerveille Abdul-Aziz par sa conversation animée, par le naturel de son charme. « Le Sultan, se félicite l'ambassadeur de France, s'est montré constamment empressé et charmé et je me suis souvent étonné du chemin fait dans nos usages, dans ceux des cours européennes, par un souverain qui, avant le voyage d'Europe, il y a deux ans, vivait encore dans une solitude profonde, n'admettait personne à sa table, et qui aujourd'hui préside à des repas de cent vingt couverts, à des cercles, à des réceptions diplomatiques, parle aux femmes aussi bien qu'aux hommes, et pratique cette forme de souveraineté si nouvelle, si contraire aux traditions de l'Orient sans embarras comme sans effort apparent. »

Nous pouvons maintenant passer de l'autre côté du miroir, car d'autres avant nous, pour le compte du khédive, ont violé l'intimité du sultan. La correspondance secrète adressée de Constantinople au vice-roi d'Égypte fournit la relation la plus précise, la plus fiable et la plus dépouillée du séjour de l'impératrice dans la capitale ottomane. Pour se tenir informé du dessous des cartes, Ismaïl rémunère des agents dans l'entourage d'Abdul-Aziz qu'il débauche parmi ses serviteurs les plus proches. Aucun doute, l'histoire des relations turco-égyptiennes relève de la comédie de boulevard. Le plus cocasse, et là on touche à la farce, c'est que ces dépêches, avant de parvenir à leur commanditaire, sont détournées par le consul général de

France au Caire. Des copies sont transmises à l'ambassadeur de France à Constantinople qui les réexpédie au Quai d'Orsay.

« Les détails donnés par les journaux de la capitale sur la réception qui a été faite ici à l'Impératrice sont assez exacts. Cette réception a été effectivement très brillante et il n'y a rien d'exagéré dans les récits de la presse locale. Les Turcs ont tenu à se distinguer dans cette circonstance, persuadés qu'après s'être montrés aussi empressés envers la souveraine des Français, la France reconnaissante ne voudra rien tenter contre eux.

« Le Sultan a poussé l'amabilité jusqu'à prier instamment l'Impératrice de rester ici huit jours de plus. L'Impératrice a répondu qu'elle ne pouvait pas prendre cela sur elle et pour faire plaisir au Sultan elle a télégraphié à l'Empereur à ce sujet. L'Empereur a répondu qu'il y avait, à l'absence de Paris de l'Impératrice, des limites qui ne devaient pas être dépassées et que l'Impératrice pouvait tout au plus prolonger de deux jours son séjour à Constantinople. Au lieu donc de partir hier, l'auguste visiteuse ne part que demain. Du reste, elle est littéralement émerveillée par tout ce qu'elle voit ici et cette impression n'est point feinte chez elle. Tout ce qui l'entoure et qui est pour elle du nouveau excite son admiration. Elle dit qu'elle voudrait rester ici toute une année. Elle s'y trouve bien sous tous les rapports. Il est vrai que rien, absolument rien, n'a été négligé pour lui rendre son séjour ici des plus agréables. Elle est surtout ravie de la beauté du pays. Elle a vu le Bosphore par un temps exceptionnellement beau. L'autre jour, elle disait à Ali-Pacha : "Maintenant que j'ai vu le Bosphore, je comprends la convoitise des Russes."

« Le jour de son arrivée, le Grand Vizir et monsieur Bourée ne se sont pas trouvés ici pour la recevoir. *L'Aigle,* qui avait passé les Dardanelles pendant la nuit, ne s'y était pas arrêté pour ne pas se trouver en retard sur l'heure qui avait été fixée pour son arrivée (14 heures). Le *Sultanée* et le *Forbin* avaient perdu leur temps pour chauffer et lever l'ancre et n'ont pu être ici qu'à 6 heures du soir. On a pensé que l'Impératrice qui savait qu'Ali-Pacha l'attendait aux Dardanelles ne s'y est pas arrêtée tout exprès afin de témoigner au Grand Vizir son mécontentement de ce que l'affaire égyptienne n'était pas encore réglée comme elle en avait exprimé le désir avant de quitter Paris. En arrivant ici, et dès qu'elle a vu le Sultan qui est allé lui-même la recevoir à bord de *L'Aigle*, l'Impératrice lui a dit que le désir qu'elle éprouvait de le voir un moment plus tôt avait fait qu'elle avait laissé Ali-Pacha [15] aux Dardanelles. Quoi qu'il en soit, Ali-Pacha a été quelque peu froissé du procédé.

« En l'absence de monsieur Bourée [16], monsieur et madame Outrey [17] se sont trouvés à Beylerbey pour recevoir l'auguste voyageuse. Tous les ministres de la Sublime-Porte s'y trouvaient en grand costume. Après les présentations d'usage, le Sultan a quitté Beylerbey et peu après, l'Impératrice accompagnée de madame Outrey est allée faire visite à la Validée [18]. Cette princesse s'est jetée sur son illustre visiteuse et l'a embrassée. L'Impératrice ne s'en est pas montrée

15. Grand vizir depuis mars 1868 (chef suprême de l'administration ottomane).

16. Nicolas-Prosper Bourée, ambassadeur de France, nommé le 28 octobre 1866, accrédité le 2 juin 1867.

17. Conseiller de l'ambassade de France.

18. La mère du sultan.

surprise, au contraire, très touchée de cette expression de sympathie et a respectueusement baisé la main de la Validée. Le soir il y a eu dîner au palais de Dolma-Batché ; à ce dîner assistaient les ministres de l'Intérieur, de la Guerre, de la Marine, Kiamel-Pacha[19], Mustapha-Fasil-Pacha, les personnes de la société de l'Impératrice et monsieur et madame Outrey que l'on a invités parce qu'on ne savait pas si monsieur Bourée arrivait pour l'heure du dîner. Il y est arrivé pourtant, ainsi qu'Ali-Pacha.

« Les Russes ont en quelque sorte boudé l'Impératrice. Tandis que les ambassades de France et d'Angleterre et la légation d'Italie étaient allées avec leurs stationnaires à la rencontre de *L'Aigle* jusqu'à San Stefano, le général Ignatieff[20] a prétexté ce jour-là des affaires de services à Pera, s'est rendu à Taphané avec son stationnaire sur lequel se trouvaient monsieur Ignatieff et tout le personnel, hommes et femmes de l'ambassade de Russie et en remontant le *Tamon*[21] s'est arrêté devant Beylerbey pour attendre *L'Aigle* et assister au débarquement de l'Impératrice en simples curieux. Il ne s'est même pavoisé qu'au dernier moment quand *L'Aigle* était déjà entré dans le Bosphore. Tous les autres navires indigènes et étrangers étaient pavoisés depuis le matin. Pendant que le *Tamon* attendait devant Orta Kiavi, une des dames qui se trouvaient à bord a naïvement demandé pourquoi on n'allait pas, comme tout le monde, au-devant de l'Impératrice. Le général qui a entendu a dit à cette dame : “On dirait, Madame, que

19. Grand maître des cérémonies.

20. Nicolas Ignatieff, lieutenant général et aide de camp général, ambassadeur extraordinaire du tsar depuis mars 1867.

21. Nom du stationnaire de l'ambassadeur de Russie.

vous n'êtes point russe ! Comment ! vous voulez qu'un ambassadeur de Russie aille au-devant de l'Impératrice des Français ! Je suis ici en simple particulier." Dès ce jour-là, le général est tombé malade, soi-disant de la fièvre tierce. À la réception du corps diplomatique, vendredi matin, il brillait par son absence. Madame Ignatieff y était seule avec le personnel de l'ambassade. Quand madame Bourée l'a présentée à l'Impératrice, S.M. lui a dit très gracieusement mais très finement : "Le général aura sans doute pris froid le jour de mon arrivée. Je regrette beaucoup d'avoir été la cause de sa maladie." Le lendemain, à la revue d'Hunkiar Iskelessi, le général a encore fait le malade. Madame Ignatieff s'y trouvait seule en sa qualité d'ambassadrice. Elle avait été admise avec madame Elliot[22] à prendre place dans le compartiment du kiosque réservé au Sultan et à l'Impératrice. À la fin de la revue, l'Impératrice s'est levée et s'est approchée de ces dames, mais elle a plus particulièrement causé avec madame Elliot. Le Sultan s'est aussi approché ensuite des deux ambassadrices et lui aussi a adressé la parole à madame Elliot plus particulièrement qu'à madame Ignatieff.

« Le général Ignatieff s'est pourtant rendu au dîner diplomatique, qui a eu lieu avant-hier à Dolma-Bagtché et hier il a été faire sa visite à Beylerbey. Les Russes sont furieux de ce voyage de l'Impératrice des Français. Ils voient que cela tend à rapprocher de plus en plus de la Turquie les puissances occidentales. Et, en effet, aujourd'hui, la France est tout à Constantinople. Cette visite de l'Impératrice aura été un coup habile,

22. L'épouse d'Henri G. Elliot, ambassadeur de Grande-Bretagne, accrédité auprès de la Sublime-Porte depuis le 26 octobre 1867.

bien que les Turcs ne voient pas avec plaisir que S.M. aille en Égypte assister à l'inauguration du canal de Suez. C'est ce voyage en Égypte que les Russes cherchent à exploiter contre la France. Après que la Sublime-Porte a proclamé dans sa première lettre au Vice-Roi que l'invitation donnée par S.A. aux souverains d'Europe constituait une insulte envers ces souverains et le Sultan, les Turcs ne peuvent pas, comme de raison, voir d'un bon œil qu'on réponde à cette invitation avec autant d'empressement. Cependant, ils préfèrent être en bons termes avec les puissances occidentales plutôt que de se jeter dans les bras de la Russie. Ils savent bien qu'on ne vient ici que par politesse et que le but de tous ces voyages est l'Égypte, mais que peuvent-ils y faire ?

« Monsieur et madame Elliot se proposent aussi de se rendre à l'inauguration du canal. Le ministre d'Espagne, marquis d'Alogores, attend aussi une frégate que son gouvernement lui envoie aux Dardanelles pour qu'il aille lui aussi avec sa légation à l'inauguration du canal. Les Turcs ne s'attendaient pas à cela.

« Il y a ici un parti qui veut que le Sultan se rende à l'inauguration lui aussi. Ce parti, on le devine, est le parti Mustapha. Un autre parti veut qu'il s'en abstienne et ce dernier est le plus raisonnable, après la première lettre d'Ali-Pacha. C'est faire preuve de fort peu de tact que d'envoyer le Sultan en Égypte. Depuis que l'Impératrice est ici, elle n'a pas prononcé le mot "Égypte" ou "différend égyptien". Elle a reçu en audience Mustapha-Fazil-Pacha, mais seulement à titre de connaissance. À cette occasion seulement, elle aurait exprimé ses regrets de voir que S.A. le Vice-Roi a été pris à partie par le Sultan à la suite d'une gracieuseté qu'il avait faite à la Cour de France. "Il est toujours désagréable de savoir, a ajouté l'Impératrice, que quelqu'un souffre à cause de vous." On ne sait pas encore si la Porte enverra quelqu'un en Égypte avec l'Impératrice. On parlait pour cela de Mehemed-Djemil-Pacha[23].

« La revue d'Himkiar Iskelessi a été très brillante. Le kiosque est une petite merveille. L'infanterie et l'artillerie ont bien défilé mais la cavalerie a fait fiasco. Elle était mal montée et a défilé en désordre. On peut en dire autant du régiment des Circassiens. Le Sultan était radieux ce jour-là. Il causait beaucoup avec son auguste hôtesse, Djemil-Pacha lui servait d'interprète. Il a galamment offert le bras à l'Impératrice pour la conduire à sa voiture où il a pris place à côté d'elle. Djemil-Pacha et le prince Joachim Murat se sont assis en face de LL. MM. L'Impératrice a dîné ce soir-là avec le Sultan, au kiosque de Beycos dit du Vice-Roi. Les ministres étaient de ce dîner, ainsi que monsieur Boureut-Omer Pacha, qui avait commandé la revue. Le soir, le camp a été illuminé ainsi que tout le Bosphore et des feux d'artifice étaient tirés de tous les côtés. Le Sultan et l'Impératrice ne sont rentrés qu'à la fin de la soirée, l'un à Dolma-Bagtché, l'autre à Beylerbey.

« L'Impératrice a été on ne peut plus touchée de tout ce qui a été fait dimanche pour elle à l'église arménienne catholique de Pera. Monseigneur Hassoun[24] qui officiait était assisté de vingt-quatre évêques. L'église était richement tendue des couleurs françaises. L'Impératrice a fait don à cette église d'un magnifique

23. Ambassadeur de Turquie en France depuis le 23 décembre 1866.

24. Catholicos des Arméniens.

tableau des Gobelins représentant la Transfiguration et a daigné accepter en souvenir un livre d'heures richement relié que lui a offert monseigneur Hassoun. Elle s'était rendue à Pera en grand gala pour cette cérémonie et la municipalité du sixième Cercle lui a rendu de grands honneurs.

« La politique est mise de côté et de quelque temps encore on ne s'en occupera pas. Samedi arrive le prince de Prusse et quelques jours après l'empereur d'Autriche. Il y a là de quoi occuper le Sultan et les diplomates [25]. »

Eugénie a fait un crochet par Constantinople parce que la courtoisie plus que les circonstances l'exigeait. La France et la Turquie, en effet, sont en bons termes et la chamaillerie entre la Sublime-Porte et le vice-roi d'Égypte à propos de l'inauguration du canal de Suez relève de l'anecdote. Et que pèsent ces chicaneries comparativement aux autres défis qui se posent à l'empereur ? Les dépêches de Napoléon rappellent à l'impératrice que le véritable combat se déroule à Paris, qu'il ne sert à rien de recueillir l'unanimité des suffrages aussi loin de chez soi si, dans le même temps et dans sa propre maison, on ne parvient pas à briser la contestation. Elle mesure le décalage entre le succès qu'elle remporte à l'extérieur, et qui a valeur de consécration, et les déconvenues de l'empereur dans son propre pays. Le respect qui s'attache de par le monde au nom de Napoléon, l'autorité qu'on lui reconnaît, le prestige dont on le pare la persuadent de l'ingratitude des Français.

25. Correspondance secrète adressée de Constantinople au vice-roi, 7-9 octobre 1869 (Archives diplomatiques de Nantes).

Jamais, pense-t-elle, les couleurs de la France n'ont brillé à l'étranger avec autant d'éclat. Ce constat la rassure : il ne faudrait pas se méprendre sur la portée des dernières élections ; elles expriment au plus un besoin de changement, un appel au renouveau lancé à l'empereur. Si dans les moments d'extrême inquiétude il lui est arrivé de douter de l'avenir, avec le recul elle appréhende mieux les choses. Sa conviction quant à la pertinence de l'Empire sort renforcée de son séjour à Constantinople.

Le 19 octobre à 11 heures, Abdul-Aziz, les bras chargés d'étoffes somptueuses et de tapis précieux dont il lui fait présent, prend congé d'Eugénie. Les dames turques lui remettent un portrait de Napoléon en tapisserie au petit point, avec des moustaches et des cheveux naturels. « Dieu que c'est laid ! » lâche Cécile de Nadaillac devant les porteurs de cet ouvrage qui attendaient assurément un autre compliment. L'impératrice rattrape avec sang-froid la bourde de son amie, s'extasie devant la finesse du travail et l'étonnante ressemblance avec le modèle. Elle rirait volontiers de l'incident si elle n'était préoccupée par l'état critique de Marie Adam, l'une de ses femmes de chambre, brutalement tombée malade et qu'elle a fait installer dans la cabine la plus confortable du yacht sous la surveillance du médecin de bord.

Télégramme de l'impératrice à l'empereur, Constantinople, 19 octobre 1869

Je vais partir à l'instant et suis dans une bien triste situation. Une de mes femmes, Marie Adam, atteinte de la fièvre typhoïde avec une rapidité effrayante, ne passera probablement pas la journée.

> Dites à madame Pollet[26] de ne prévenir la famille qu'à mon prochain télégramme et lorsque j'aurai eu de ses nouvelles. Eugénie.

L'hospitalité du sultan a été magnifique, l'accueil de la population partout empressé, le succès personnel de l'impératrice unanimement reconnu. Sur le pont, Eugénie regarde une dernière fois Constantinople s'effacer à l'horizon, avec cette indéfinissable mélancolie qui serre le cœur lorsqu'on quitte une ville qu'on ne doit probablement plus revoir. Comme à l'aller, *L'Aigle,* salué par l'artillerie des forts, traverse les Dardanelles sous des milliers de feux.

Dans son édition des 2 et 3 novembre 1869, *Le Moniteur* publie une correspondance de la capitale ottomane en date du 20 octobre. « Le passage de l'Impératrice des Français dans la capitale de l'Empire ottoman laisse ici des souvenirs dont seuls peuvent se rendre compte ceux-là qui ont vu de près les populations pendant la durée de son séjour. Cet événement si nouveau dans les fastes de l'islamisme n'a pas moins frappé les imaginations que le voyage du Sultan en Europe, et ne peut manquer d'exercer également une influence favorable aux progrès des idées et de la civilisation en Turquie. »

26. Pepa ou Josefa, ancienne domestique de la comtesse de Montijo restée au service d'Eugénie comme « première femme de chambre ». Administratrice de la dotation privée de l'impératrice, elle a épousé Aimable-Louis-Joseph Pollet, promu en 1862 lieutenant-colonel au 1er régiment des voltigeurs de la Garde, qui mourra en mai 1870.

CHAPITRE IX

Le Caire

Je fais collection de souvenirs et je te raconterai cela au coin du feu.

Eugénie à Napoléon,
Le Caire, 23 octobre 1869.

« De bonne heure, rapporte madame Des Garets, nous sommes presque tous sur le pont. L'Impératrice m'exhorte à lire les notes que nous avons prises sur l'Égypte, pendant les leçons de Maspero, mais je préfère rester dans mon coin et contempler la mer, d'un bleu intense ce matin, et dont l'aspect heureux invite au repos… La journée se passe gaiement sur le pont. » Après une magnifique traversée, le 22 octobre à 6 heures du matin, *L'Aigle* mouille dans le port d'Alexandrie où l'attendent le khédive, plusieurs hauts dignitaires du gouvernement égyptien, quelques membres de la mission militaire, Ferdinand de Lesseps et le consul de France. Dans la rade se presse une affluence extraordinaire de vaisseaux battant pavillons anglais, autrichien, américain, italien, français.

À peine débarquée, Eugénie a juste le temps de prendre le train pour Le Caire où il règne une température de printemps. Les jardins sont pleins de palmiers, de mimosas et de sycomores. « On entend grouiller au Caire, raconte un touriste, cinq cent mille ânes qui se démènent, se disputent, crient ; on voit se presser des myriades de Bédouins, de Grecs, de Nubiens, d'Abyssins, de Juifs, de Maltais, de Marseillais, de Persans, de Turcs, de Syriens, sans parler des Égyptiens musulmans qui sont les fellahs et des Égyptiens grecs qui sont les coptes. » Admirateur de l'œuvre rénovatrice du baron Haussmann à Paris, Ismaïl a entrepris un vaste toilettage de sa capitale. Mais dans ce dédale de ruelles le progrès a l'air d'un intrus. Il s'applique à percer de longues rues rectilignes, il bâtit des édifices en pierre et marbre comme un opéra ou le palais de Ghizeh – pour loger l'impératrice –, sans qu'il lui soit possible toutefois d'envisager une métamorphose complète de sa ville. « C'est l'Europe qui a tout dérangé en important ici la hâte, la montre et la fièvre, se désole Edmond About, l'un des invités du khédive ; le besoin des voitures est venu d'Occident, comme les voitures elles-mêmes. Sur les trois cent mille âmes qui s'agitent au pied du Mokattan, il y en a pour le moins deux cent cinquante qui vivraient du Coran, de l'eau du Nil et du pain mou, sans autre ambition, si la colonie ne leur imposait en quelque sorte les mœurs et les idées d'une autre race. Notre commerce, en quadruplant le prix de toutes choses, a troublé un monde heureux ou du moins résigné ; nous secouons une antique et respectable quiétude qui tirait son origine du soleil africain ; nous contraignons une population tranquille à se démener comme nous, bon gré mal gré, sous peine de mourir de faim au bénéfice de l'Europe. »

Le soir de l'arrivée d'Eugénie, Le Caire s'est illuminé comme par enchantement. Le vice-roi n'a pas fait les choses à moitié, sans qu'on sache combien de millions de livres sterling ses folles dépenses lui ont coûté. L'argent n'a pas été perdu pour tout le monde. Les affairistes pullulent autour du khédive. La plupart des colons européens, Grecs, Italiens, Français, établis en Égypte sont des déclassés, gens sans scrupule et sans manières mais intelligents et actifs. Ils s'y sont installés pour faire fortune car les occasions de s'enrichir abondent du fait des goûts dispendieux du pacha et de ses grands travaux. Agissant sous l'impunité des juridictions consulaires, ils bafouent les usages et les lois. Imbus de leurs préjugés contre les Arabes, qu'ils estiment incapables, imprévoyants, indolents et paresseux, ils se croient supérieurs à l'indigène dénué de toute protection juridique et soumis à l'arbitraire. Dans leur ensemble, les Européens de par leurs comportements scandaleux ne font vraiment pas honneur à une civilisation dont ils se prétendent les parangons alors que beaucoup d'entre eux n'en sont que le rebut. Sur un grand cartel accroché à un arc de triomphe élevé devant le consulat de France, une main a inscrit : « À l'impératrice Eugénie, la colonie française. »

Eugénie désire conserver à tout prix son incognito pour ne pas indisposer la Porte et prendre un peu de repos. Ismaïl l'entoure de mille prévenances et parvient à ne jamais lui faire sentir le fardeau de la vie officielle. On la voit en compagnie d'Auguste Mariette, le directeur du Service de conservation des antiquités, parcourir les salles du musée de Boulaq, visiter les mosquées et la citadelle du Caire. Habillée à l'orientale d'une veste de velours nacarat brodée d'or et coiffée d'un grand burnous tramé d'or et d'argent, elle assiste un soir à un mariage arabe au palais de la Princesse Mère. Le partage des nourritures, la communion de la danse, la chaleur de l'accueil, tout cela resserre les sympathies et, dans le rapport au monde ambiant, abolit les distances. La fête comble les écarts, elle intègre l'étrangère et absorbe les différences individuelles. Eugénie s'immerge dans un Orient plus fabuleux encore que dans la réalité de ses rêves.

Lettre d'Eugénie à Napoléon, Le Caire, 23 octobre 1869[1]

Merci de ta bonne lettre ; je suis heureuse, tu le sais, quand tu approuves ce que je fais, et tu peux être sûr que tous mes efforts sont toujours portés à te faire le plus grand nombre d'amis possible.

L'idée du Roi[2] m'a bien amusée, car *il a été d'un galant à te faire dresser les cheveux*. Je ne sais si la présence d'un tiers le gêne pour me faire des confidences politiques, mais dans tous les cas pas les autres !... Enfin j'ai fait de mon mieux pour lui plaire, et je te ferai bien rire en rentrant et en te racontant mon entrevue.

Ce que tu me dis de ta santé m'ennuie, mais ne m'effraie pas, parce que je sais que c'est long à revenir à la santé. Soigne-toi, je t'en prie ; songe combien non seulement la vie mais ta santé est utile à tous et à notre enfant surtout.

Je me préoccupe beaucoup de la tournure de l'esprit public chez nous ; Dieu veuille que tout se passe tranquillement et sagement, sans folie d'un côté et sans à-coup de l'autre, et que l'ordre sera maintenu sans user de la force, car le lendemain de la victoire est souvent difficile, plus difficile que la veille. Mais, de loin, je suis mauvais juge des événements.

1. Publiée dans *Papiers secrets et correspondance du Second Empire*, 1871, p. 294-295
2. Victor-Emmanuel II.

Tu devrais parler à l'amiral[3] du commandant de Surville ; celui-ci ne m'a pas parlé, mais les officiers de son bord en ont parlé à ces messieurs. Il paraît que dernièrement monsieur Jauréguiberry[4] aurait passé contre-amiral ; étant moins ancien que le commandant de Surville, ceci lui aurait fait beaucoup de peine. Mais je te répète, il ne m'en a pas soufflé mot. Comme le ministre est très ombrageux, tu ferais bien de prendre des ménagements avec lui.

Je ne puis te donner mes impressions de voyage. J'ai trouvé chez tous et partout le désir bien vif de nous être agréable et de tout faire pour cela. Le Caire a conservé son ancien cachet, pour moi moins nouveau que pour ces dames, car cela me rappelle l'Espagne. Les danses, la musique et la cuisine sont identiques. Nous allons ce soir à un mariage qui doit avoir lieu chez la mère du khédive ; hier soir nous avons assisté aux prières des derviches tourneurs et hurleurs ; c'est inconcevable qu'on puisse se mettre dans un état pareil ; cela m'a causé une grande impression.

Les danses dans le harem sont celles des bohémiennes, plus indécentes peut-être ! Aujourd'hui, je suis restée tranquille pour me reposer, car je suis très fatiguée mais très intéressée par tout ce que je vois. On ne dirait jamais que nous avons en si peu de temps fait tant de chemin et visité tant de pays divers. Je fait collection de souvenirs et je te raconterai cela au coin du feu.

3. L'amiral Rigault de Genouilly (1807-1873). Amiral en 1864, sénateur en 1860, ministre de la Marine et des Colonies en 1867 en remplacement de Chasseloup-Laubat, il conservera son portefeuille jusqu'au 4 septembre 1870.

4. Jean-Bernard Jauréguiberry (1815-1887), promu contre-amiral le 24 mai 1869 et nommé la même année major de la flotte à Toulon. Sous la Troisième République, il sera ministre de la Marine dans les cabinets Waddington et Freycinet.

L'idée de Louis m'a bien amusée, et je suis curieuse de savoir *s'il fera sa liste* et ce qu'en dira le général ??? (sic)[5] dans sa lettre, il me dit que tu vas chasser à courre, mais je suppose qu'il prend son désir pour une réalité.

Donne-moi des nouvelles de mesdames de Montebello[6] et de La Moskowa[7]. »

Elle discute des heures durant sur l'Égypte avec Mariette, un des hommes les plus complets qui soient au monde, dit de lui l'un de ses amis : savant comme un bénédictin, courageux comme un zouave, patient comme un graveur en taille douce, naïf et bon comme un enfant, quoiqu'il s'emporte à tout propos, malheureux comme on ne l'est guère. « Il n'avait rien du pédant, écrit madame Des Garets, et devant la grande fresque qu'il nous découvrait, devant l'évocation de la préhistoire que nul n'avait étudiée avec plus de science, on sentait combien son sujet le possédait, combien l'Égypte avait pris toute sa vie. Ses pauvres yeux, frappés par l'ophtalmie, disaient assez les fatigues de ses longs travaux et l'infinie patience qu'il avait consa-

5. Il s'agit du général Charles-Auguste Frossard (1807-1875), nommé le 15 mars 1867 chef de la maison militaire et gouverneur du prince impérial.

6. Marie-Mathilde de Villeneuve-Bargemont, comtesse de Montebello, femme du général-comte Lannes de Montebello (aide de camp de l'empereur), dame du palais de l'impératrice. Elle mourra le 7 juin 1870.

7. Gabrielle de La Rochelambert (1829-1884), veuve en premières noces de Georges Huchet, comte de La Bédoyère (1814-1867), sénateur et chambellan de l'empereur. Elle se remarie le 16 janvier 1869 avec Napoléon-Henri-Edgar Ney (1812-1882), troisième prince de La Moskowa, général de brigade, grand veneur.

crée à son œuvre… Avec sa bonhomie courtoise, son indulgence pour notre ignorance, il nous instruisait sans se lasser et sans nous lasser. Il évoquait le prodigieux passé de l'Égypte, son histoire qui s'étend sur soixante-dix siècles et dont le mystère persista jusqu'au jour où la science surprit le secret, longtemps caché, de son écriture… Je sens encore l'émotion que ses récits éveillaient en moi. Ces siècles d'histoire, il les revivait ; ces personnages, il les connaissait, leur vie, leurs coutumes, leurs croyances, il les comprenait, il les voyait et il rapprochait de nous un lointain passé qui touchait presque à l'origine du monde. Mariette cherchait du côté de l'Égypte le premier témoignage écrit de la pensée humaine ; il nous montrait les tribus errantes de l'Asie, se fixant le long du Nil. Selon lui, et il insistait sur ce point de vue, nulle histoire ne s'appuyait sur des documents plus réels, monuments, palais, gigantesques travaux, tout ce qui ressuscite le passé… Cette antique Égypte, toujours jeune par son renouvellement incessant, nous apparaissait comme l'aïeule des nations.

« "Vous verrez, nous disait Mariette, quel sentiment de vénération elle vous inspirera. Son origine paraît toute proche de l'apparition de l'homme sur la terre, mais nulle décrépitude ne marque sa vieillesse ; sa physionomie garde quelque chose d'éternel, et l'on pense au récit que fait Platon du voyage de Solon en Égypte et de sa rencontre avec les prêtres de Saïs : 'Oh ! Solon, Solon, lui dirent ces prêtres, vous autres Grecs, vous êtes des enfants. En Grèce, il n'y a pas un vieillard !…'" Toutes les préférences de Mariette, tout son culte, peut-on dire, allait à la IVe dynastie et à sa parole les grandes figures de ses anciens rois surgissaient pour nous du fond des siècles…

« Il était assez difficile de suivre Mariette dans ses explications, parce que l'Impératrice, tout en l'écoutant religieusement, lui posait mille questions et lui faisait de fréquentes objections… Mariette s'était résigné à cet enseignement à bâtons rompus et répondait à toutes nos curiosités : "Mariette, parlez-nous de la reine Nitocis (la belle aux joues roses) que vous nous avez nommée hier, parlez-nous de Ramsès II qui régna soixante-sept ans et eut cent soixante-dix enfants !… Montrez-nous ceci, montrez-nous cela…" et nous l'accablions de questions sans jamais lasser sa patience… Certain soir, l'Impératrice invita Mariette à parler des Ptolémées. À cette époque, l'Égypte ne présente plus le puissant intérêt qui s'attachait à elle lorsque, sous les Pharaons, elle marchait à la tête des nations ; dès lors son histoire se traîne derrière celle de la Grèce, et cependant les Ptolémées font preuve d'une extrême tolérance, d'une vraie modération. On leur doit le grand mouvement dont Alexandrie est le centre et leur rôle fut immense dans le développement intellectuel qui caractérise leur dynastie. À ce moment de la conversation, l'Impératrice, qui a écouté attentivement Mariette, lui fait une objection :

« "Comment un peuple qui possède des conditions uniques de prospérité, qui, depuis des millénaires, a régné par les armes, l'industrie, les arts, qui a exercé avant tout le gouvernement des idées, n'a-t-il pas eu une puissance de réaction suffisante pour secouer le joug ? Et comment s'est-il résigné à une constante vassalité ? Car enfin, des Grecs il a passé aux Romains, de Rome à Constantinople, et ses maîtres en bien des points lui étaient inférieurs.

« – Mais, Madame, répond Mariette, la royauté en Égypte a été fondée il y a quatre mille cinq cents ans, peut-être un peu plus, peut-être un peu moins, en tout cas une pareille durée est digne d'admiration ; n'oublions pas toutefois que l'Égypte dut sa longévité moins à ses propres forces qu'à l'état du monde qui subit sa domination ; politiquement, elle était organisée pour l'immobilité et non l'évolution. Elle tirait toutes ses forces d'elle-même et, tant que les événements mirent sur sa route des peuples stationnaires comme elle, elle sut admirablement durer. Le jour où la Grèce, Rome introduisent dans la vie des peuples la loi du progrès, de ce qu'on appelle le progrès, peu à peu elle s'affaisse puis disparaît. Sa religion, l'immuabilité de son principe politique, l'autorité absolue des rois, c'était là toute sa puissance ; la première fêlure entama pour jamais l'armature qui paraissait si puissante. Peut-être un jour l'Égypte vassale trouvera-t-elle en elle-même la force de réaction dont parle Votre Majesté. Nul ne saurait le prévoir ; actuellement le joug est doux et rien ne fait présager un réveil d'indépendance que l'avenir pourtant peut lui réserver." »

Eugénie bout d'impatience d'aller voir ces sites archéologiques dont Mariette l'entretient avec tant de flamme et de talent. Elle n'a qu'une hâte, embarquer au plus tôt pour la Haute-Égypte, mais elle doit patienter vingt-quatre heures de plus, car sa flottille n'est pas encore prête. Les travaux de l'empereur sur l'histoire de Jules César ont éveillé sa curiosité pour l'Égypte antique. De là est née l'idée d'une croisière sur le Nil à la découverte des sanctuaires oubliés. Tout au long du XIXe siècle l'Égypte exerce un attrait considérable sur des générations d'Européens en mal d'Orient. Eugénie n'échappe pas au phénomène rémanent de l'égyptomanie qui appelle plus qu'aucune autre mode à l'exotisme. L'Égypte fournit par exemple des modèles aux architectes chargés de concevoir les décors des manifestations officielles de l'Empire. Comment ne pas évoquer le temple égyptien à portiques, inspiré de celui de Denderah, qu'on dresse autour de l'obélisque de la place de la Concorde pour la fête de l'empereur le 15 août 1866, ou encore la copie du kiosque de Philae érigée dans l'enceinte de l'exposition égyptienne en 1867 ?

L'impératrice a un besoin brûlant de l'ailleurs. Pour assouvir sa soif d'évasion, elle aménage des espaces poétiques où abriter ses rêves. Les « ailleurs » sont là, calfeutrés, mis en scène, miniaturisés. Dans ses décors oniriques, elle peut être ici et là-bas. Ainsi, avec les objets d'art rapportés par l'armée expéditionnaire de Chine, après le sac du palais d'Été en octobre 1860, elle crée en 1863 son propre musée. Elle aurait désiré également se faire offrir par Ismaïl Pacha les bijoux de la reine Aahhotep mis au jour dans la nécropole de Thèbes en 1859 et présentés à l'Exposition universelle de 1867. Chinoise dans son boudoir de Fontainebleau, elle serait devenue pharaone dans une autre pièce-musée qui restait à inventer. En remontant le Nil, elle se réfugiera dans des temps si lointains qu'elle espère échapper à l'emprise d'un présent auquel elle veut éviter de trop penser, même si chaque dépêche de Napoléon la ramène malgré elle à la réalité de l'actualité parisienne. Elle aime voyager dans l'espace et le temps comme elle aime se travestir. C'est sa manière de combler son vide, de poursuivre sa quête identitaire.

Télégramme de l'empereur, à Compiègne, à la comtesse de Pierrefonds au Caire, 24 octobre, 9 heures du matin

Si le télégraphe va vite, la poste va lentement. J'ai reçu hier seulement ta lettre du Pirée datée du

Mayer frères, l'impératrice Eugénie
costumée en Marie-Antoinette, 1854, © photothèque Hachette.

Mayer & Pierson, l'impératrice Eugénie, (photographie repeinte),
© Musée d'Unterlinden, Colmar, reproduction Chr. Kempf.

L'empereur et le prince impérial
en 1858, D.R.

L'impératrice et le prince
impérial en 1862, D.R.

L'impératrice Eugénie
en odalisque, après 1860, D.R.

Thiebault, photographie d'après nature
à Fontainebleau, D.R.

Portrait de l'impératrice emporté au Natal
par le prince impérial, D.R.

10 octobre. Delessert[8] part jeudi. Il emportera une lettre pour toi. Je crois qu'il est bon que tu écrives soit d'Égypte soit à ton retour à Paris [suite chiffrée]. Nous t'embrassons tendrement. Napoléon.

Télégramme de l'empereur, à Compiègne, à la comtesse de Pierrefonds au Caire, 25 octobre, 8 h 30 du matin

Hier, je n'ai reçu aucune nouvelle de toi. Aujourd'hui je reçois celle datée de Ghézireh. J'ai de bonnes nouvelles de ta mère : l'insurrection a été domptée partout. Il paraît que le projet de manifestation pour demain est abandonné. Les ministres sont repartis pour Paris. J'ignore encore qui j'inviterai. Louis va très bien. Nous t'embrassons tendrement. Napoléon.

Télégramme de l'empereur, aux Tuileries, à la comtesse de Pierrefonds au Caire, 26 octobre, 5 h 35 du soir

La journée du 26 s'est passée dans le plus grand calme. Napoléon.

L'excursion en Haute-Égypte dure ordinairement dix-huit jours environ. Du Caire à la seconde cataracte on s'arrête dans les localités qui offrent un intérêt historique : Boulaq, Minieh, Dendérah, Louqsor, Thèbes, Edfou, Assouan, l'île de Philae. La crue du Nil s'élevant cette année-là à une hauteur qu'elle n'avait pas atteinte de mémoire d'homme, l'inondation a envahi des monuments que l'impératrice ne pourra visiter qu'au

8. Henri-Édouard-Alexandre Delessert (1828-1898), littérateur et orientaliste, fils de Gabriel Delessert, ancien préfet de police sous la monarchie de Juillet. Critique et archéologue, il est l'un des fondateurs de *L'Athenaeum français*, revue hebdomadaire. Il est le frère de Cécile du Pouget de Nadaillac (1825-1887), qui accompagne l'impératrice.

retour. Le 26 octobre à 11 heures, la dahabieh *L'Impératrice*, avec à son bord Eugènie, ses deux nièces, leur gouvernante et deux demoiselles d'honneur, sort du port de Boulaq. Le comte Davillier, premier écuyer de l'empereur, veille au bon déroulement du programme arrêté avec Auguste Mariette, mais la fantaisie de la souveraine bouscule souvent ses plans. Elle prend son temps, d'autant qu'il est entendu qu'on ne navigue pas la nuit à cause des sinuosités du fleuve et des risques liés à la crue.

Lettre d'Eugénie à Louis, sur le Nil à bord de L'Impératrice, *28 octobre 1869*[9]

Bien cher enfant,

Je n'ai pas pu écrire par le dernier courrier, parce que je n'en ai pas eu le temps, mais ayant appris qu'un messager partait pour Le Caire, j'ai voulu en profiter et t'envoyer un petit mot. Quel délicieux voyage, j'en suis émerveillée. En Égypte, l'extrême civilisation avec les usines, les prises d'eau à la vapeur font contraste avec les temps grandioses des Pharaons. Au-delà d'une bande de culture sur les rives du Nil on aperçoit le désert. Les habitants demi-nus vivent dans de misérables huttes, le temps n'a point marché pour eux. L'humanité souffrante et patiente est bien représentée ici, mais je vois avec plaisir les efforts du Khédive pour améliorer le sort des fellahs.

Les Européens ici ne sont point faits pour faire aimer et apprécier notre civilisation. Que de mal nous faisons et nous nous faisons en encourageant au loin nos enfants perdus.

Tu visiteras un jour ce pays, l'écart aura sans doute disparu qui le sépare de nous, les habitants seront plus heureux mais le voyage sera moins intéressant.

9. A.N. 400 AP 75.

Si vous n'étiez si loin ton père et toi, j'aimerais prolonger notre voyage et remonter le Nil au-delà de la dernière cataracte, mais je crains que cela ne soit guère possible, cela me prendrait trop de temps.

Au revoir mon enfant chéri, je te presse contre mon cœur et je t'assure que rien ne vaut pour moi un regard de tes beaux yeux. Je t'embrasse, ta mère. Eugènie.

Nous avons trente-deux degrés centigrade à l'ombre à 9 heures du matin.

Le Nil est un monde à part. Les villages se succèdent, semblables à des ruches basses et poudreuses. La vie y est d'une monotonie parfaite, les paysages se suivent et se ressemblent, les montagnes s'approchent ou s'éloignent comme par caprice. Plus on remonte le fleuve en direction d'Assouan, plus la chaleur devient proprement accablante, surtout lorsque le khamsin, le vent du désert, se lève. *L'Impératrice* avance alors dans une vapeur opaque et oppressante, sous de grosses gouttes de pluie, tandis que le tonnerre gronde dans le lointain.

Télégramme de l'empereur, à Compiègne, à la comtesse de Pierrefonds au Caire, 28 octobre, 8 h 35 du matin

Je suis revenu hier à Compiègne. Toute la terre est couverte de neige. Nous suivons sur la carte ton voyage. Vœux sincères et très tendres. Napoléon.

Télégramme de l'empereur, à Compiègne, à la comtesse de Pierrefonds au Caire, 30 octobre, 9 h 20 du matin

Je reçois tes deux lettres de Constantinople. J'espère qu'on fera un récit détaillé de ton voyage. Il paraît que le duc de Gênes[10] sera nommé à Madrid[11]. Compiègne est assez triste. Nous t'embrassons tendrement. Napoléon.

31octobre 1869. À la hauteur de Louqsor, le Nil s'élargit considérablement. Il forme un lac vaste comme un bras de mer et envahit la plaine thébaine. Ses eaux ont retrouvé la couleur rousse qu'elles avaient au départ du Caire. Les escarpements des falaises roses tranchent de leurs arêtes vives le bleu du ciel. À perte de vue s'étendent des plantations de canne à sucre, des cultures en grand désordre où fourragent des animaux. Les chaussées sinueuses se faufilent à travers les marécages. Des bois de palmiers et de tamaris couvrent les berges. Le soleil cogne au plein de sa force. Chacun s'abrite comme il peut sous la toile que l'équipage a tendue au-dessus du pont, mais la fournaise interdit tout mouvement. Le vent a remonté. Il souffle maintenant du nord-est et apporte de l'air chaud un peu plus suffocant.

Tout a été préparé pour recevoir dignement celle que les Arabes appellent « Madame la sultane de France ». Du rivage à la colonnade, s'est formée en pente douce une montagne de sable qui engloutit le quai au-dessus duquel s'élevait il y a trois mille cinq cents ans le temple bâti par Aménophis III. Aux ruines se sont accrochées, comme des plantes parasites, des masures de briques crues où végètent de pauvres paysans. Sur le temple de Touthmès flottent les pavillons anglais, américain et turc. Des cafés borgnes ouvrent

10. Thomas-Albert-Victor de Savoie, duc de Gênes, né le 6 février 1854, neveu de Victor-Emmanuel II.

11. Les Espagnols, en pleine anarchie politique, se cherchent alors un roi.

au regard du passant leurs intérieurs sombres. Des fellahs dorment à l'ombre des portiques, des femmes se cachent à la vue des Européens, les enfants jouent dans le sable. Une allée de sphinx à tête de bélier, dont beaucoup ont disparu, emportés ou enfouis, conduit de Louqsor à Karnak. Du plus loin que porte le regard, s'offre aux yeux le spectacle saisissant d'un écroulement général de temples.

Eugénie accoste au débarcadère construit la veille à la hâte avec des troncs de palmiers. Elle se promène sur la berge sablonneuse comme une plage et croise les invités du khédive qui l'ont précédée sur le Nil.

L'impératrice leur adresse des paroles aimables comme elle sait si bien le faire. Elle les convie à venir prendre le thé sur sa dahabieh après le grand banquet donné sous une tente décorée de feuillages de palmiers. Toast au vice-roi par Lepsius, à l'union entre les peuples par Quatrefages, à l'impératrice par Taglioni, un conseiller de l'ambassade de Prusse à Paris. Les navires sont pavoisés et illuminés. Le reflet de leurs lumières dans le Nil est d'un effet magique. Dans la nuit phosphorescente, des chacals jappent. Leurs silhouettes se profilent au-dessus des amoncellements de ruines. Les flammes agitées des torches font ressembler les colonnes à des rangées de fantômes.

Lettre d'Eugénie à Napoléon, sur le Nil après Thèbes (s.d.) [12]

Je t'écris par une chaleur tropicale et dans une nuée de mouches. Je ne puis donc écrire long. Malgré tout je me porte à merveille. Ce climat me fait beaucoup de bien car malgré la chaleur l'air est léger et très facile à

12. A.N. 400 AP 43.

respirer. Carlos n'en souffre pas non plus. Je pense souvent à tout le bien qu'il te ferait, mais quel supplice que celui des mouches ! J'en suis malade de rage. C'est avec un chasse-mouches d'une main et ma plume de l'autre que je puis écrire. Je suis dans l'admiration du temple de Denderat. On ne conçoit pas que là comme à Karnak on ait pu placer des blocs de pierre qu'une génération de titans seuls ont pu remuer.

Je n'ai pas pu écrire mon voyage, mon temps est complètement pris, mais j'espère, une fois rentrée, pouvoir le faire à tête reposée. Au revoir, Cher Ami, je ne puis continuer, je suis en eau. Dis à Louis pourquoi je ne lui écris pas.

Dans quatre jours nous aurons passé le tropique et arriverons dans le Soudan. Nous irons jusqu'à Semneth. Ce sera le voyage le plus loin et fait avec le plus de rapidité. Le 13 nous serons de retour au Caire et le 16 à Port-Saïd.

Les excursions dans le désert se font à dos de chameau, une monture qu'en cavalière confirmée Eugénie a d'emblée adoptée. « Nous allions ainsi, raconte madame Des Garets, à cette allure berçante et souple, et nous nous arrêtions quelquefois pour de légers repas. On nous disait : “Ici, à l'endroit de ces masures, il y a un temple enseveli ; là, c'était une ville, plus loin un mausolée.” Il fallait bien le croire… Souvent des groupes de femmes nous apparaissaient, portant leurs enfants sur le dos, ou penchées un peu en arrière avec des cruches sur la tête et marchant du pas souple et cadencé qui les rend si harmonieuses. C'étaient des fellaouines, de bien pauvres et misérables femmes. Souvent l'une d'elles, plus hardie, voyant notre belle Impératrice marcher seule en avant, devinait en elle quelque princesse inconnue ; elle s'avançait, et lorsque l'Impératrice lui souriait en jetant quelques pièces blanches, toutes les autres suivaient et nous envoyaient des bénédictions. » Le vice-roi a exigé que les fellahs dans les temples où l'impératrice doit s'arrêter enfilent des chemises à manches longues et larges. La blancheur de leur vêtement fait ressortir les belles nuances de leur peau qui devient de plus en plus noire à mesure qu'on approche des frontières de la Nubie. Quelle idée ces gens doivent-ils avoir des Européens si les autorités les vexent ainsi souvent pour faire honneur à l'étranger de passage ?

Lettre d'Eugénie à Louis (s.d.)[13]

Mon bien cher enfant,

Hier, comme je te l'ai télégraphié, j'ai vu la chose la plus inouïe qu'on puisse imaginer. Figure-toi une poupée de quarante centimètres de haut, allant et venant et donnant une main plus petite que celle d'un petit singe. Je l'ai trouvée si extraordinaire que j'ai promis de te la faire voir à mon retour. Malheureusement elle est très laide, elle a l'air d'une petite vieille avec un nez énorme[14].

J'espère que tu soignes bien ton père. Il faut toujours avoir soin que les portes soient fermées et qu'on n'oublie pas le châle et sa pelisse. Je t'embrasse de tout mon cœur, amuse-toi bien, crois à la tendresse de ta mère. Eugénie.

13. A.N. 400 AP 75.

14. Faute d'autres documents, il n'est pas possible de préciser la nature de cette créature monstrueuse, humaine ou animale. On pourrait éventuellement la rapprocher du singe apprivoisé qu'Eugénie rapporta d'Égypte et qui amusa l'empereur par ses facéties à table.

Télégramme de l'empereur, à Compiègne, à la comtesse de Pierrefonds au Caire, 3 novembre, 8 h 40 du matin

Voici trois jours sans nouvelles. Cela me paraît bien long. Reçu ta lettre écrite à bord. Béhic[15] t'en portera une de moi. Nous t'embrassons tendrement. La princesse de Monaco[16] est grosse et ne pourra pas être à Monaco le 24. Napoléon.

3 novembre 1869. Assouan, l'ancienne Syene où mourut Juvénal, à quarante kilomètres seulement des tropiques. À la nuit tombante, toute la ville est éclairée de fanaux, des lanternes de couleur sont suspendues aux cordages des bateaux. Des flammes rouges et bleues, des feux de Bengale, allumés par intervalles, jettent des teintes fantastiques sur la grande place et les berges. Ils font voir les montagnes de la chaîne libyque sous un aspect gigantesque et féerique. Une solitude effrayante, hérissée de granits sombres, sépare Assouan de Philae.

Lettre de Napoléon à Eugénie, 4 novembre 1869[17]

Je profite du départ de monsieur Béhic pour t'écrire. Je suis sur la carte ton voyage et je suis souvent inquiet en pensant combien tu es loin de tout pays civilisé. Nous menons ici une vie bien monotone mais

15. Armand Béhic (1809-1891), ministre de l'Agriculture, du Commerce et des Travaux publics de 1863 à 1866, président du conseil d'administration de la Compagnie des Messageries impériales de1860 à 1863, puis de 1867 à 1890.

16. Marie-Victoire, née en 1850, fille du duc d'Hamilton et de la princesse Marie de Bade, cousine de l'empereur. Elle a épousé le 21 septembre 1869 Albert, duc de Valentinois, prince héréditaire de Monaco.

17. A.N. 400 AP 43.

qui me fait du bien. Je n'ai encore engagé personne car je ne me sens pas encore assez disposé pour être aimable. La situation politique est bien troublée ; les excitations des journaux démocratiques et des réunions publiques doivent amener tôt ou tard une émeute qui ferait l'effet de l'orage qui purifie l'atmosphère. D'ici là il faut avoir patience et supporter les violences des uns, les défaillances des autres, tout en se préparant pour soutenir le choc.

Louis va très bien et me demande aussi de tes nouvelles, il s'intéresse beaucoup à ta pauvre Marie Adam et voudrait savoir si elle est guérie. Il suit les chasses tous les jeudis. Je pense souvent qu'à ton retour tu t'ennuieras à Paris après avoir si longtemps respiré le grand air de la mer et du désert mais après tu retrouveras deux êtres qui t'aiment et qui tâcheront de te rendre le séjour sédentaire de la capitale moins fastidieux.

Adieu chère Amie, crois à ma sincère et tendre affection. Nous t'embrassons. Napoléon.

4 novembre 1869. L'impératrice fait dire qu'elle souhaite ne pas être dérangée au cours de son excursion à Philae, l'île sainte des Égyptiens qui renfermait le tombeau d'Osiris. Ce désir de ne pas rencontrer les invités du khédive aurait été manifesté semble-t-il à son insu. « Le fait est d'autant plus vraisemblable, fait remarquer Charles Taglioni, que l'Impératrice a toujours été d'une grâce et d'une amabilité parfaite, non seulement à l'égard des Français, mais encore envers tous les voyageurs appartenant à d'autres nationalités ». Des barques l'attendent pour la conduire à Philae. Les passes sont dangereuses. On y entend gronder la cataracte dont les derniers rochers obstruent le fleuve. Les mariniers entonnent un chant solennel et monotone ;

leurs rames battent en cadence les flots irrités, et le charme de cette musique, perpétuée par la tradition depuis des temps immémoriaux, ajoute un plaisir un peu âcre au danger couru. Enfin, Eugénie aborde dans ce lieu désert mais enchanté. La nature ici l'emporte sur l'architecture, et pourtant les temples sont beaux et ont conservé leurs peintures aux couleurs vives. L'impératrice admire les ruines du kiosque construit sous Tibère, plus élégant encore que la copie du Champ-de-Mars en 1867. Sur une inscription gravée dans la pierre, elle lit que l'armée française, commandée par Desaix, est arrivée victorieuse aux cataractes le 13 ventôse de l'an VII (3 mars 1799). Elle ressent une légitime fierté à l'évocation de cette page d'histoire.

> *Télégramme de l'empereur, à Compiègne, à la comtesse de Pierrefonds au Caire, via Malte, 5 novembre, 8 h 55 du matin*
>
> Je crains que tu n'ailles à la recherche des sources du Nil. Je t'ai écrit hier par monsieur Béhic. Nous t'embrassons tendrement. Napoléon.

Dans l'entourage impérial, des rivalités, de mesquines jalousies, de vagues intrigues commencent à se manifester. Dans cette ambiance discordante quelqu'un a dû répéter, en la dénaturant, une remarque un peu sévère de la souveraine sur l'un de ses officiers. Vexé à juste titre, celui-ci demande l'autorisation de rentrer en France.

« En un mot, regrette madame Des Garets qui relate l'incident, l'atmosphère de bonne entente et de cordialité qui avait jusqu'ici régné parmi nous paraissait compromise… Durant la journée dont je parle, la chaleur avait été écrasante ; à peine avions-nous pu dîner, malgré les efforts du cuisinier pour stimuler notre appétit par des plats épicés et de belles gelées qui, à peine à table, s'effondraient lamentablement. Nous nous nourrissions de bananes que nous absorbions en énormes quantités. L'Impératrice avait peine à obtenir que nous évitions les boissons glacées. Enfin, ce soir-là, comme nous étions tous très las, nous eûmes le loisir de nous retirer de bonne heure dans nos cabines. Bien entendu, je ne songeais nullement à me coucher et je m'abandonnai tout entière à la joie de ma solitude dans la nuit merveilleuse…

« J'étais là, perdue dans mon rêve… quand je vis ma porte s'ouvrir doucement et l'Impératrice entrer… Elle était enveloppée d'un peignoir blanc très léger, et elle paraissait très soucieuse et très lasse. “J'étais sûre que vous n'étiez pas couchée, fit-elle ; moi-même, je ne puis dormir…” Elle m'exprima tout de suite combien elle était ennuyée des petites intrigues qui se formaient autour d'elle ; ce qui la préoccupait le plus, c'était la décision prise par monsieur H… qui, dans une lettre fort déférente, du reste, prétextait des affaires de famille pour demander de reprendre sa liberté. Ce retour inopiné étonnerait l'Empereur et révélerait peut-être au public les dissentiments survenus dans son entourage. “Sans doute, me dit-elle, je n'ai pas toujours été maîtresse de mes nerfs, et j'ai pu dire des choses blessantes, mais aussi, il est trop susceptible.” Elle vit que j'avais peine à la suivre, j'étais encore somnolente, et tout cela me semblait d'un si faible intérêt.

« “Oh ! Madame, pourquoi s'occuper de ces misères : voyez, cette nuit est divine, et retrouverons-nous jamais de pareilles heures ? Que sont nos petites pensées, nos intérêts bornés devant un tel spectacle ?

Lorsque V.M. est entrée, je me sentais comme soulevée de terre dans ces champs de lumière où il n'y a plus que des pensées éternelles."

« Cependant je sentais bien le grand poids qu'elle avait sur le cœur ; il me fallait compatir à sa peine et lui demander en quoi je pouvais la servir.

« "Oh ! reprit-elle, je voudrais que vous parliez à M. H… C'est l'ami intime de votre oncle et vous pouvez le faire renoncer à un départ qui me causerait de grands ennuis."

« Je n'insistai pas, je la calmai de mon mieux et j'essayai de la distraire. L'Impératrice subissait des émotions très vives, mais passait rapidement d'une impression à une autre.

« Nous parlâmes longtemps du pays, et elle s'attacha à me faire comprendre et la pensée religieuse et ce culte des morts qui a dominé la vieille Égypte.

« "Quelle curieuse conception de l'au-delà, ajouta-t-elle. Les Égyptiens ne croyaient pas que nous nous composions d'un corps et d'une âme, mais bien d'un corps et d'un autre être plus léger, plus fluide, plus parfait, le double. Pour l'Égyptien, la mort n'amène pas l'anéantissement, c'est un dédoublement et un perfectionnement. Mariette vous a-t-il montré les reproductions des sculptures provenant de stèles funéraires ? Elles sont extrêmement curieuses ; j'en ai vu où le mort fait le dernier voyage par eau ; habillé comme à l'ordinaire, il gouverne lui-même l'embarcation. Ailleurs, enfermé dans un catafalque, il est entouré de pleureuses, suivi de nombreuses barques chargées de présents et accompagné des souhaits des prêtres : 'En paix, en paix, avec Osiris.' Voyez, c'est le souhait éternel des vivants aux morts, la paix !… J'ai toujours pensé que les Égyptiens avaient la grande supériorité de garder à leurs morts l'apparence de la vie ; elle est si affreuse cette décomposition du tombeau : se dire qu'un être jeune, beau et fort deviendra en quelques heures un objet d'horreur, même pour ceux qui l'auront le plus aimé ! Je n'ai jamais pu accepter l'idée de la destruction totale qui me révolte, surtout depuis la mort de ma sœur. Mais vous ne me semblez pas saisir la théorie égyptienne de la mort ; il est vrai qu'à votre âge on n'a jamais pensé profondément à la fin de tout."

« L'Impératrice se taisait ; je devais lui répondre. Je lui avouai donc que pour ma part, ces petites promenades en bateau, ces voyages par terre et par eau, ces vêtements de rechange, ces aliments, ces objets précieux, cette continuation de la vie terrestre, tout, en un mot, me semblait bizarre et confus, car enfin, le double formait comme une projection du mort ; et, plus parfait, plus aérien, plus dégagé, ce double vivait enfermé dans un tombeau. Pendant ce temps, que devenait l'autre ? où abordait-il, cet être qui ramait vers des régions de mystère ?

« "Est-ce que l'idée chrétienne ne nous laisse pas devant le même troublant mystère ?

– Oh ! assurément, mais pour le chrétien, l'idée est tellement différente : pour lui, la mort est la rançon du péché, et la corruption de la chair qui indigne tellement V.M. en est l'expiation… Et puis, c'est certainement admirable de conserver si proprement, si joliment ses morts ; mais Votre Majesté serait-elle satisfaite à la pensée que dans mille ou deux mille ans sa momie pourrait orner une vitrine du Louvre ou du British Museum… Ces fouilles me paraissent tellement sacrilèges !

– C'est vrai, répondit-elle, mais il n'en reste pas moins que l'idée de survie, qui a hanté l'âme des Égyptiens au cours de tant de siècles, confère à ce peuple une réelle grandeur. Il est, je crois, peu de prières plus belles que cette invocation à son juge d'un être saisi par la mort : Hommage à toi, Dieu grand, Seigneur de vérité et de justice ; je suis venu vers toi, ô mon Maître, je me présente à toi pour contempler tes perfections. Que c'est beau ! J'ai copié cette invocation tirée du Livre des morts, livre fort ancien, et d'une morale beaucoup plus élevée que celle des époques où l'Égypte, perdant la notion du Dieu unique, arriva par degrés au polythéisme."

« L'Impératrice avait repris toute son animation ; elle me parlait de tout ce qui l'avait frappée dans un passé qui l'enthousiasmait. Je me sentais fort ignorante, fort peu capable de discuter les grandes données philosophiques et religieuses qu'elle voulait approfondir, mais je constatais avec joie que les heures de causerie et d'abandon lui avaient fait un bien réel… L'Impératrice se leva pour essayer de dormir un peu. Je l'accompagnai jusqu'à sa cabine, et comme elle me défendait de réveiller ses femmes, je lui préparai moi-même sa boisson calmante accoutumée ; elle s'étendit sur sa couchette et se mit à rire quand je lui souhaitai de rester "en paix avec Osiris". »

Télégramme de l'empereur, à Compiègne, à la comtesse de Pierrefonds au Caire, via Malte, 6 novembre, 9 heures du matin

Je reçois ta dépêche qui m'annonce ton voyage en Nubie. Il me tarde de te savoir revenue. Ici rien de nouveau. Nous faisons des vœux pour ton retour. Nous t'embrassons tendrement. Napoléon.

Eugénie regrette de ne pouvoir s'attarder plus longtemps sur le Nil. En effet, nulle part ailleurs elle n'a joui d'une aussi complète liberté de mouvement. Le vice-roi a mis tous ses soins à faciliter ses escapades en solitaire. Il lui a assuré des montures, un approvisionnement permanent, une grande facilité de communications. Elle a chevauché dans le désert, heureuse et ivre de son indépendance, loin des villages, sans aucune contrainte. Elle a suivi son caprice, elle a recherché l'imprévu, ne s'est inquiétée d'aucun confort, n'a craint aucune fatigue, s'est passée de boire et de manger, se grisant de lumière, de chaleur et d'espace.

Télégramme de l'empereur, à Compiègne, à la comtesse de Pierrefonds au Caire, via Malte, 7 novembre, 8 h 40 du matin

Nous avons reçu hier les bananes. Louis en a été enchanté. Nous attendons de tes nouvelles. Nous t'embrassons tendrement. Napoléon.

Télégramme de l'empereur, à Compiègne, à la comtesse de Pierrefonds au Caire, via Malte, 8 novembre, 9 h 05 du matin

Nous voilà encore depuis deux jours sans nouvelles. C'est bien long. Le roi d'Italie est dangereusement malade. Napoléon et Clotilde [18] sont partis avant-hier en toute hâte. Nous sommes fâchés contre vous et cependant nous vous embrassons tendrement. Napoléon.

18. Le prince Napoléon (1822-1891), cousin germain de l'empereur, a épousé en 1859 Marie-Clotilde de Savoie (1843-1911), la fille de Victor-Emmanuel II.

> *Télégramme de l'empereur, à Compiègne, à la comtesse de Pierrefonds au Caire, via Malte, 9 novembre, 10 h 55 du matin*
>
> Je reçois ta dépêche. Tu me dis que tu n'iras pas à Suez ; cela ferait un bien mauvais effet si tu n'assistais pas à l'inauguration du canal. Il vaudrait mieux ne pas être ici pour l'ouverture des Chambres. Les élections n'auront lieu que le 21 novembre. Nous t'embrassons tendrement. Napoléon.

Elle aimerait abréger son séjour pour rentrer à Paris avant le 29 novembre, jour de l'ouverture des Chambres. Sa place, estime-t-elle, est auprès de l'empereur. Qu'importe après tout si elle fausse compagnie au vice-roi et à ses hôtes ? Elle cède parfois à de curieuses impulsions. Elle s'aveugle, trébuche, perd la juste mesure des choses et ne craint pas de commettre de graves entorses à ses propres principes. Le jour de l'inauguration du canal, elle sait qu'elle représentera l'Empire et que ce jour-là couronnera quinze années d'efforts et de manœuvres qui imposeront durablement la France dans cette région du monde. Eh bien, la voilà qui hésite, tentée de déserter et d'abandonner à d'autres les bénéfices d'une stratégie pourtant payante. Napoléon est sidéré par ce qu'elle lui annonce, mais il ose à peine la contredire. On devine chez lui une certaine lassitude à devoir la rappeler au bon sens de la réalité. Il préférerait évidemment qu'elle comprenne où est son devoir. En se partageant la tâche et en se dédoublant, ils sont partout à la fois, ils occupent toute la ligne de front : elle, là où brillent les honneurs, lui, là où le feu couve. Contrairement à elle, il estime que la place de l'impératrice n'est pas à Paris. Elle n'insiste pas. Tant pis si elle est retenue à Ismaïlia et à Suez plus longtemps qu'elle ne l'a cru d'abord.

Le trajet de retour au Caire se fait en moins de jours qu'à l'aller car le courant pousse la flottille vers le Delta. Le 12 novembre au soir, Eugénie rentre au palais de Ghizeh en excellente santé. Dès le lendemain, elle reprend le train pour Alexandrie d'où *L'Aigle* la conduira à Port-Saïd. Pendant ce temps, les préparatifs de l'inauguration du canal se poursuivent avec fébrilité. Un incendie a éclaté à Ismaïlia dans la nuit du 12, mais le sinistre rapidement circonscrit a épargné la ville et détruit seulement un magasin sans importance.

Télégramme de l'empereur, à Compiègne, à la comtesse de Pierrefonds au Caire, via Malte, 12 novembre, 6 h 15 du soir

Je reçois tes deux dépêches chiffrées. Fais ce que tu crois le plus convenable. Les ambassadeurs de Constantinople vont à Suez, mais Bourée reste à Constantinople. Nous sommes heureux de te savoir arrivée au Caire. Napoléon.

Le vice-roi aimerait offrir à Eugénie pour sa fête un spectacle grandiose au pied des pyramides. Il imagine déjà dix mille soldats vêtus de blanc et armés de torches étagés sur les degrés des tombeaux, depuis la base jusqu'au faîte, tandis que des milliers de bédouins exécuteraient des fantasias frénétiques dans le rayonnement des flammes et dans l'azur transparent de la nuit. Assurément cela serait splendide, mais l'impératrice l'en dissuade, trop soucieuse de préserver son incognito, effrayée par l'ampleur d'un tel projet. Elle se contenterait d'une messe célébrée à l'angle nord de Chéops, là où, selon la tradition, étaient massées les phalanges françaises auxquelles Bonaparte adressa cette parole devenue légendaire : « Soldats, du haut de ces pyramides quarante siècles vous contemplent ! »

> *Télégramme de l'empereur, à Compiègne, à la comtesse de Pierrefonds au Caire, via Malte, 13 novembre, 11 h 25 du matin*
>
> J'aurais bien voulu rester plus longtemps ici mais je dois aller où le devoir m'appelle. Tu as vu les pyramides et les quarante siècles t'ont contemplée. Nous t'embrassons tendrement. Napoléon.
>
> *Télégramme de l'empereur, à Compiègne, à la comtesse de Pierrefonds au Caire, via Malte, 14 novembre, 9 h 55 du matin.*
>
> C'est demain ta fête, nous la célébrons en pensant à toi et en t'embrassant. Tous nos vœux qui partent de cœurs qui t'aiment tendrement. Napoléon et Louis.

L'impératrice préfère fêter la Sainte-Eugénie à bord de *L'Aigle* avec ses marins, comme « en famille ». Elle organise une loterie et s'amuse même à rédiger les billets. Elle indique sur les lots gagnants des officiers : « Bon pour une réception à Compiègne. Eugénie », sur les perdants : « Bon pour une barrique d'eau du Nil. » Pour les matelots, elle a prévu de distribuer diverses sommes d'argent. Elle a inscrit « Bon pour une dot. Eugénie » sur les billets tirés par les marins en âge d'avoir des filles à marier. L'équipage est ravi. Il lui offre en cadeau une réduction de la colonne de Pompée et de l'aiguille de Cléopâtre, les deux monuments importants d'Alexandrie, le tout enfermé dans une caisse en olivier confectionnée par les charpentiers du bord.

Le lendemain 15 novembre, à 3 heures de l'après-midi, *L'Aigle* sort de la rade d'Alexandrie par beau temps mais sous un ciel nuageux. Il met le cap à l'est et se dirige vers Port-Saïd. Passera-t-il ou ne passera-t-il pas dans le canal ? La question de la réussite de cette traversée inaugurale agite les esprits. Elle est polémique et cruciale. Si l'opération rate, on mesure aisément la gravité des conséquences tant politiques que financières pour cette immense entreprise. Certains parient que les vaisseaux s'échoueront, d'autres au contraire assurent qu'il n'y a aucune raison de douter qu'ils franchiront le canal avec succès. Ferdinand de Lesseps aurait-il pris le risque d'essuyer un fiasco en présence des sommités et des journalistes du monde entier s'il n'était sûr de son coup ?

Télégramme de l'empereur, à Compiègne, à la comtesse de Pierrefonds à Port-Saïd, 15 novembre, 2 h 30 du soir

J'espère que tu auras fait une bonne traversée. J'ai des dépêches pour toi de Mathilde[19], Anna[20], les maréchaux, la reine Christine[21], ta mère, etc. Tu peux donner la croix de commandeur au colonel

19. La princesse Mathilde (1820-1904), cousine germaine de l'empereur, sœur du prince Napoléon.

20. Anna Murat, duchesse de Mouchy (1841-1879), fille de Napoléon-Lucien-Charles Murat et de Caroline-Georgina Fraser, petite-nièce de Napoléon Ier.

21. Marie-Christine de Bourbon-Naples (1806-1878), reine d'Espagne, épouse de Ferdinand VII, mère d'Isabelle II. Régente du royaume en 1833, en 1854 elle s'exile définitivement en France à la suite d'un soulèvement.

Mircher[22] et celle d'officier au chef de bataillon Rapatel[23]. Ce soir feu d'artifice en ton honneur. Nous t'embrassons doublement aujourd'hui. Napoléon.

22. Hippolyte-Étienne Mircher, colonel au corps d'état-major, chef de la mission militaire française en Égypte.
23. Charles Rapatel, chef de bataillon au corps d'état-major, attaché à la mission militaire française en Égypte.

CHAPITRE X

Dans l'isthme de Suez

16 novembre 1869, 9 h 15 du matin. Après une assez mauvaise traversée, *L'Aigle* par un temps magnifique arrive à Port-Saïd. Deux jetées longues de deux kilomètres, construites en blocs artificiels, protègent le chenal qui conduit à trois grands bassins. Cinq frégates cuirassées de l'escadre anglaise, deux frégates autrichiennes et une corvette russe arborant le pavillon princier au grand mât mouillent en dehors du port encombré de yachts et de vaisseaux de guerre. Des milliers de bannières et de banderoles flottent au vent. La ville européenne s'organise autour d'une place octogonale d'où rayonnent les rues principales le long desquelles on a édifié des centaines de chalets en bois peint ou blanchi à la chaux. Une promenade élégante longe le bord de mer. Lesseps lui a donné le nom de quai Eugénie.

L'Aigle défile au milieu des lignes de la division navale du Levant de l'amiral Moulac et des navires prussiens, norvégiens, danois, italiens et égyptiens. Tous ont hissé le grand pavois et saluent de deux coups de canon l'impératrice qui se tient debout sur la dunette. *L'Aigle* se range à la gauche du *Marroussia*, le luxueux yacht d'Ismaïl à la droite duquel le *Greif*, le brick de l'empereur d'Autriche, a déjà jeté l'ancre. Pendant trois heures, jusqu'à midi et demi, Eugénie reçoit les personnalités qui viennent lui présenter leurs hommages. Dans l'ordre, le khédive, le commandant de la frégate hollandaise, l'amiral autrichien, l'empereur d'Autriche, le couple princier des Pays-Bas, l'amiral anglais, les commandants des frégates danoises, le prince royal de Prusse. Interrompu par le déjeuner, ce ballet recommence l'après-midi avec les ambassadeurs de Grande-Bretagne et de Russie à Constantinople. Les souverains et les princes se rendent la politesse de leur visite. À chacune d'elles, des salves de canons retentissent dans un fracas assommant.

Rendez-vous est pris dans l'après-midi pour assister à la bénédiction du canal qui sera célébrée sur la plage à l'ouest du port. Il est prévu qu'Eugénie débarquera la première, mais elle est en retard sur l'horaire. François-Joseph, d'une ponctualité militaire, refuse de partir sans elle. Au bas de l'échelle de *L'Aigle* la chaloupe attend qu'Eugénie soit enfin prête à descendre. Le prince royal de Prusse arrive à son tour, il serre la main de l'empereur. Tous les deux piétinent sur l'estacade. Le canot impérial accoste enfin ; François-Joseph se précipite pour donner la main à l'impératrice. Dans une confusion indescriptible, les voitures s'acheminent vers la plage. Une batterie d'artillerie et deux régiments d'infanterie égyptienne forment la haie sur le passage du cortège.

« À trois heures un quart, rapporte l'un des correspondants de presse, S.A. le Khédive qui paraît, précédé d'une trentaine d'étendards, accompagne l'impératrice Eugénie qui donne le bras à l'empereur d'Autriche, et suivi de l'émir Abdel-Kader, dont le burnous blanc est couvert de décorations… Le nombreux cortège de dames, d'officiers, de grands personnages qui suit les souverains, est d'une rare magnificence, et jamais, sans doute, on n'a vu pareille réunion des plus beaux costumes d'Orient et d'Occident confondus ensemble ; quelques Circassiens, des pachas, des chefs de tribus africaines et surtout un groupe nombreux de magnats hongrois, en superbe apparat de hussards, ont particulièrement attiré les regards, mais la palme de la journée appartient à l'impératrice qui a charmé tout le monde par la bonne grâce et l'exquise élégance de sa toilette d'été, en poult-de-soie gris clair, un peu rosé, garnie de dentelles blanches d'Alençon, sans le moindre diamant. S.M. portait un petit chapeau de feutre noir, orné de deux plumes d'autruche de même couleur. »

Deux autels ont été dressés par les soins de l'administration de la Compagnie, l'un orné de la croix de Jérusalem, l'autre du croissant du Prophète. C'est là qu'officient séparément les ministres des cultes chrétien et musulman. L'abbé Marie-Bernard Bauer, prédicateur de renom et desservant à la chapelle des Tuileries, prononce un discours théâtral et dépourvu d'émotion. Il fait l'éloge des princes égyptiens qui ont encouragé l'entreprise du canal, des souverains européens qui l'ont patronnée, des actionnaires et des habiles ouvriers de la Compagnie qui ont contribué à sa réalisation ; il glorifie le génie élevé, la persévérance infatigable de Ferdinand de Lesseps. Le cheikh de la mosquée d'El-Azhar se lève à son tour. Il parle d'une œuvre destinée à unir fraternellement tous les peuples, à favoriser les progrès du bien-être et de la vérité ; il invoque la protection de Dieu, père commun de tous les hommes, sur cette fête de la civilisation, de la paix et du travail. « La voix du cheikh qu'accompagnait comme une mélopée lointaine le bruit sourd de la vague, se développant en houle légère et venant se briser lentement à des intervalles réguliers sur le sable de la plage, ces têtes couronnées, cette foule déguenillée, ce glorieux soleil de l'Égypte, tout concourait à former un ensemble émouvant », dira Nubar Pacha.

Le soir, l'impératrice donne un grand dîner à bord de *L'Aigle*. La journée s'achève par un feu d'artifice tiré sur l'eau. De longues lignes de feux courent sur les mâts et les vergues, les musiques militaires jouent sur chaque bord. *Le Maroussia* ruisselle de lumières et des bombes éblouissantes éclairent a giorno le port. Les illuminations donnent à la rade de Port-Saïd un aspect magique. Eugénie se mêle incognito à la cohue des spectateurs massés sur le quai, touristes voyageant à leurs frais ou invités de Lesseps et d'Ismaïl. On entend parler dans toutes les langues. L'Europe, l'Asie et l'Afrique se rencontrent dans l'isthme de Suez. Des princes sont venus de Kaboul, de la Perse, du Turkestan, de l'Arménie, de la Caramanie, de l'Asie Mineure, de la Cynéraïque, de la régence de Tunis, de la Nubie, de l'Abyssinie. Il en est venu d'autres de Dehli, de Lahore, de Bagdad, d'Erzeroum, de Trébizonde, de Tanger, d'Alger. Dans la nuit, le *Latif*, une corvette égyptienne envoyée en exploration sur le canal, s'est échouée suite à une mauvaise manœuvre du capitaine. On envoie trois cents hommes pour la pousser sur le côté et libérer le passage. Le vice-roi accompagné de Lesseps prend la direction des opérations de renflouage. Contrarié et fou de rage, Ismaïl a menacé d'empaler quelques officiers.

Le mercredi 17 novembre 1869 à 8 heures, *L'Aigle*, en tête des soixante-quinze bâtiments inscrits pour faire cette première traversée, s'engage entre les deux rives du canal au bruit des salves d'artillerie. Deux grands obélisques de bois en marquent l'entrée. Le yacht de l'empereur d'Autriche suit celui d'Eugénie à une distance de six cents mètres environ. À chaque nouveau bâtiment qui pénètre dans le chenal, les équipages et les passagers échangent de bruyantes acclamations avec les populations qui se pressent sur les berges. Des cavaliers arabes montés sur des chameaux lancent à fond leurs montures dans l'espoir de les dépasser.

Télégramme de l'empereur, à Compiègne, à la comtesse de Pierrefonds à Port-Saïd, 17 novembre, 9 h 25 du matin

Nous sommes heureux d'apprendre que tu es contente de ta réception. Ici nous attendons le résultat des élections qui seront toujours mauvaises. Je te prie de faire mes amitiés à l'empereur et aux princes présents en Égypte. Nous t'embrassons tendrement. Napoléon.

Lesseps et ses collaborateurs ont pris place à bord de *L'Aigle*. Eugénie se fait donner des détails précis sur la conduite des travaux. Les ingénieurs lui expliquent combien était géniale dans sa simplicité l'idée de creuser à la fois un canal de navigation et un canal d'eau douce qui a servi au transport des matériaux et apportera la fertilité à ces « terres de la soif ». Ils lui racontent les difficultés journalières du dragage, du nivellement, de la construction des tranchées. « Ah ! s'exclame-t-elle, ce que peut la volonté d'un homme est sans limite ! Planter sa tente, un jour, sur ce sable aride, et dire au monde entier : "Fais-moi confiance, il n'y a pas ici un brin d'herbe, le soleil brûle la terre désolée, le simoun ravage les êtres et les choses, et la soif les dévore, mais là où tout meurt je sèmerai la vie ; sur ces terres abandonnées il y aura des champs, des jardins, des palais et des villes, et tous les bateaux du monde passeront devant ces rives." »

En quittant Port-Saïd, le canal débute par une courbe assez prononcée qui en rend l'accès difficile. Il s'étend à travers les lacs Menzaleh sur une ligne droite de quarante kilomètres et offre, dans cette partie, une largeur de cent mètres et une profondeur de huit mètres. Des dizaines de milliers de flamants s'envolent au passage de *L'Aigle* comme des nuages roses qui monteraient de la surface de l'eau. On arrive à Kantara où existe l'unique garage entre Port-Saïd et Ismaïlia. À partir de là, le canal beaucoup moins large traverse des monticules de sable jusqu'aux lacs Ballah. La progression devient plus difficile, le yacht ralentit sa marche. Surville gouverne avec une précision quasi mathématique pour se maintenir constamment dans les plus grands fonds. Sous l'ordre des officiers, des matelots jettent la sonde. Le canal a vingt-deux mètres de plafond, *L'Aigle* en mesure dix-neuf hors tambour ! Aussi l'embardée la plus légère est-elle presque inévitable à cause du renvoi de l'eau occasionné par le remous ; elle suffirait à provoquer un échouage. Le commandant a demandé à Lesseps de le rejoindre sur la passerelle pour l'aider à repérer les obstacles. Les ingénieurs de la Compagnie paraissent soudain inquiets sur l'issue de leur mission. Une pression énorme s'exerce sur Surville. Il est tendu, concentré, conscient de ses responsabilités, car il est de son devoir de réussir cette traversée. En effet, les enjeux sont considérables. Il l'a dit au ministre. « Il est à désirer, Amiral, que la réussite du passage de *L'Aigle* à travers l'isthme justifie la présence de l'Impératrice et que, d'un autre côté, elle apporte à la Compagnie des capitaux indispensables au complément de l'œuvre, car si la communication de la Méditerranée à la mer Rouge est aujourd'hui un fait certain, il n'en reste pas moins dans ma conviction que le canal n'est actuellement praticable que pour les bâtiments moyens, non pour ceux d'un fort tonnage et surtout pour des navires aussi larges que *L'Aigle*. » Du succès de cette traversée dépend l'honneur de la Marine et de la France. Heureusement, le yacht n'est pas une corvette ordinaire[1]. C'est un magnifique bâtiment au profil racé de fonceur. Surville est fier des prouesses de son bateau, il le possède bien, il sait qu'il est fiable.

Seulement, peu avant la courbe d'El-Fardane, au seuil d'El-Guisr, la situation se complique franchement. Son percement a nécessité l'extraction de onze millions de mètres cubes de sable. L'armée égyptienne a fourni les bras, les excaveurs à sec de la société Couvreux et les dragues de Borel et Lavalley ont fait le reste du travail. Au seuil d'El-Guisr, le canal n'a que quatre mètres quatre-vingts de profondeur sur une largeur de quatre mètres. Or *L'Aigle* en cale quatre mètres soixante et onze à l'arrière. La voie d'eau se rétrécit tellement que les roues du yacht touchent presque les

1. Mise en chantier à l'arsenal de Cherbourg le 18 décembre 1857 sur des plans de Dupuy de Lôme, cette corvette construite spécialement pour servir de yacht impérial est lancée le 23 décembre de l'année suivante. D'une longueur de 90 m (hors tout), d'une largeur de 10,50 m, elle déplace 1 400 tonnes, elle est à double propulsion, à la voile et à la vapeur. Équipée de six chaudières, d'une machine de 500 chevaux à cylindres oscillants de Mazeline à moyenne pression et de roues à aubes articulées, elle est gréée en trois-mâts. Sa vitesse est de 15 nœuds aux essais. *L'Aigle* compte 180 hommes d'équipage. Aménagé à l'intérieur par la maison Fourdinois, le yacht offre tout le luxe et le confort des appartements impériaux. Désarmé le 1er décembre 1870, il sera transformé en chaloupe canonnière sous le nom de *Rapide* en 1873, et réformé en 1891.

deux bords et heurtent les bouées du balisage. Surville ne peut éviter la collision avec le *Latif* que dans la nuit précédente on a négligemment abandonné là. « En cet endroit même les ingénieurs s'étaient aperçus, consigne le commandant à l'intention de l'amiral Rigault de Genouilly, dans les premiers jours de novembre, que sur une longueur assez considérable le canal n'avait été creusé qu'à quatre mètres, aussi y avaient-ils accumulé de nombreuses dragues qui travaillaient encore dans la matinée du jour de l'inauguration. On avait garé ces dragues autant que possible pour laisser passer *L'Aigle* et les bâtiments qui le suivaient ; mais le chenal était si réduit que, pour ne point s'échouer, le yacht a dû passer à cinquante centimètres des lignes qu'elles formaient. Par une négligence inconcevable, on avait laissé accosté sur la rive, un peu plus loin que les dragues, un petit remorqueur à roue. Pour ne pas tomber sur la berge opposée, *L'Aigle* a été obligé de passer de manière à écraser le tambour de ce bateau. Quelques mètres plus loin la roue de tribord a frappé sur un épi oublié dans le canal et il en est résulté la rupture de trois pales et le faussement de quelques articulations. » Le canal débouche ensuite sur le lac Timsah par une courbe en S tellement difficile à franchir que la Compagnie poursuit les travaux pour en rectifier les contours. Le lac Timsah, station centrale du canal, est un port admirable en plein désert.

Vers 5 h 30 de l'après-midi, une légère fumée et l'extrémité d'une mâture ornée du pavillon impérial surgissent au-dessus des hautes berges sablonneuses. *L'Aigle* est en vue d'Ismaïlia. Il est passé ; l'entreprise est sauvée et la fête peut commencer. Il y a quelques années encore, ce bas-fond de Timsah n'était qu'un marécage couvert de roseaux où les nomades venaient chasser le sanglier. C'est devenu une rade intérieure superbe. Le coup d'œil sur cette ville d'allure cosmopolite est surprenant. Sur ce vaste espace de dunes accidentées en pente douce, le khédive a réuni dans un immense camp de tentes et de mosquées mobiles les députations des tribus des déserts libyque et arabique. *L'Aigle*, dont l'avant est couvert de matelots, passe lentement. Ses roues tournent à peine, avec une prudence et des précautions qui ajoutent à la solennité de l'heure. Il débouche enfin dans le bassin. Sur la dunette, l'impératrice agite son mouchoir. Toutes les batteries tonnent, la foule applaudit, les chapeaux volent, des larmes coulent, on s'embrasse de joie. « Ah ! c'est que je vous jure qu'il ne nous avait jamais été donné d'assister à pareil spectacle et dans de pareilles conditions, rapporte subjugué un témoin. Tout surgissait à la fois à notre esprit, comme à celui des dix mille spectateurs de cette scène. Les luttes, les transes, les misères souffertes et le triomphe enfin venant, après dix ans, couronner un tel labeur, sous un ciel splendide, au bruit du canon, des hourras, des fusillades ! Non, je le répète, il n'était pas possible de voir une scène, et physique et morale, aussi grandiose, dans une plus majestueuse simplicité. » Le *Greif* arrive cinq cents mètres derrière. François-Joseph, en veste de voyage, en chapeau couvert de mousseline flottante, se tient debout sur le tambour et salue lui aussi. Puis viennent le prince de Prusse, le prince des Pays-Bas. Durant tout le trajet, Eugénie a subi elle-même une telle pression qu'elle se rend en pleurant sur la passerelle féliciter le commandant. L'isthme est fait ! l'isthme existe ! Au dîner, elle est prise d'une crise nerveuse qui l'oblige à se lever de table.

Jeudi 18 novembre 1869, 9 heures. Le canon retentit. L'impératrice débarque et fait son entrée dans Ismaïlia, aux côtés de François-Joseph, dans une voiture de suite attelée de huit dromadaires blancs. Elle porte une amazone de coutil blanc et un petit casque colonial. Le visage de l'empereur se dérobe sous les ailes d'un gigantesque panama. Derrière eux, Ismaïl, en redingote noire, pantalon gris et tarbouch, conduit lui-même une victoria très simple. Un grand break, avec les dames d'honneur, les chambellans, les écuyers ferme la marche. Une avenue large et bien macadamisée conduit du port à la ville. Celle-ci est bâtie au cordeau sur un plan analogue à celui de Port-Saïd. Eugénie, décidée à profiter de tous les spectacles qui se donnent en ville, se laisse entraîner loin des obligations du programme officiel. Elle assiste à une fantasia exécutée par un millier de cavaliers sinaïtes habillés de gandouras rouges ou blanches, elle participe à une course d'ânes, elle part se promener à dos de dromadaire pour admirer du haut des dunes ce champ de toiles aux couleurs bariolées posé sur le sable. Dans le camp arabe, elle circule entre les troupeaux de bestiaux, les groupes d'enfants, les échoppes des barbiers ou des cafetiers. Elle s'attarde un instant à regarder danser des derviches tourneurs. Ces scènes pittoresques sont celles d'une vaste foire où la musique enragée des fifres aigus et des tambourins remplace les fanfares des bateleurs de Saint-Cloud. Partout c'est la fête, on ripaille, le vin coule à flots sous les tentes où l'on a dressé des buffets permanents. « Nous étions tous très gais, reconnaît madame Des Garets. Après ces jours passés dans la vieille Égypte, dans ce pays vénérable où les morts tiennent une bien plus grande place que les vivants, nous subissions une réaction joyeuse à sentir autour de nous ce pays neuf où tout respirait la vie heureuse, la jeunesse, et comme une grande espérance. Nous approchions de la maison de Lesseps, lorsque nous vîmes celui-ci venir à notre rencontre. Il montait un délicieux cheval arabe léger comme une gazelle, et il nous escorta jusqu'au chalet où nous retrouvâmes l'Impératrice. »

Le soir, il y a illumination générale, puis bal au palais du khédive. Nulle part les efforts du vice-roi pour fêter la réunion des deux mers ne sont apparus de façon plus éclatante qu'à ce bal éblouissant avec ses décorations de fleurs et de lumières. Le palais, dont les salons aux lustres de cristal et aux glaces colossales sur les murs peuvent rivaliser avec les plus beaux d'Europe, a été construit spécialement pour la circonstance en un temps record. Quoique très vastes, les salles suffisent à peine à contenir les quatre à cinq mille invités qui s'y pressent. Princes, princesses, ambassadeurs, ministres, amiraux, généraux, grand-croix, grands officiers, présidents de cours, académiciens, artistes, gens de lettres, représentants de toutes les grandes industries, de toutes les grandes affaires européennes, s'y coudoient avec les pachas, les beys, les cheikhs arabes et toutes les notabilités égyptiennes. Dans ce contraste frappant des costumes et des physionomies, on pourrait se croire à un bal aux Tuileries ou au palais de Buckingham.

Vers 10 heures un grand mouvement se produit. L'impératrice, à laquelle Ismaïl donne le bras, et l'empereur d'Autriche, suivis de leur maison, font leur entrée. Eugénie, couverte de diamants, est radieuse. Des cris d'enthousiasme éclatent sur son passage. Pendant toute la soirée, on se bouscule pour l'approcher et lui donner des marques de respectueuse sympathie. La circulation dans le palais devient impossible, il faut même à plusieurs reprises fermer les portes du grand salon. Un souper au menu étourdissant composé de vingt-quatre plats est annoncé pour minuit, mais dès dix heures toutes les places sont prises d'assaut et ceux qui les occupent ne semblent pas décidés à les abandonner avant le matin. Dehors, dans la fraîcheur de la nuit, les buissons de roses exhalent leurs parfums.

Le vendredi 19 novembre 1869, le campement arabe est dans le plus grand désordre ; c'est le signal du départ pour Suez. On commence à charger sur le dos des chameaux les tentes, les pieux, les meubles. Les cheikhs, fièrement installés sur leurs chevaux, à la tête de leur innombrable suite d'esclaves, prennent le chemin du désert. À midi, *L'Aigle* lève l'ancre. Il progresse à bonne allure sans encombre. « En pénétrant dans les lacs Amers, on ne peut se défendre, reconnaît un voyageur, d'un sentiment profond d'étonnement et d'admiration quand on se souvient qu'il y a quatre ans à peine ces immenses espaces, qui n'ont pas moins de vingt-cinq lieues de tour, étaient couverts de lagunes entremêlées de tertres sablonneux et de vastes bancs de sel ; il y a aujourd'hui une profondeur d'eau de huit à neuf mètres, et nous y naviguons à toute vitesse sans rencontrer la moindre difficulté. On se croirait en pleine mer… L'entrée du canal à la sortie des lacs Amers est indiquée par un phare à feu fixe et nous pénétrons dans la tranchée de Chalouf-El-Taraba, dernier ouvrage des contingents égyptiens. Quinze kilomètres à peine nous séparaient de la mer Rouge et nos cœurs s'épanouissaient à la pensée d'atteindre bientôt le but de notre voyage. » Un désert d'eau couvrant un désert de sable. Au fond, vers le sud, sous une lumière plus aiguë que celle du Nil, se dessine la haute dentelure du Djebel-Attaka au pied duquel se trouve Suez. On est exactement à mi-chemin entre Paris et Bombay, au point de rencontre entre les deux parties du monde.

Le samedi 20 novembre à 11 h 30 du matin, les bateaux arrivent à Suez et mouillent dans la mer Rouge. Eugénie distribue aux passagers de *L'Aigle* des médailles de bronze à l'effigie de Ferdinand de Lesseps. Chacun inscrit son nom sur le journal de bord. La rade forme un immense port naturel sans qu'il ait été besoin de réaliser des travaux d'enrochement ou de maçonnerie. Plusieurs navires modèles des Messageries impériales ou de la Péninsulaire, leur concurrente anglaise, faisant le service de l'Indochine, s'y balancent à l'aise. Le soir, toute la côte est illuminée ; les navires stationnés dans la rade se couvrent de feux. Suez présente les caractéristiques d'une ville orientale, à la différence de Port-Saïd et d'Ismaïlia coulées dans un moule européen. De petites ruelles se croisent en tous sens, abritées du soleil par des nattes et des vélums. Des montreurs de singes savants, des prestidigitateurs, des charmeurs de serpents, tout un peuple de saltimbanques se produit au milieu des ânes et des piétons.

Le sénateur Armand Béhic, président des Messageries impériales, donne le soir un grand dîner à bord du *Hoogly*, le premier paquebot à hélice, fleuron de sa flotte livré en 1867 par les chantiers de La Ciotat. L'ouverture de l'isthme à la navigation maritime concerne au premier chef sa compagnie. Elle a beaucoup investi dans le canal : Marseille était jusqu'alors la porte de l'Orient ; elle se tourne désormais plus à l'est encore, par-delà les Indes, vers l'Extrême-Orient.

Dimanche 21 novembre 1869, 2 heures de l'après-midi. Eugénie, montée sur un méhari blanc, s'éloigne sur la côte arabique. Elle se dirige vers les sources de Moïse – une oasis à la végétation luxuriante distante d'une vingtaine de kilomètres au sud-est de Suez –, perdue dans l'admiration de la beauté de ces paysages arides et enflammés par le soleil. Le propriétaire de la maison située face à la mer Rouge où habita Bonaparte est intarissable sur l'histoire du nouvel Alexandre. « Les rois d'Occident, lui raconte-t-il, l'ont enfermé dans une île où il est mort. Mais la nuit son âme vient se poser sur le fil de son sabre. » En décembre 1798, le général en chef de l'armée d'Orient était parti en reconnaissance dans l'isthme de Suez à la recherche des vestiges d'un canal qui dans l'Antiquité avait relié les deux mers par le Nil et les lacs Amers. Il avait reçu l'ordre du Directoire de chasser les Anglais des ports de la mer Rouge et de se porter jusqu'à leurs établissements de la grande péninsule indienne. La République entendait faire de la Méditerranée un lac français ; l'Égypte aurait servi de base arrière à sa future expansion vers l'Orient. La France aurait dominé le commerce du Levant et des Indes, ravissant aux Britanniques leur empire sur l'océan Indien. Soixante-dix ans plus tard, le rêve inassouvi[2] de Bonaparte a remonté à la surface. Il l'a emporté sur toute autre prophétie, il rejaillit l'année même du centenaire de la naissance de celui qui jusqu'à son dernier souffle a caressé l'idée d'un empire d'Orient.

2. Voir Jacques BENOIST-MÉCHIN, *Bonaparte en Égypte ou le rêve inassouvi* [1966], Paris, Perrin, 1997.

Télégramme de l'empereur, aux Tuileries, à la comtesse de Pierrefonds à Suez, 21 novembre, 1 h 10 du soir

Nous voici de retour à Paris. Les élections se font dans le plus grand calme, les agitations ne sont point probables, mais le résultat sera toujours mauvais. Je ne les connaîtrai que demain soir. Je reçois ta dépêche d'aujourd'hui. Je ne comprends pas ce que j'ai à répondre à la dépêche d'hier. Louis n'écrit pas par le télégraphe parce qu'il me charge toujours de le faire. Nous t'embrassons tendrement. Napoléon.

Lundi 22 novembre 1869. *L'Aigle*, obligé de remonter à marée basse pour éviter le courant contraire, reprend en sens inverse la route du canal pour regagner la Méditerranée. Tous les bâtiments de la flotte d'inauguration, auxquels s'est jointe la frégate hollandaise *Cucacao* venant de Java à destination des Pays-Bas, l'escortent. La veille, François-Joseph est rentré au Caire par le train.

Télégramme de l'empereur, aux Tuileries, à la comtesse de Pierrefonds à Ismaïlia, 22 novembre, 9 h 30 du matin

J'ai vu l'amiral Dupré[3] qui m'a remis ta lettre. Je ne saurai que ce soir le résultat des élections, mais personne n'y attache d'importance : que ce soit Pierre ou Paul, les candidats sont tous mauvais. Dis-moi à peu près quand tu crois être à Toulon. Nous t'embrassons tendrement. Napoléon.

3. Marie-Jules Dupré (1813-1881). Gouverneur de la Réunion, promu au grade de contre-amiral en août 1867, il est rappelé en 1869 à la suite d'une interpellation au Corps législatif, après que des troubles ont éclaté à Saint-Denis. Il sera nommé en février 1870 au commandement en chef de la division navale des mers de Chine et du Japon.

Télégramme de l'empereur, aux Tuileries, à la comtesse de Pierrefonds à Ismaïlia, 22 novembre, 8 h 55 du soir

Ont été nommés Rochefort[4], Glais-Bizoin[5], Arago[6]. Tout est calme. Je te prie de donner la croix à monsieur Pietri, juge consul à Alexandrie, et à monsieur Beaucard, recommandé par monsieur Béhic. Nous t'embrassons tendrement. Napoléon.

Mardi 23 novembre 1869. Dans la matinée, *L'Aigle* appareille d'Ismaïlia. Le commandant est obligé d'accroître sa vitesse pour ne pas toucher le fond. De nombreux barrages que les impératifs de l'inauguration ont empêché d'enlever à temps compliquent la navigation sur cette section du chenal.

4. Victor-Henri, marquis de Rochefort-Luçay, dit Henri Rochefort (1831-1913), journaliste et homme politique, fondateur de *La Lanterne*, un des journaux les plus violemment hostiles à l'Empire. Battu aux élections générales de mai 1869 dans la 7e circonscription de Paris, il est élu dans la 1re circonscription de la capitale aux élections partielles de novembre par 17 978 voix sur 34 461 votants.

5. Alexandre Glais-Bizoin (1800-1877), avocat et homme politique. Proche de la gauche républicaine, il entre au Corps législatif en 1863 comme représentant de la 1re circonscription des Côtes-du-Nord et rejoint les rangs de l'opposition. Porté candidat de l'opposition républicaine parlementaire dans la 4e circonscription de Paris aux élections partielles de novembre, il est élu au deuxième tour avec 11 799 voix sur 28 704 votants. Il fera partie du gouvernement de la Défense nationale en 1870.

6. Emmanuel Arago (1812-1896), fils du physicien François Arago, avocat et homme politique. Candidat de l'opposition démocratique dans la 8e circonscription de Paris aux élections partielles de novembre, il est élu par 19 832 voix sur 32 823 votants.

Télégramme de l'empereur, aux Tuileries, à la comtesse de Pierrefonds à Ismaïlia, 23 novembre, 9 h 50 du matin

Je rectifie les renseignements d'hier au soir. Les élus sont Rochefort, Crémieux[7], Arago. Pas de résultat pour la 4e circonscription. Puisque tu ne peux pas être ici le 29, je t'engage à ne pas te presser et à t'arrêter à Malte et à Naples. C'est avec peine cependant que nous pensons à ce retard. Nous t'embrassons tendrement. Napoléon.

Mercredi 24 novembre 1869, 5 heures du soir. Le yacht impérial quitte Port-Saïd pour Toulon. Au moment de repartir pour l'Europe, Eugénie regarde en arrière. Et comme Gérard de Nerval dans le *Voyage en Orient*, elle pourrait se dire : « Et déjà l'Orient n'est plus pour moi qu'un de ces rêves du matin auxquels viennent bientôt succéder les ennuis du jour. » Elle est partie de Saint-Cloud depuis deux mois, elle a sillonné les routes de la Méditerranée, elle a visité l'Acropole, Constantinople et Le Caire, elle est descendue jusqu'à la première cataracte du Nil, elle a foulé le sable de l'Arabie Heureuse, elle a trempé un pied dans la mer Rouge, elle a vu les paquebots qui assurent depuis Suez la liaison maritime avec l'Hindoustan et l'Indochine. Elle a cheminé de façon introspective, l'attention distraite, mobilisée tout au long de son voyage par ses propres fantômes ; elle a parcouru en exactement soixante-quatre jours des dizaines de milliers de milles marins, avec toujours ce fil invisible qui l'a

7. Adolphe Crémieux (1796-1880), avocat et homme politique. Candidat dans la 3e circonscription de Paris aux élections partielles de novembre, il est élu par 20 178 voix sur 32 540 votants. Il sera nommé ministre de la Justice le 5 septembre 1870 dans le gouvernement de la Défense nationale.

reliée à Napoléon et à Louis. Aussi la coupure n'a-t-elle pas été totale. Parce que le contact a été maintenu en permanence avec Paris, sa liberté en a été réduite d'autant.

Ce voyage a été plutôt pour elle un intermède, comme de grandes vacances où la découverte de l'insolite, le changement d'horizon, malgré les contraintes et les fatigues, valent cependant toutes les cures de repos du monde. Elle s'est changé les idées, elle a pris de la distance avec ses soucis. Certes, elle ne les a pas complètement oubliés et elle se prépare à les retrouver comme on récupère son manteau au vestiaire à la fin d'un spectacle, mais elle appréhende maintenant autrement les choses, avec recul. Elle porte désormais un regard extérieur sur la situation de la France ; son appréciation de la réalité politique s'est modifiée. Le pire ne s'est pas produit même si aucune amélioration ne se dessine. On reste entre deux eaux, dans une incertitude qui, si elle devait perdurer, finira sans doute par tout emporter. Mais pour l'heure il ne sert à rien de dramatiser ; l'empereur semble tenir la situation en main, quoique ses dernières dépêches fassent craindre qu'il ne maîtrise plus grand-chose. Les résultats des élections partielles dont il l'a tenue constamment informée la laissent dubitative. Les républicains progressent, c'est un fait. Et ce sont autant de coups portés à l'institution monarchique, une gangrène qui ronge de l'intérieur les consciences.

Par suite du désistement de quatre élus de Paris, dont Gambetta, qui ont opté pour la province du fait des candidatures multiples, il a fallu procéder à des législatives partielles dans la capitale. L'empereur supporte avec vaillance les outrages verbaux des uns, les défaillances des autres. Redoutant l'explosion, il a même fait installer une ligne télégraphique entre les Tuileries et le fort de Vincennes. Il affiche une sérénité d'âme qui n'est pas que de façade, car il n'est pas homme à perdre son sang-froid. Il se prépare à d'éventuelles nouvelles manifestations, mais il a pris les devants. N'en vient-il pas même à souhaiter qu'elles éclatent comme l'orage qui purifie l'atmosphère ? Le 21 novembre, il est de retour à Paris. Le 23, le rideau est tombé sur la comédie électorale sans qu'aucune agitation sérieuse ne trouble l'ordre public. Les résultats confirment seulement les pronostics : ni désastreux ni satisfaisants. Napoléon s'attelle à la rédaction du discours du Trône pour l'ouverture de la session extraordinaire de la Chambre. Il travaille son texte avec infiniment de soin, il l'affine, pèse chaque mot, sachant que chaque phrase sera attentivement écoutée et encore plus décortiquée.

Télégramme de l'empereur, aux Tuileries, au consul de France à Messine, Sicile. Pour madame la comtesse de Pierrefonds à bord de L'Aigle, *26 novembre, 9 h 35 du matin*

Dis-moi si tu t'arrêteras à Naples. J'ai fini mon discours qui, cette année, était plus difficile à faire. Nous allons bien et t'attendons avec impatience. Napoléon.

Télégramme de l'empereur, aux Tuileries, au consul de France à Messine, Sicile. Pour madame la comtesse de Pierrefonds à bord de L'Aigle, *27 novembre, 2 h 50 du soir*

Le temps est très mauvais ici. J'ai peur que ta traversée ait été mauvaise. Tout s'annonce bien pour l'ouverture des Chambres. La princesse de Galles est accouchée d'une fille[8]. Je viens de recevoir ta lettre du 14. Louis est très sensible au reproche qu'il prétend ne pas mériter. Dis-moi si tu restes un jour à Messine pour faire du charbon. Nous t'embrassons tendrement. Napoléon.

La session extraordinaire de la Chambre s'ouvre comme prévu le 29 novembre dans la salle des États du Louvre.

Télégramme de l'empereur, aux Tuileries, au consul de France à Messine, Sicile. Pour madame la comtesse de Pierrefonds à bord de L'Aigle, *29 novembre, 9 h 45 du matin*

Je regrette bien aussi ton absence aujourd'hui. Dès que je le pourrai je t'enverrai mon discours. Nous t'embrassons tendrement. Napoléon.

Avant midi, un bataillon de la Garde nationale et un bataillon du 1er régiment de voltigeurs de la Garde ont pris position sur la place du Carrousel et forment une double haie depuis l'arc de triomphe jusqu'au pavillon Denon. L'empereur accompagné du prince impérial quitte les Tuileries à 12 h 45. Le cortège est formé d'un piquet de lanciers de la Garde, de trois voitures de la Cour et du carrosse de gala impérial. Un peloton de cent-gardes ferme la marche. À 13 heures, Napoléon entre dans la salle des États.

8. Alexandra de Danemark (1844-1925), femme d'Albert-Édouard, prince de Galles, le futur Édouard VII, a accouché le 26 novembre 1869 de la princesse Maud (1869-1939), qui épousera Haakon VII, roi de Norvège (1872-1957).

À entendre la plupart des députés, le besoin de rétablir l'union et la concorde, malgré des dissentiments réels sur des questions particulières, est unanimement admis. Chez les partisans de l'ordre, la proximité des périls suscite comme un sursaut réactionnaire. Ces dispositions d'esprit expliquent en partie l'accueil enthousiaste, et de ce fait inhabituel, que le Corps législatif réserve au souverain. Les cris de « Vive l'Empereur ! » fusent des bancs des députés, répétés à cinq reprises avec fougue, tandis que Napoléon commence la lecture du discours du Trône.

« Il n'est pas facile, lance-t-il de sa voix sonore qui remplit l'immense salle, d'établir en France l'usage régulier et paisible de la liberté. Depuis quelques mois la société semblait menacée par des passions subversives, la liberté compromise par les excès de la presse et des réunions publiques ; chacun se demandait jusqu'où le gouvernement pousserait la longanimité. Mais déjà le bon sens public a réagi contre les exagérations coupables ; d'impuissantes attaques n'ont servi qu'à montrer la solidité de l'édifice fondé par le suffrage de la nation. Néanmoins, l'incertitude et le trouble qui existent dans les esprits ne sauraient durer, et la situation exige plus que jamais franchise et décision. Il faut parler sans détours et dire hautement quelle est la volonté du pays. La France veut la liberté, mais avec l'ordre. L'ordre, j'en réponds… »

Arrivé à ce point de son discours, il marque un temps d'arrêt. L'artifice oratoire est du meilleur effet et déclenche trois salves d'applaudissements. « Aidez-moi, Messieurs, à sauver la liberté. Pour atteindre ce but, tenons-nous à égale distance de la réaction et des théories révolutionnaires. Entre ceux qui prétendent tout conserver sans changements et ceux qui aspirent à tout renverser, il y a une place glorieuse à prendre... Mais il ne suffit pas de proposer des réformes, d'introduire des économies dans les finances et de faire de la bonne administration, il faut encore que, par une attitude nette et ferme, les pouvoirs publics, d'accord avec le gouvernement, montrent que, plus nous élargissons les voies libérales, plus nous sommes résolus à maintenir intacts au-dessus de toute violence les intérêts de la société et les principes de la Constitution. Un gouvernement qui est l'expression légitime de la volonté nationale a le devoir et le pouvoir de la faire respecter, car il a pour lui le droit et la force. »

Avec des accents prophétiques, il brosse à grands traits la marche de l'humanité vers le progrès, dans l'un de ces élans d'inspiration saint-simonienne qui animent sa pensée politique depuis plus de quarante ans. « Quelques reproches qu'on puisse faire à notre époque, nous avons cependant bien des raisons d'en être fiers : le Nouveau Monde supprime l'esclavage ; la Russie affranchit les serfs ; l'Angleterre rend justice à l'Irlande ; le bassin de la Méditerranée semble se rappeler son ancienne grandeur ; et de la réunion à Rome de tous les évêques de la catholicité on ne doit attendre qu'une œuvre de sagesse et de réconciliation. Les progrès de la science rapprochent les nations. Pendant que l'Amérique unit l'océan Pacifique à l'Atlantique par un chemin de fer de mille lieues d'étendue, partout les capitaux et les intelligences s'entendent pour relier entre elles, par des communications électriques, les contrées du globe les plus éloignées. La France et l'Italie vont se donner la main à travers le tunnel des Alpes ; les eaux de la Méditerranée et de la mer Rouge se confondent déjà par le canal de Suez. L'Europe entière s'est fait représenter en Égypte à l'inauguration de cette entreprise gigantesque, et si aujourd'hui l'Impératrice n'assiste pas à l'ouverture des Chambres, c'est que j'ai tenu à ce que, par sa présence dans un pays où nos armées se sont autrefois illustrées, elle témoigne de la sympathie de la France pour une œuvre due à la persévérance et au génie d'un Français. »

Napoléon enterre le gouvernement personnel sans que ses propos manifestent le moindre regret, comme si depuis longtemps il en avait fait son deuil. En fait, il n'abdique rien de son autorité, il consent seulement à partager son pouvoir. Croit-il vraiment que l'Empire puisera une force nouvelle dans la participation plus étroite du pays à ses propres affaires ? Du moins veut-il se convaincre que les Chambres désormais dotées de responsabilités inédites travailleront à la grandeur et à la prospérité de la nation. La France devra prouver son aptitude à vivre sous des institutions libres.

> *Télégramme de l'empereur, aux Tuileries, au consul de France à Messine, Sicile. Pour madame la comtesse de Pierrefonds à bord de* L'Aigle*, 29 novembre, 1 h 45 du soir*
>
> La cérémonie s'est très bien passée. Mon discours a été reçu par de chaleureuses acclamations. Nous t'embrassons tendrement. Napoléon.

Les fidèles de l'empereur jugent sa péroraison très noble quoique un peu mélancolique. Dans la salle des États les députés partisans de l'ordre applaudissent des deux mains, tandis que dehors des manifestants jettent de la boue sur les carrosses de la Cour au cri de « Vive Rochefort ! ».

> *Télégramme de l'empereur, aux Tuileries, au consul de France à Messine, Sicile. Pour madame la comtesse de Pierrefonds à bord de* L'Aigle, *30 novembre, 9 h 10 du matin*
>
> La journée d'hier a été excellente. Jamais discours n'a été si bien accueilli. J'ai reçu des félicitations nombreuses et la majorité de la Chambre s'est reformée immédiatement. Dans les rues, tranquillité complète. J'espère que le temps s'est amélioré. Il me tarde de te revoir. Nous t'embrassons tendrement. Napoléon.

Eugénie est à peine revenue de son voyage que certains journaux reprennent contre elle leur campagne de calomnies et de dénigrement systématiques. Les uns la représentent comme troublée et irritée par le mouvement parlementaire et libéral qui s'accomplit, les autres lui prêtent au sujet de quelques hommes politiques, dont Émile Ollivier, des propos inconsidérés et ridicules. À Émile Baroche, l'ancien garde des Sceaux, qui lui témoigne sa sympathie, elle répond : « Je vous remercie bien, mon cher monsieur Baroche, de la lettre que je viens de recevoir ; elle me touche infiniment. L'expression si vive de votre indignation à propos des attaques qui se produisent contre moi m'est une preuve de votre profond dévouement à l'empereur et à mon fils. On ne peut se décourager quand on sent près de soi des amis sincères, aussi, au milieu de toutes ces amertumes, je ne conserve que le souvenir de mes défenseurs. Je crois qu'il vaut mieux que dans les circonstances présentes je reste complètement à l'écart pour ne pas prêter aux interprétations. C'est donc avec regret que je remets à plus tard votre visite. Croyez à tous mes sentiments. »

L'hiver de 1869 commence dans une atmosphère de

malaise et de sourde inquiétude. L'empereur est changé et soucieux. L'impératrice vit de plus en plus renfermée dans ses appartements. « Maintes fois après le déjeuner, elle nous faisait dire qu'elle resterait chez elle et n'avait besoin de personne, se souvient madame Des Garets ; le matin seulement, je l'accompagnais plusieurs fois par semaine rue Barbet-de-Jouy, chez la comtesse de Montebello, une des dames du palais, qu'elle aimait particulièrement. La pauvre femme se mourait d'un mal incurable et les visites de l'Impératrice étaient pour elle une dernière douceur. Il y eut, comme toujours, des dîners, des concerts, des bals, et le train habituel des réceptions continues, mais toute joie et toute gaîté s'en étaient allées. »

C'est dans cette ambiance morose que les ministres donnent leur démission le 27 décembre 1869. L'empereur charge Émile Ollivier de constituer un nouveau cabinet. Tous les témoignages s'accordent : l'impératrice s'est complètement retirée de la politique. La composition du gouvernement ne correspond pas vraiment, il faut le dire, à ses aspirations. Elle opte pour un silence lourd de désapprobation. Mais, pour son malheur, on continue à la faire parler parce que en privé elle ne sait toujours pas mieux tenir sa langue. Elle se sent attaquée de toutes parts. Le 10 janvier 1870 le prince Pierre Bonaparte tue en duel le journaliste Victor Noir : la polémique s'amplifie.

La susceptibilité d'Eugénie s'écorche à la première épine qui se présente ; elle a les nerfs à vif, elle voit une agression dans la moindre allusion. Elle se croit poursuivie par la hargne de ses ennemis comme par un essaim de guêpes. Elle bascule presque dans une sorte de syndrome de persécution. Elle se reconnaît facilement dans le personnage de mademoiselle d'Ortosa de

Malgrétout. Ce roman de George Sand paraît en feuilleton dans *La Revue des Deux Mondes* à partir du 1er février 1870. Émile de Girardin qui poursuit le couple impérial de ses attaques personnelles lui consacre dans *La Liberté* une critique où il prétend que la romancière a voulu dépeindre Eugénie sous les traits de son héroïne. « Je sais, lui fait dire Sand, qu'il est impossible de monter sur un théâtre sans appartenir au jugement des foules, à plus forte raison d'être une étoile sur la scène du monde sans être critiquée et calomniée, très innocemment parfois par les masses... Plus on monte, plus on brille. Plus on brille, plus on offusque ceux qui ne voient pas bien, et le nombre ne peut jamais bien voir. » Il n'y a pas pourtant pas dans le texte de Sand de quoi stigmatiser l'auteur. La figure de mademoiselle d'Ortosa, désignée comme la fille d'une très grande dame, ayant appris plusieurs langues, ayant toujours cherché et produit l'éclat, érudite en sciences politiques, en histoire et en diplomatie, colle avec celle de mademoiselle de Montijo. L'impératrice consulte Mérimée. Ne devrait-elle pas, lui demande-t-elle, prier l'écrivain de démentir les allusions qu'elle croit avoir perçues ? Celui-ci lui conseille de ne rien faire et Sand jure de son côté n'avoir tracé qu'une figure de fantaisie. « Je voulais t'écrire à propos de l'article de *La Liberté*, mande Eugénie à sa mère le 27 avril, mais je n'en ai pas eu le courage. Rien ne m'est plus pénible, crois-le bien, que de voir ma famille insultée sans autre motif que la politique, et à cause de moi… Mais comme je n'aime pas me plaindre, je fais comme les oiseaux quand ils sont tristes : ils ne chantent pas et moi je n'écris plus. »

Napoléon décide de marquer de sa griffe les institutions dues à son initiative. Par un brusque retour offensif aux doctrines napoléoniennes sur la souveraineté du peuple, il annonce pour le 8 mai 1870 l'organisation d'un plébiscite afin de soumettre à la ratification populaire les institutions nouvelles ou du moins renouvelées, comme l'a été en son temps la Constitution de 1852. Les électeurs, à travers les questions compliquées qui leur sont posées, comprennent qu'on leur demande de soutenir ou de répudier l'Empire : sept millions de suffrages favorables, un million cinq cent mille suffrages hostiles, tel est le plébiscite. Vis-à-vis de l'empereur l'hommage est complet, mais un hommage qui passe par-dessus les ministres.

Dans la soirée du 8 mai, à la clôture du scrutin, dans le faubourg du Temple, des jeunes gens hurlent à la révolte. La campagne des législatives de 1869 et celle du plébiscite ont contribué à mettre en place des comités électoraux propres à entretenir la surchauffe politique. Ces sociétés révolutionnaires, ces associations républicaines d'obédience maçonnique ou radicale servent de vivier à l'opposition. Des barricades sont dressées dans les quartiers de l'Est parisien. On entend crier : « Vive la République ! Vive Rochefort ! À bas la Rousse ! » Ce qu'Eugénie redoute depuis tant d'années vient de se produire. On conspue son nom dans les rues comme hier on jetait en pâture à la plèbe celui de Marie-Antoinette.

Le 29 novembre 1869, dans son discours du Trône, Napoléon affichait une conviction bien ancrée en la pérennité de l'Empire ; il affirmait son désir de concilier un pouvoir fort avec des institutions libérales ; il faisait l'éloge de la sagesse des nations. Neuf mois plus tard, en août 1870, que restera-t-il de ces belles déclarations, de ces nobles intentions ? Des ruines et du sang, des villages martyrs et des palais en flammes. En trente-huit jours, du jeudi 28 juillet 1870, date du départ de l'empereur à l'armée, au dimanche 4 septembre, jour de la fuite d'Eugénie des Tuileries et de la proclamation de la république à l'hôtel de ville de Paris, la guerre va balayer la monarchie impériale et renverser un édifice qui paraissait indestructible mais dont les murs porteurs surchargés de lourdes tentures se fissuraient dangereusement.

À l'été 1870, l'Empire parlementaire, avec son habil-lage libéral encore tout frais, ressemble au vieux Louvre des rois sur lequel Hector Lefuel, l'architecte de l'empereur, a plaqué de nouvelles façades pour lui imprimer la marque du règne de Napoléon III.

CHAPITRE XI

« Il y a des noms qui obligent »

En juillet 1870 Napoléon n'a peut-être pas voulu la guerre contre la Prusse, mais il n'a rien fait non plus pour l'empêcher. Depuis 1866 et la défaite de l'Autriche à Sadowa face à un adversaire commun désormais redouté, il est convaincu, tout comme Bismarck, qu'elle est inévitable, que tôt ou tard il faudra en passer par là. Il ne peut accepter en effet que sur l'autre rive du Rhin se dresse contre la France une Allemagne unifiée autour de la Prusse. Napoléon sait qu'il faudra en finir avec l'arrogance de Berlin, supprimer la menace que ses ambitions hégémoniques font peser sur l'équilibre de l'Europe continentale. Tandis que quelques idéalistes le poussent à désarmer pour préserver la paix, de plus lucides lui recommandent au contraire d'armer à outrance et de se chercher des alliés.

Depuis trois ans, justement, le comte de Beust, chancelier d'Autriche, entretient Napoléon dans l'idée d'un traité défensif franco-autrichien qui serait tourné contre la Prusse et qui associerait l'Italie. Mais les pourparlers piétinent et aboutissent péniblement à la vague et lointaine promesse de ne pas s'entendre avec une tierce puissance à l'insu des deux autres. Toutefois, aux

Tuileries, à force de voir le prince de Metternich ou le chevalier Nigra – les ambassadeurs à Paris de Vienne et de Florence – franchir à toute heure les guichets du palais, on s'imagine que l'alliance est quasi faite, au point qu'Eugénie elle-même en vient à considérer l'affaire comme une chose presque acquise. Et l'illusion gagne jusqu'à Napoléon, qui est pourtant le mieux placé pour mesurer la vacuité des lettres échangées avec François-Joseph et Victor-Emmanuel. En septembre 1869, il a donné des gages de son bon vouloir à l'empereur d'Autriche. « Si par impossible, lui a-t-il écrit, l'empire de Votre Majesté se trouvait menacé par quelque agression impossible à prévoir, je n'hésiterais pas à mettre de son côté toutes les forces de la France. » La réponse de Vienne est féconde en paroles engageantes mais prudemment élusives. Sur le plan diplomatique, l'isolement de la France demeure un fait d'une implacable réalité.

Dans ce contexte éclate l'affaire de la candidature au trône d'Espagne du prince Léopold de Hohenzollern, un cousin du roi de Prusse. Napoléon y voit la confirmation des visées expansionnistes de Berlin et soupçonne Bismarck de poursuivre une stratégie d'encerclement de la France. La nouvelle, connue à Paris dès le 3 juillet, met le feu aux poudres et exacerbe le sentiment antiprussien. Des bandes de patriotes sillonnent aussitôt les rues de la capitale en hurlant « À Berlin ! ». On les dit soudoyés par les ultra-impérialistes, partisans d'un affrontement avec la Prusse qui redorerait le blason de la dynastie napoléonienne.

Il suffit, le 13 juillet, d'un incident diplomatique autour d'une insignifiante question d'étiquette – en réalité un coup monté par Bismarck – pour que le gouvernement en appelle aux armes, se dressant sur ses ergots comme un coq de combat, sans voir la provocation, tombant à pieds joints dans le piège tendu par le chancelier prusssien. Puisque le maréchal Lebœuf, ministre de la Guerre, assure qu'il ne manque pas un bouton de guêtre, rien ne sert de tergiverser plus longtemps, autant en découdre tout de suite. Deux jours plus tard, le 15, l'empereur se range aux avis de la majorité du Conseil des ministres et se résout à l'épreuve de force, mais sans enthousiasme excessif. « Je puis dire que c'est la nation tout entière qui, dans son irrésistible élan, a dicté nos résolutions », reconnaît-il. À la différence d'Émile Ollivier, le chef du cabinet, il se garde bien de déclarer qu'il en accepte la responsabilité d'un « cœur léger ».

À la sortie du conseil, l'impératrice demande à monsieur de Parieu ce qu'il pense de la décision du gouvernement : « Je pense, Madame, dit le président du Conseil d'État, que si l'Angleterre devait trouver demain une formule qui lui permettait de nous éviter la guerre, elle aurait bien mérité de la France. – Je suis bien de votre avis », lui répond-elle. Toutefois, Eugénie est trop attachée à l'honneur pour s'accommoder d'un arrangement diplomatique qui, dans le souci d'épargner la fierté de la Prusse, ne réparerait qu'à demi l'outrage subi par le pays. Gagnée par l'excitation des propagandistes de la guerre, elle partage l'idée qu'à tout prendre cette solution est préférable à une paix de compromission achetée au prix du déshonneur.

Dans ce contexte enfiévré, presque irrationnel, des jours qui précèdent la déclaration de guerre, alors que personne à l'état-major général de l'armée ne doute d'une victoire rapide, l'attitude de l'impératrice n'a rien pour surprendre. Elle pourrait certes se ranger dans le camp des défenseurs de la paix, et il s'en trouve de nombreux qui, au sein même du cabinet ou à la Chambre, font état de leur réserve ou de leur hostilité quant à l'opportunité d'un tel parti. Elle pourrait aussi bien multiplier les mises en garde, modérer les ardeurs belliqueuses des députés de la droite bonapartiste. Elle n'en fait rien non plus, parce que vérité, depuis dix-sept ans, elle ne se démarque pas de Napoléon. Et ce n'est certainement pas à l'heure où l'avenir de la dynastie se joue sur un coup de dés qu'elle va commencer à le faire. Puisque le maréchal-ministre leur répète que les troupes sont prêtes, que c'est le moment ou jamais d'intervenir, que les chances de succès iront en diminuant si on attend, alors Eugénie se résigne à considérer la guerre comme une nécessité.

Le 19 juillet, la France emportée par ses passions guerrières tire donc l'épée la première, conformément au dessein de Bismarck. La patrie frémit d'indignation et de fierté. Sur les boulevards et aux abords de la Bastille, partout, y compris à Saint-Cloud en présence de l'empereur, on chante *La Marseillaise* pourtant interdite depuis le coup d'État. Aux démonstrations de loyalisme des corps constitués, Napoléon, paraphrasant Montesquieu, répond simplement que le véritable auteur de la guerre ce n'est pas celui qui la déclare, mais celui qui la rend nécessaire. Contraint par des événements qu'il a en partie provoqués, il prend l'initiative de l'affrontement pour conserver l'avantage de celui qui attaque le premier. Il mise sur une offensive foudroyante pour imposer ses conditions aux Prussiens. C'est l'affaire d'une bataille et dans un mois les Français seront à Berlin !

Napoléon annonce aussitôt son intention de se mettre à la tête de l'armée et d'emmener son fils avec lui. À considérer l'état maladif du souverain et les souffrances physiques qu'il endure depuis la crise de calculs d'août 1869 dont il ne s'est jamais complètement remis, sa décision ne laisse pas de surprendre. On se demande avec inquiétude si ses forces déclinantes lui permettront de supporter les fatigues d'un commandement en chef et de rester des heures à cheval à suivre les opérations militaires. Parviendra-t-il à maîtriser la douleur ? Voilà la question qu'à la Cour chacun se pose sans oser la formuler à haute voix en présence de l'impératrice. Il en est une autre, plus délicate encore et plus capitale, qu'on prend soin de ne pas exprimer en public et qui touche à la capacité de Napoléon à remplir un tel commandement. Ignorant l'art militaire, il est condamné à s'en remettre à son chef d'état-major, mais dans quelle mesure le maréchal Lebœuf, nommé major général, saura-t-il faire appliquer ses décisions quand durant son passage au ministère de la Guerre il a brillé par son inertie ?

Se fiant aux états de situation des deux années antérieures, l'empereur s'attend à lever environ cinq cent mille hommes armés, mais il déchante vite quand il s'aperçoit qu'il ne pourra guère en aligner plus de deux cent vingt mille. Il décide de concentrer ses forces en Alsace et à Metz, le long de la frontière nord-est, et de les regrouper en une armée unique divisée en huit corps répartis sur un front qui s'étire sur près de trois cents kilomètres de Thionville à Belfort. À la première déconvenue concernant les effectifs s'en ajoute bientôt une seconde de taille : l'intendance ne suit pas. La mobilisation se déroule plus lentement que prévu, dans une pagaille inextricable. Les réclamations ne tardent pas à remonter jusqu'à l'empereur qui s'étonne de l'imprévoyance des services. « Nous avons besoin de tout sous tous les rapports », se plaint l'un des officiers généraux. La troupe, faute de biscuits et de pain, vit sur les rations de réserve. Les cartes des régions frontalières manquent cruellement. Deux semaines après la déclaration de guerre, rares sont les corps d'armée prêts à entrer en campagne.

Les dépêches envoyées de Berlin par le colonel Stoffel, l'attaché militaire français, entre le 14 et le 17 juillet, informent Paris que dans la capitale prussienne, où l'on se dit étonné par les préparatifs de la France, on s'attend à voir une armée franchir le Rhin d'une minute à l'autre. Stoffel fait savoir que l'ordre de mobilisation s'étend aux forces militaires de toute l'Allemagne et qu'en vingt jours la Prusse sera en mesure de rassembler plusieurs armées de cent mille à cent vingt mille hommes sur différents points de la frontière.

L'empereur va de surprise en surprise, du moins le prétendra-t-il par la suite quand il lui faudra se justifier du désastre de Sedan. Les assurances du major général ont perdu de leur superbe. Tout laisse prévoir un conflit fort long et Napoléon pressent que la victoire sera plus rude à obtenir qu'il ne l'escomptait de prime abord. En outre, la défiance de ses éventuels alliés ébranle douloureusement son bel optimisme : aux mécomptes militaires s'ajoutent bientôt les mécomptes diplomatiques. Dès le 11 juillet, Beust câblait à Metternich que « le langage public des ministres français, suivi de préparatifs de guerre immédiats, rend la retraite difficile aux Prussiens… et ne facilite pas aux cabinets la tâche de s'interposer en faveur des intérêts français ». Il fallait s'y attendre, Londres, Vienne et Florence se retranchent dans une frileuse neutralité, se contentant d'offrir leur médiation avec Berlin, une proposition que Paris décline.

Du fait de son départ imminent à l'armée, Napoléon, conformément aux dispositions du sénatus-consulte sur la régence du 17 juillet 1856, remet à Eugénie les rênes de l'Empire, comme il l'avait fait déjà en 1859 et 1865. L'empereur sait qu'elle sera à la hauteur de la lourde tâche qui lui incombe de nouveau, mais il sait aussi qu'elle est loin de faire l'unanimité parmi la jeune classe politique. Or, depuis les deux régences précédentes, la situation intérieure a considérablement évolué. L'opposition radicale pourrait bien profiter de l'absence de Napoléon pour se déchaîner contre l'impératrice et tenter quelques mauvais coups. Après la campagne calomnieuse des journaux républicains qui a traîné Eugénie dans la boue au cours de l'hiver précédent, il est à craindre qu'à la moindre occasion les mêmes s'acharnent sur la régente. Par-dessus tout, l'empereur s'inquiète de la mésentente larvée qui règne entre son épouse et Émile Ollivier, un personnage trop obséquieux envers les souverains pour être totalement désintéressé. Malgré ses efforts pour ne rien montrer de son ressentiment, Eugénie ne peut se défendre d'une certaine crispation dans ses relations avec lui.

Napoléon laisse aux ministres et au conseil de régence dont il a renouvelé la composition des instructions précises définissant strictement les pouvoirs d'Eugénie. « Notre intention, stipule-t-il dans le décret du 23 juillet 1870, n'est point que l'impératrice-régente puisse autoriser par sa signature la promulgation d'aucunes lois autres que celles qui sont actuellement pendantes devant le Sénat, le Corps législatif et le Conseil d'État. » De même, il aurait souhaité que les membres du conseil privé, où siègent entre autres Persigny, Baroche et Rouher, ses vieux complices, fussent adjoints à ceux du cabinet, mais Ollivier a répondu qu'il donnerait sa démission si les anciens ministres qui incarnent l'Empire autoritaire se réunissaient en conseil avec les nouveaux. Napoléon n'insiste pas, quoiqu'il n'eût pas été fâché d'un retour aux affaires des vétérans de 1851 à l'heure où tant de forces hostiles menacent de se coaliser contre le régime.

On a beaucoup glosé sur ces dispositions de l'empereur dont certains historiens ont tiré argument pour démontrer qu'il se méfiait de l'impératrice. Conscient de son manque supposé de discernement, il l'aurait placée sous la tutelle d'hommes sûrs. Une telle interprétation résiste mal à l'analyse politique des faits. Par essence, les compétences de la régente ne pouvaient être que limitées puisqu'elles avaient un caractère provisoire. Il s'agit en réalité d'un intérim, d'une simple délégation de pouvoirs, dans le cadre défini par la Constitution de l'Empire, conformément au sénatus-consulte du 21 mai 1870 qui rappelle, en outre, que l'empereur ne gouverne pas seul, mais « avec le concours des ministres, du Sénat, du Corps législatif et du Conseil d'État » (article 10). La monarchie impériale, dans sa forme révisée, loin de ressembler à l'autocratie russe, présente dorénavant un mélange curieux et original de gouvernement personnel et de parlementarisme.

Eugénie réussira-t-elle à rassembler les partis politiques en une sorte d'union sacrée et à constituer un front unique face à l'ennemi extérieur et au péril révolutionnaire qui gronde à l'intérieur ? Voilà bien la question d'actualité qui taraude les Tuileries à la veille du départ de l'empereur. Elle se dit prête à tous les sacrifices. À force de côtoyer la mort, Eugénie et Napoléon ont fini par l'apprivoiser et, à force de la conjurer, par ne plus y penser. La chance qui, à la dernière minute, a toujours dévié le bras des assassins leur a été si favorable que l'impératrice en est venue à croire que la Providence ne les abandonnerait jamais. Mais la guerre a ses imprévus qui trahissent parfois les calculs de la prudence.

Le 27 juillet, avant que le rideau se lève sur le théâtre de la guerre, tandis qu'au loin on bat le rappel, Eugénie comme affolée écrit à sa mère : « Il me prend souvent des idées de bête fauve de prendre mon petit et de l'emporter au loin dans le désert et de déchirer tous ceux qui voudraient y toucher. » Cet enfant, unique objet de son affection, va devenir l'objet de tous ses tourments. Elle a admis qu'il devait accompagner l'empereur à l'armée et elle s'est résignée à le voir partir, refoulant son chagrin derrière le sentiment presque tyrannique du devoir à remplir. Louis est sa chose, elle a longtemps refusé de le voir grandir. Mais le garçonnet est en train de devenir un adolescent qui fatalement lui échappera un jour. Elle n'est pas dupe de l'impatience qu'il montre à jouer au soldat. Formé aux valeurs militaires par son gouverneur, le général Frossard, il aspire à s'affirmer hors de l'emprise de sa mère. En ce sens, la guerre lui offre une occasion idéale. Elle revêt pour lui, même s'il ne le formule pas ainsi, une valeur initiatique. En le soumettant à rude épreuve, elle lui promet un passage rapide à l'âge adulte. Il en reviendra en jeune homme accompli. D'ailleurs, Eugénie lui monte la tête. Elle veut pouvoir être fière de lui. C'est pourquoi elle l'entretient dans l'orgueil de son nom, considérant que le sien oblige plus qu'aucun autre. Le héros parfait se substituera bientôt à l'image de l'enfant chéri. Pour lui elle rêve de grandeur, de gloire, d'aigles couronnées de lauriers. C'est un Napoléon, son destin est tracé d'avance, il commencera sa carrière sur les champs de bataille, même en simple spectateur, même dans les bagages de l'empereur.

En l'envoyant au feu pour un baptême qui fera de lui un Bonaparte à part entière, ses parents le préparent aux dures fonctions de chef qu'il devra un jour assumer. L'apprentissage de la guerre, c'est l'apprentissage du pouvoir, du commandement des hommes, mais c'est aussi l'apprentissage de la vie. Louis a atteint l'âge où un prince doit nécessairement sortir du cocon qui le protège et le préserve du monde pour en découvrir les réalités et les souffrances. Comme l'empereur l'a rappelé, la place de l'héritier du trône est auprès des soldats qui combattent pour la patrie. Il devra sentir l'odeur de la poudre, entendre le bruit de vieille ferraille des bombes qui explosent, les plaintes des agonisants, mais ses aides de camp ont reçu l'ordre formel de le tenir le plus possible à l'écart du danger.

Toutefois, Eugénie tremble à la pensée que Louis, malgré les consignes, soit exposé à des périls qui ne sont pas de son âge. Son cœur de mère s'émeut – c'est normal – qu'il découvre si jeune les horreurs de la guerre, mais elle n'en dit rien. Elle lutte pour que se taise en elle l'instinct maternel. Elle souffrirait davantage encore, il est vrai, s'il n'était pas digne du nom qu'il porte. « Je me dis qu'il vaut mieux le voir mort que sans honneur », confie-t-elle, presque horrifiée par son propre aveu, à la comtesse de Montijo. Seulement, son entrain et son courage la mettent au supplice. Aussi, afin de chasser de son esprit les idées noires qui l'assaillent, elle s'occupe des préparatifs du départ, faisant elle-même les malles et bouclant les valises de son enfant.

Le 28 juillet 1870 à 10 heures, l'empereur, en tenue de général de division, accompagné du prince impérial et du prince Napoléon quitte Saint-Cloud avec son état-major pour rejoindre à Metz l'armée du Rhin. L'impératrice, immobile sur le quai de la station du parc réservé, fixe ses yeux mouillés de larmes sur son fils et son époux qui s'en vont à la guerre. « Fais ton devoir, Louis ! » crie-t-elle à son fils d'une voix cassée par les sanglots. Dans son uniforme de sous-lieutenant de grenadier de la Garde, sa jumelle en sautoir, l'adolescent manifeste une sorte de joie puérile, comme au camp de Châlons à l'époque des grandes manœuvres. Sauf que cette fois-ci il ne s'agit plus de parader mais de se battre pour de bon. L'imminence des combats, des tirs d'artillerie, des charges de cavalerie plonge le prince dans un état d'excitation qui ravit son père.

Devant le défilé ininterrompu des officiers généraux qui s'installent dans le train impérial, Napoléon sourit. « C'est un vrai corps d'armée ! » plaisante-t-il pour briser un peu la solennité du moment. Napoléon embrasse l'impératrice et monte à son tour dans le wagon-galerie, jetant sur sa femme un dernier regard empreint d'une tristesse et d'une douceur indicibles. Comment Eugénie ne verrait-elle pas de la résignation dans cette tristesse ? Déjà, le matin même, après la messe, dans un dernier entretien avec monseigneur Darboy, l'empereur s'est laissé aller à parler de la guerre et de ses vicissitudes. Napoléon ne croirait-il plus en sa bonne étoile ? Quelle catastrophe si soudain la fortune lui devenait contraire ! Eugénie ignore alors que dans trois mois, lorsqu'elle reverra son mari, il ne sera plus qu'un souverain déchu retenu prisonnier en Allemagne, et elle et son fils, deux proscrits exilés dans un manoir au sud de Londres.

À 10 h 01, le signal du départ est donné à l'ingénieur en chef placé sur la locomotive. Les ministres, les chambellans, les serviteurs du palais se découvrent ; un cri de « Vive l'empereur ! » retentit. La vapeur siffle et les six wagons s'ébranlent. Eugénie reste sur le quai sans bouger à regarder le panache de fumée disparaître dans le tunnel de Montretout. On referme aussitôt la grille du parc. Quatorze mois plus tôt, Napoléon et Louis se tenaient debout devant ce même kiosque d'où elle était partie pour l'Orient. Elle sort de son état de stupeur et regagne bouleversée sa voiture au bras de la princesse Clotilde, la figure enfouie dans un mouchoir. Elle pleure comme les millions de mères, de sœurs ou d'épouses des soldats qu'on mobilise partout en France. Elle songe aux jeunes officiers de la Maison impériale prêts à mourir par dévouement pour l'empereur. Dès le premier jour de la souscription, elle a envoyé un don de cinquante mille francs à la Société de secours pour les blessés militaires, pour montrer l'exemple et par reconnaissance. Toujours paraître solide comme un roc, se répète-t-elle, ne jamais rien montrer de ses faiblesses ou de ses incertitudes. Elle a toujours affronté les dangers de face, comme la tempête en pleine mer, debout sur la passerelle du navire. Contre vents et marées, elle brandira l'étendard de l'Empire jusqu'au jour de la victoire, avec la même énergie farouche qu'à Cherbourg, le 24 juillet, où elle a galvanisé les marins de la flotte. « En voyant le drapeau tricolore flotter sur nos vaisseaux, leur a-t-elle dit, l'ennemi saura que partout il porte dans ses plis l'honneur et le génie de la France. »

De retour au palais, elle s'enferme dans son cabinet de travail. À l'abri des regards indiscrets qui scrutent et traquent la moindre défaillance, elle peut enfin se laisser aller. Elle s'empresse d'écrire à Louis, pour ne pas briser le fil, comme si par ce moyen elle pouvait retenir le train, l'empêcher d'arriver à destination. Les mots courent sur la feuille de papier et sèchent ses larmes comme le buvard l'encre fraîche. Pour elle, écrire a toujours été un refuge, une sorte de remède, une manière de se ressaisir, de refuser tout attendrissement envers elle-même. Ses lettres lui servent de miroir à main. Elle veut s'y voir forte et digne.

« Mon bien cher aimé enfant,

« Mon Louis chéri, je viens de te quitter, mes yeux ont suivi le train jusqu'à ce qu'il ait disparu. J'ai besoin de me rapprocher de toi, de ton père. Je suis pourtant tranquille, j'ai le ferme espoir que Dieu vous ramènera tous deux près de moi, peut-être après bien des fatigues, bien des labeurs. Mais je le supplie de vous accorder des gloires.

« Cher enfant, il est donné à peu d'hommes de servir leur pays à ton âge, car tu es encore un enfant, mais je ne doute pas que ton cœur soit celui d'un homme, ferme devant le danger. N'oublie pas ta prière chaque jour, je prierai bien pour toi. Aussi j'ai du courage. Dans quelques jours j'espère aller vous voir, le temps me paraît bien long sans toi. Soigne bien ton père, pense pour lui afin qu'il ne se refroidisse pas. À Saint-Cloud notre pensée sera toujours tournée vers vous et l'armée, aime bien nos soldats. J'ai donné à ton valet de chambre mille francs en pièces de cinq francs et mille francs en or. Cela te sera agréable de pouvoir en donner sans changer des billets. Quand tu n'en auras plus, je t'en enverrai. Soigne-toi bien, ne sois pas téméraire, garde ton moral surtout et pense souvent à ta mère qui ne t'oublie pas un instant. Embrasse ton père tendrement pour moi.

« Ta mère qui t'aime de toute son âme. »

L'après-midi même du départ de l'empereur, Eugénie préside son premier Conseil des ministres à Saint-Cloud et chacun comprend que l'impératrice ne se contentera pas d'un rôle de simple figurante. Elle monte la garde, le fusil au côté, telle le *Voltigeur* en bronze de Frémiet qui orne l'une des consoles de la salle du Conseil et qui l'observe de son regard altier. Tous ceux qui croient ou espèrent qu'elle se satisfera d'une régence de pure forme se méprennent sur le caractère de cette femme dont la fermeté d'âme fait songer au personnage de Chimène.

D'un tempérament passionné habité d'un orgueil démesuré, hantée par une vision fataliste de l'histoire, elle rêve de grandeur mais est obsédée par la déchéance. Elle considère que l'ascension vers la gloire rapproche du point de chute, que tout sommet ouvre inévitablement sur un précipice. Tout n'est-il pas déjà écrit d'avance ? L'homme n'est-il pas un simple instrument entre les mains de la Providence et sa liberté ne réside-t-elle pas dans la soumission à l'ordre divin ? Eugénie se reconnaît dans cette morale héroïque aux accents cornéliens qui baigne tout entière dans l'atmosphère de l'orgueil, de la gloire, de la générosité et du romanesque aristocratiques.

C'est donc peu de dire que les trente-huit jours de la régence forment un drame à la hauteur du sens tragique de l'impératrice. C'est pourquoi il faudrait raconter l'histoire de ces six semaines comme on déroulerait la chronique d'un grand naufrage, décompter une à une les interminables heures d'insomnie qui privent Eugénie de repos pendant plus d'un mois pour sentir soi-même l'oppression du temps suspendu à la réception des dépêches chiffrées en provenance du grand quartier général, et toute l'horreur du vide quand le télégraphe cesse subitement d'émettre, et l'estomac qui se noue, et le froid intérieur qui la fait frissonner malgré la chaleur de l'été, et l'ignorance mortelle où elle se trouve du sort réservé à son fils comme à l'empereur, et l'effroi d'assister impuissante à l'agonie de toutes ses espérances, et cet état d'abandon dans lequel elle s'abîme quand elle admet que tout est perdu, et le relâchement des nerfs, et puis l'indifférence à tout ce qui peut désormais advenir, et enfin le renoncement quand elle se résigne à s'enfuir des Tuileries pour sortir d'un drame qu'elle a traversé comme une ombre solitaire. Il faudrait également pouvoir entendre les pendules sonner à chaque heure et à chaque demi-heure de la nuit, qui se répondent d'une cheminée à l'autre dans l'enfilade de son appartement et résonnent dans le silence angoissant du palais endormi.

Trente-huit jours durant lesquels se noue le sort de l'Empire et de la France, celui de l'Europe aussi, avec pour la première fois posée la question franco-allemande, l'impossible entente entre deux nations impériales gorgées de haine, Marianne et Germania, à la bouche tordue par l'invective, écumante de jalousie, se crachant au visage toujours les mêmes griefs sans cesse ressassés. Une tragédie qui paraphe l'histoire du XIXe siècle, en clôt le livre de comptes sans en apurer les dettes, et reporte sur le siècle suivant le passif légué par les générations précédentes.

Croyant servir sa cause, certains familiers d'Eugénie ont prétendu par la suite que les ministres l'avaient écartée de la conduite des affaires et qu'en conséquence on ne pouvait la rendre responsable des fautes du gouvernement. Qu'il y ait eu chez les libéraux du cabinet Ollivier méfiance à son égard du fait de désaccords entre eux sur la réforme constitutionnelle, c'est indiscutable, mais les nécessités de la guerre ont, du moins dans un premier temps, fait taire les divergences politiques, resserré les rangs autour de la régente. L'aspect collégial de la régence de 1870 confirme bien l'abandon du gouvernement personnel, mais puisque Eugénie y occupe la première place, elle est condamnée aussi à répondre personnellement de tous les actes du pouvoir exécutif. Le Conseil, en effet, se réunit chaque jour sous sa présidence, souvent matin et soir. On y traite surtout de problèmes techniques relatifs à l'armée ou à la défense de Paris et du territoire. L'impératrice écoute les avis des ministres, lit leurs rapports et s'en remet à leur expertise pour décider des mesures d'urgence que la situation impose. Peut-être les ministres l'ont-ils mal conseillée, peut-être n'a-t-elle pas toujours su entendre les bons arguments et peut-être s'est-elle ralliée au parti de l'erreur menant tout droit à la défaite, mais les décisions qu'elle ratifie ont toujours été prises collégialement par le cabinet. Aucune des lois promulguées à cette époque, aucun des décrets et arrêts publiés au *Journal officiel* ne l'ont été sans porter sa signature, un « Eugénie » proprement calligraphié au bas des documents au nom de l'empereur, en vertu des pouvoirs qu'il lui a confiés.

À Saint-Cloud, la vie s'organise sans que l'absence de Napoléon bouleverse vraiment les habitudes du service, même si les rangs se sont clairsemés. Parmi les aides de camp, à l'exception de ceux qui ont été désignés pour demeurer auprès de l'impératrice, la plupart ont rejoint leur régiment. Eugénie se montre peu, accaparée par ses nouvelles fonctions. Son enthousiasme des premiers jours s'est mué en un fatalisme qu'elle s'efforce de camoufler derrière une gaieté et un calme apparents. Elle sait qu'elle aura à subir les attaques des adversaires du régime impérial qui dénient toute légitimité à la guerre et se sont juré d'être sans pitié pour le vaincu au premier revers.

Sur les deux rives du Rhin, de part et d'autre de la frontière, la guerre se rapproche, les ordres du jour aux armées précèdent les premiers coups de canon. On aiguise les mots avant de fourbir les armes. Napoléon appelle ses soldats à suivre les traces glorieuses de leurs pères et à se montrer dignes d'eux ; le roi Guillaume, dans une proclamation au peuple allemand, lui rétorque que « Dieu fera éclore la moisson bénie de la liberté et de l'unité allemande ».

Le 30 juillet, Eugénie reçoit une lettre alarmante de l'empereur qui jette la consternation parmi les membres du Conseil et entame leur confiance. « Le départ est toujours une chose bien triste, lui écrit Napoléon, et nous l'avons tous éprouvé hier. » Il lui raconte qu'à la veille d'événements aussi graves il a trouvé exagérées les acclamations populaires qui l'ont salué à son passage à Épernay et Châlons. Comment le cœur se réjouirait-il des cris de liesse quand le salut de la patrie tient au fil ténu d'une hypothétique victoire militaire ? Et à Metz, qu'a-t-il découvert ? Une place plongée dans une confusion indescriptible, des régiments à moitié constitués, un état-major déchiré par des querelles intestines. L'empereur, pourtant averti de l'impéritie de l'intendance, est abasourdi par le degré d'impréparation de l'armée, encore plus stupéfiant qu'il ne le supposait. Il avait tablé sur une mobilisation rapide pour prendre l'initiative et attaquer le premier, et voilà que l'état des troupes l'oblige à réviser son plan de campagne. Tant que ses effectifs seront incomplets, il ne pourra engager la moindre action d'envergure sur le Rhin. Il va perdre ainsi de précieuses heures à attendre, à se débattre dans d'inextricables problèmes matériels. Pis, il laisse à l'ennemi le temps d'aligner des forces deux fois supérieures en nombre et mille fois mieux organisées. La pusillanimité succède à la précipitation du début. Et dire que Napoléon se flattait, dès le premier combat, de retourner les États catholiques de l'Allemagne du Sud contre la Prusse protestante, prélude, pensait-il, au ralliement de l'Autriche à la France. Pourvu, surtout, se répète l'impératrice, que sa santé et ses forces le soutiennent !

CHAPITRE XII

« Un désastre n'abat pas un grand peuple »

Désormais, Eugénie va vivre en recluse, absorbée par les réunions du Conseil, reliée seulement au monde extérieur par le fil télégraphique. Les dépêches du quartier impérial scandent son existence. Elles prolongent sa solitude, elles avivent la séparation avec Napoléon et Louis, elles lui rappellent sans cesse les aléas de la guerre. L'impératrice ouvre d'une main fiévreuse celles dont l'enveloppe est barrée d'un « urgent » tracé d'une écriture hâtive par l'empereur ; les autres, elle les traite avec une espèce de négligence qui en dit long sur ses véritables préoccupations.

Le 1er août, Eugénie attend toute la journée des nouvelles de Metz. Depuis le matin, un brouillard tenace enveloppe le palais, l'enfermant sur lui-même et rendant plus oppressant encore cet insupportable état d'incertitude. Dans la soirée, alarmée de n'avoir toujours rien reçu, elle interroge le directeur général des Postes qui lui explique que des alertes obligent à interrompre momentanément les communications, qu'il ne faut pas qu'elle s'inquiète, que le service va reprendre incessamment.

Le 2, le ciel se dégage enfin. Sous un éclatant soleil matinal qui dissipe les angoisses de la veille, les ministres arrivent à Saint-Cloud pour une longue séance de travail. Vers midi, une dépêche chiffrée avertit la régente du projet d'attaque sur Sarrebruck, mais en dehors des membres du cabinet, nul n'est au courant de l'engagement qui se prépare. Au déjeuner, Eugénie semble soucieuse, retranchée dans un mutisme inhabituel chez elle, d'ordinaire si animée. Soudain, en début d'après-midi, les journaux arrêtent leur tirage et publient le premier bulletin de l'armée annonçant la retraite des Prussiens. « L'élan de nos troupes, peut-on y lire, a été si grand que nos pertes ont été légères… L'empereur assistait aux opérations, et le prince impérial qui l'accompagnait partout a reçu sur le premier champ de bataille le baptême du feu. » Vers 15 heures, une note rectificative du ministre de l'Intérieur précise qu'on déplore seulement, du côté français, « dix soldats blessés et un officier tué ». Le soir, au dîner, devant le prince de Metternich et ses invités, Eugénie laisse éclater sa joie. « La bonne nouvelle, lance-t-elle à table, c'est le baptême du feu du prince impérial. Il sera heureux comme les Bonaparte. Il a paru au feu au mois d'août qui est leur mois, il a assisté à un succès : il n'est arrivé malheur ni à personne ni à sa suite. Je suis sûr qu'il est sacré. »

Le gouvernement commet ici sa première bévue qui lui vaut aussitôt d'essuyer les lazzi des radicaux. Le ministère publie le télégramme strictement privé que Napoléon a câblé à Eugénie et que celle-ci eût souhaité garder pour elle. L'attendrissement de l'empereur devant le courage dont Louis a fait preuve en présence de l'ennemi provoque les sarcasmes de la presse satirique. Les journaux républicains tournent en dérision le sang-froid du prince impérial qui semblait, au dire de son père, se promener au bois de Boulogne. L'image se veut réconfortante, destinée à rassurer une épouse rongée par les affres de savoir son fils exposé aux tirs des canons ; livrée au public, elle devient ridicule, pour le moins déplacée, comme si des charges de cavalerie ressemblaient à une cavalcade mondaine dans les allées du Bois. Qu'on prenne pour cible son enfant, trop jeune pour devoir subir de telles avanies, blesse Eugénie dans sa chair bien plus qu'un trait décoché contre elle.

Le bulletin de l'armée donne au combat de Sarrebruck un retentissement disproportionné comparé à la portée véritable du fait lui-même. Ce n'est qu'une timide escarmouche d'entrée en campagne, et l'abandon par l'ennemi de cette place de dix mille âmes ne préjuge en rien de la faiblesse de ses forces. On se garde bien de rapporter que Napoléon, au terme d'une chevauchée de plusieurs heures, offre l'aspect pitoyable d'un homme ravagé par la douleur. Il faut cacher à tout prix l'état de l'empereur, pour ne pas soulever un vent de panique qui démobiliserait la troupe et ferait chuter les cours de la Bourse. Il importe de tromper l'ennemi sur la vulnérabilité du commandement français quand on parvient déjà à grand-peine à en camoufler les insuffisances.

Malgré, en haut lieu, une confiance affichée dans la suite des événements sur la foi d'un premier succès, l'anxiété s'insinue dans les esprits les plus clairvoyants. Émile Rouher, le président du Sénat, hier personnage considérable, aujourd'hui en demi-disgrâce au palais du Luxembourg, prédit à son collègue Baroche que « le conflit qui s'agite sur les bords du Rhin met à la fois en question et l'existence de la dynastie et le rang de la France dans le monde ». À cause de ses responsabilités, Eugénie ne peut s'autoriser de telles confidences ; ce n'est vraiment pas le moment, pour la régente, de se perdre en conjectures politiques. L'avenir, dans l'immédiat, elle le laisse de côté. Il sera toujours temps d'y réfléchir plus tard. Elle s'attache au présent, aux urgences de la guerre, aux jours et aux heures qui la séparent de revoir son fils et l'empereur. Elle attend leur retour avec la même impatience qu'elle guette l'arrivée du courrier. Sans les multiples contraintes de la direction des affaires, le temps lui paraîtrait infiniment plus long.

Du matin au soir, elle s'oublie dans le travail. À l'heure du déjeuner, elle descend quelquefois dans le jardin privé de Louis. « Les roses sont bien jolies, lui écrit-elle, et j'aime à les regarder, mais je ne veux pas les cueillir, je ne veux pas les séparer de leurs boutons. » Partout la poursuit l'ombre du prince, jusque devant ces rosiers qu'il cultive pour elle et dont elle s'interdit de couper la moindre fleur de peur que ne se fane son image. La vaillance de Louis la réconforte. Elle voit dans son courage un signe de bon augure. Assurément, Dieu les protège et veille au salut de l'Empire. La chance leur sourit. D'ailleurs, la petite Malakoff, la fille de la maréchale Pélissier, lui a apporté deux trèfles à quatre feuilles qu'elle a glissés aussitôt dans une lettre à Louis comme porte-bonheur.

Les journées des 3 et 4 août se passent dans l'attente, mortelle par sa longueur, de nouvelles de l'armée. L'impératrice décommande les traditionnelles cérémonies officielles du 15 août célèbrant partout en France la fête de l'empereur. À Paris, les ouvriers démontent la gigantesque couronne impériale qu'ils avaient déjà fixée au sommet de l'Arc de triomphe. Dans un mois exactement, les mêmes ou d'autres, grimpés sur des échelles, briseront les aigles surmontant les guérites de la grille des Tuileries. Le 3 au soir, toujours aucune dépêche. Pendant le dîner, Eugénie, pensive, ne se mêle pas à la conversation. Entre les convives, la discussion tourne autour de l'imminence d'une opération de grande ampleur sur le Rhin, de la supériorité des chassepots et des mitrailleuses françaises, mais l'impératrice n'entend rien, son esprit est ailleurs. Elle commence à réaliser qu'on ne gagne pas une guerre sans une offensive franche et massive, qu'il est peut-être dérisoire de penser que dans cette lutte le temps joue contre la Prusse.

Le 4, jour de la Saint-Dominique, à la messe de 8 heures, elle adresse une prière à ce saint patron des Guzmán qui, selon la légende, apaisait l'orage d'un simple signe de croix. Puisse-t-il renouveler le miracle et écarter du ciel de France les nuées qui menacent d'éclater. Aussitôt après l'office, elle fait préparer sa voiture pour se rendre au palais de l'Industrie à Paris. Les chevaux lancés à vive allure soulèvent la poussière presque blanche de la route. L'air est chaud et sec, il n'a pas plu depuis de nombreuses semaines et le niveau de la Seine est si bas que dans la capitale le service des bateaux-omnibus est interrompu en aval de l'hôtel de ville. Elle a promis d'assister au départ de la première ambulance de la Société de secours aux blessés, une initiative patriotique qu'elle a patronnée dès le premier jour. Déjà la guerre de Crimée avait donné lieu à un carnage effroyable, mais rien, sans doute, en comparaison des horreurs à venir. Eugénie est l'impératrice des douleurs, c'est son héroïsme personnel, son sens de la charité, sa façon à elle de justifier les immenses privilèges attachés à sa fonction. En 1866 elle a visité les cholériques d'Amiens. Pendant dix-sept ans elle a fait la tournée quotidienne des pauvres dans un complet anonymat. Elle aimerait pouvoir accompagner aujourd'hui tous ceux qui souffrent et vont mourir, leur être utile, tenir la main des blessés quand les chirurgiens les amputeront à vif.

Les ministres la rejoignent aux Tuileries pour un conseil qui s'éternise jusqu'au soir. Quand elle rentre à Saint-Cloud, elle apparaît physiquement et moralement lasse. Et toujours aucune nouvelle de Louis et de l'empereur. L'accablement se lit sur son visage, l'appréhension l'empêche de respirer. On dirait qu'elle suffoque, comme si l'anxiété étreignait sa poitrine. À table, elle soutient toutefois la conversation par un effort visible de volonté, mais son cœur est trop lourd, trop plein d'angoisse pour qu'elle se laisse aller à badiner. Elle se fait servir le thé dans son salon, et là, en privé, pleure à chaudes larmes et s'épanche auprès de l'abbé Pujol, le chapelain de semaine. « Je ne suis bonne à rien, hoquette-t-elle entre deux sanglots. Une dépêche me manque et me voilà toute bouleversée. Je suis plus épouse et mère que régente, et cependant je veux tout sacrifier à la France, je ne veux que le bonheur de la France. »

Dans la nuit du 4 au 5, à Saint-Cloud, on apprend avec stupeur la défaite de Wissembourg. La IIIe armée allemande a écrasé la division du général Abel Douay après six heures de combats meurtriers. « Victoire sanglante », télégraphie le prince royal de Prusse à Berlin. L'affichage du bulletin officiel sur les murs de Paris, notamment aux abords de la Bourse, le 5 vers 14 heures, déclenche un mouvement de colère parmi le peuple. La foule conspue l'Allemagne et se rue sur les boutiques de changeurs aux noms à consonance germanique.

Pendant vingt-quatre heures l'agitation va croissant.

Le patriotisme retrouve ses accents révolutionnaires de l'an II. Mais contrairement aux prévisions de Napoléon, la guerre, au lieu de rassembler les forces vives de la nation autour de l'Empire, attise les brandons de l'insurrection. Pour les blanquistes ou les militants de l'Internationale, pour certains meneurs des réunions publiques, la révolution se présente désormais comme un devoir national.

Le 6 août à midi, le bruit d'une grande victoire remportée par le maréchal Mac-Mahon met en fièvre tous les quartiers du centre de la capitale. Aussitôt, les habitants sortent les drapeaux, les rédacteurs des journaux accourent au ministère de la Justice pour obtenir du garde des Sceaux une confirmation de cette folle rumeur. Malgré le démenti formel des autorités et les appels au calme lancés par la préfecture de police, l'excitation ne s'apaise pas pour autant. À 3 heures, tombe une deuxième dépêche de l'empereur à l'impératrice : « Je n'ai pas de nouvelles de Mac-Mahon. Ce matin, les reconnaissances du côté de la Sarre ne signalaient aucun mouvement de l'ennemi. J'apprends maintenant qu'il y a un engagement du côté du général Frossard. Il est trop loin pour que nous puissions y aller. Dès que j'aurai des nouvelles je te les enverrai. » L'inquiétude d'Eugénie redouble. Elle envoie alors son chapelain prier Notre-Dame des Victoires et sainte Geneviève. « Faites ce pèlerinage pour moi, le supplie-t-elle. La France a besoin du secours de Dieu. »

Sur ces entrefaites, un télégramme d'Émile Ollivier enjoint à la régente de venir au plus vite à Paris où la révolution serait en marche. L'impératrice pense aussitôt aux émeutes des blouses blanches de juin 1869, au flegme de Napoléon qui avait fait atteler et s'était rendu avec elle, en voiture découverte et sans escorte, sur les grands boulevards. Il lui semble encore entendre les cris hostiles proférés sur leur passage par des voix isolées depuis la foule des badauds, et qui depuis résonnent encore si péniblement à ses oreilles. Ollivier voudrait-il qu'elle répète le geste ? Mais qu'irait-elle se jeter toute seule au beau milieu des manifestants ? En l'absence de l'empereur, ce serait pure sottise ou provocation inutile. Elle juge plus prudent d'envoyer le général Lepic, le surintendant des Palais impériaux, discuter avec les ministres des mesures de sécurité à prendre pour circonvenir une éventuelle insurrection. Mais l'alerte réveille en elle des frayeurs trop récentes pour qu'elle soit en mesure de les maîtriser. Au retour de l'abbé Pujol, Eugénie presque affolée se précipite vers lui et le presse de questions.

« Dites-moi la vérité, que se passe-t-il ?

– Mais je ne sais rien.

– Où avez-vous été à Paris ?

– Rue de Rivoli, place Vendôme et vers la Bourse. »

L'abbé lui raconte qu'il n'a rien remarqué de particulier, excepté une légère agitation et des fenêtres pavoisées.

« Il n'y a rien de plus ?

– En vérité, Madame, je n'ai rien vu.

– Merci ! »

En proie à une subite crise de nerfs, l'impératrice s'enferme dans ses appartements.

Le dîner se déroule dans un silence lugubre. Chacun est incapable de parler, redoutant le pire mais n'en disant mot. Quelle catastrophe annoncera la prochaine dépêche ? La question est sur toutes les lèvres. À mesure que la soirée avance, l'atmosphère devient plus pesante. Eugénie congédie tout son monde et se retire chez elle. Parmi les gens de sa maison, les uns vont chercher un peu d'air frais dans le parc, les autres, en quête d'informations, circulent dans les salons où règne une animation inusitée. Aux environs de 21 h 30, le général Lepic revient porteur d'un message d'Émile Ollivier pour la régente. On l'introduit immédiatement chez l'impératrice. Il lui fait son rapport.

Il s'est d'abord rendu au ministère de la Justice, où tous les ministres étaient réunis. Ils sont divisés, il n'a rien pu tirer d'eux, si ce n'est une proclamation aux Parisiens qu'ils ont rédigée de leur propre chef et en leur nom, sans la soumettre à l'approbation de l'impératrice. Eugénie s'en étonne. « Mais alors, à quoi bon une régente ? » fait-elle remarquer. Elle s'interrompt et ajoute : « Je ne dirai rien. Je ne veux pas qu'une question de prérogative soulève l'ombre d'une difficulté. » Lepic poursuit. « Le gouvernement demande que dorénavant toutes les dépêches de l'impératrice soient communiquées au public. » Eugénie acquiesce. Ensuite, il est allé chez Piétri, le préfet de police, puis aux Invalides, chez le commandant de Paris, le maréchal Baraguay d'Hilliers. Enfin, il est repassé place Vendôme. Là, il a appris que les ministres avaient décidé d'envoyer à Metz Maurice Richard, leur collègue des Beaux-Arts, pour se plaindre auprès de Napoléon du manque d'informations en provenance du quartier général. C'est le coup de grâce, plus qu'Eugénie n'en peut supporter. Elle écoute sans sourciller, mais elle est horriblement pâle. « Mais pourquoi aller ajouter aux préoccupations de l'empereur ? soupire-t-elle. Ne peut-on le laisser diriger la guerre sans lui casser la tête avec nos ennuis ? »

Avant de se retirer, Lepic lui remet la lettre d'Ollivier qui la conjure, instamment cette fois, vu la gravité des circonstances, de rentrer sur l'heure à Paris se mettre à la tête des troupes dont elle dispose. L'impératrice signe docilement le décret que lui tend par ailleurs le général, et qui met le département de la Seine en état de siège. Quoique offensée par l'attitude cavalière du cabinet, elle le laisse agir. Mise devant le fait accompli, elle n'a plus qu'à s'exécuter. À quoi bon batailler sur des querelles de procédure quand il y a des combats bien plus cruciaux à engager ? Elle doit ménager ses forces, car Dieu seul sait quelles vicissitudes elle devra affronter dans les prochaines heures.

Un peu avant minuit parviennent deux autres dépêches du quartier impérial. Au fur et à mesure qu'on les déchiffre, la situation se révèle dans toute l'étendue de son horreur : défaite de Mac-Mahon à Frœschwiller et Reichshoffen, de Frossard à Forbach, déroute générale des troupes. Chacun est assommé par l'ampleur du désastre. Pour Napoléon la partie est irrévocablement perdue. Nul n'a besoin d'être fin stratège pour mesurer la grandeur du péril et comprendre que la route de Paris est désormais ouverte à l'ennemi. Dès cet instant, l'empereur ne songe plus qu'à protéger la capitale, à abandonner l'Alsace, la Lorraine, la Champagne à l'invasion, à quitter coûte que coûte Metz et à se retirer en hâte avec les débris de son armée sur Châlons pour couvrir Paris. On est bien loin des rodomontades d'une promenade à Berlin tonitruées avec tant d'aplomb le jour de la déclaration de guerre. Ollivier câble aussitôt à Napoléon : « Nous resterons à la hauteur des circonstances. Nous allons aviser, mais je conjure Votre Majesté de nous envoyer des détails quels qu'ils soient. Si nous n'avons aucune nouvelle que la dépêche vague de Votre Majesté, il y aura un soulèvement dans Paris. » Les membres du conseil privé, les présidents des deux assemblées, les autorités militaires accourent place Beauvau. La réunion porte sur la défense de la capitale et sur l'opportunité de convoquer ou non les Chambres, une question qui divise le gouvernement.

Pendant ce temps, à Saint-Cloud, parmi les gens de la maison de l'impératrice, personne n'ose réveiller la régente pour lui transmettre la tragique nouvelle. Le marquis de Pienne, l'un des chambellans de service, qui se dévoue finalement, ressort blême des appartements privés de la souveraine : « Savez-vous ce qu'elle m'a dit ? "La dynastie est perdue, il ne faut plus songer qu'à la France." »

En un instant, sans un geste de défaillance, Eugénie est debout. Elle décide de regagner Paris sur-le-champ et prie les ministres de la rejoindre aux Tuileries. Quinze minutes plus tard, presque livide dans sa robe de laine beige, mais très maîtresse d'elle-même, elle entre dans le salon attenant à la bibliothèque où sont réunies les dames de sa maison. La princesse d'Essling, la grande maîtresse, en larmes, s'avance vers elle, les bras levés, comme implorante :

« Ah ! Madame !...

– Surtout ne m'attendrissez pas, lui répond l'impératrice en la repoussant, j'ai besoin de tout mon courage. »

Du courage, en effet, il lui en faut. Avec un détachement surprenant, ayant abandonné les manières ostentatoires de la vie de cour, dérisoires en ces circonstances dramatiques, elle a renoncé à toute toilette, à tout apprêt, à tout soin de coquetterie. Par la fenêtre entrouverte, elle guette sa voiture. L'obscurité s'accroche aux branches des marronniers et dans le ciel clignote un foisonnement d'étoiles qui donnent aux nuits d'été l'éclat féerique d'une fête vénitienne.

Sans connaître précisément l'ampleur du mouvement subversif qui règne dans la capitale, la régente sait par les rapports quotidiens du préfet de police que les revers militaires ont attisé les sentiments révolutionnaires de certains groupuscules extrémistes. Ceux-ci ont des correspondants à l'étranger, à Londres, à Bruxelles, à Genève, ils disposent d'importants stocks d'armes et sont ligués avec la gauche radicale du Corps législatif. L'impératrice doit combattre sur deux fronts à la fois deux ennemis redoutables : les Prussiens d'abord, les révolutionnaires parisiens ensuite, qui menacent la paix publique, la société et par suite la dynastie. Si rien n'est entrepris pour rétablir très vite l'ordre à l'intérieur et si le commandement en chef de l'armée ne parvient pas à retourner la situation militaire à son avantage, dans quelques jours assurément les troupes de von Moltke camperont aux portes de la capitale et les blanquistes, aidés des internationalistes, auront proclamé une Commune insurrectionnelle à l'hôtel de ville.

Aux Tuileries, le général Lepic organise à la hâte le nouveau service du palais, confiant à un détachement de la Garde nationale, en renfort du piquet de la Garde impériale, la surveillance du poste de l'Échelle. Dans les vastes salons des grands appartements, les rares lampes allumées font danser d'étranges lueurs sur les sièges et les lustres recouverts de leurs housses. Le 7 août à 3 heures du matin, les ministres soumettent à l'impératrice qui vient juste d'arriver les diverses résolutions qu'ils ont adoptées : incorporation dans l'armée de la garde mobile, des fantassins de marine et des troupes de gendarmerie et de douane ; incorporation des citoyens de moins de trente ans dans la garde mobile ; mobilisation de tous les hommes valides non encore employés, âgés de trente à quarante ans. Eugénie tranche en faveur de la convocation immédiate des Chambres. Qu'irait-elle se méfier du Corps législatif, quand la majorité qui le compose est théoriquement acquise à l'Empire ? D'autant qu'à la veille de partir à la guerre, l'empereur a demandé au Parlement de veiller sur la régente et promis qu'elle solliciterait son appui aussitôt que les circonstances l'exigeraient.

Or le moment tant redouté où bascule le destin de la nation est finalement arrivé : l'Alsace et la Lorraine sont perdues, les passages des Vosges ouverts aux Prussiens ; l'insurrection gronde dans Paris. En quatre jours, tout est allé si vite : d'abord quelques coups de patte, les griffes à moitié sorties, comme pour se tester mutuellement au cours de timides échauffourées, puis le choc frontal, brutal, meurtrier. L'ennemi n'a fait aucun quartier. Avec une promptitude remarquable, une coordination exemplaire de ses forces et une incontestable supériorité numérique, il a enfoncé les lignes françaises. Napoléon ne pense plus qu'à se replier et le gouvernement à organiser la résistance. L'empereur s'inquiète auprès du conseil de régence de l'effet que produirait à Paris une retraite de l'armée sur Châlons.

La gauche voudrait qu'on proclame la patrie en danger. Elle réclame la levée en masse, l'armement immédiat de tous les citoyens, la réorganisation de l'ensemble des forces militaires sous un autre commandement que celui de Napoléon. Émile Ollivier dirige avec énergie la lutte contre le « spectre rouge ». Chevandier, le ministre de l'Intérieur, fait pleuvoir les sanctions contre les journaux révolutionnaires ou radicaux qui appellent à l'insurrection. En vertu de l'article 9 de la loi de 1849 sur l'état de siège, le garde des Sceaux interdit *Le Réveil* de Delescluze et *Le Rappel* des fils Hugo, coupables d'avoir publié un manifeste exigeant la nomination d'un comité de défense composé d'abord des députés de Paris. On est fort loin de l'union nationale autour de la régente tant prônée par Eugénie.

La classe politique avance en ordre dispersé. Incapable de la moindre entente, elle étale au contraire ses divisions et ses haines. Il lui est indifférent d'offrir à l'ennemi le spectacle affligeant de la discorde. Trois courants distincts, de force à peu près égale, et également avides de s'emparer du pouvoir, attendent que sonne l'hallali pour se jeter sur le gouvernement : la gauche pour proclamer la république, le centre gauche pour remplacer le cabinet Ollivier et un ensemble plus hétéroclite de toux ceux qui réclament la tête du maréchal Lebœuf, bouc émissaire commode des échecs de l'armée. L'impératrice, écartant les injonctions de la gauche, admettant la nécessité de conserver le ministère en place, accède à la demande de renvoi du major général formulée par Eugène Schneider, le président du Corps législatif. Elle télégraphie sur-le-champ à l'empereur : « Le maréchal Lebœuf est rendu responsable des ordres et contrordres donnés qui sont connus à Paris. On vient de me dire qu'on demandait à la Chambre son remplacement. Il est urgent, pour satisfaire l'opinion publique, qu'à l'ouverture de la Chambre on annonce le remplacement du maréchal Lebœuf. »

Le 8 août, l'impératrice, dans une proclamation au peuple français rédigée par l'un de ses chambellans, en appelle au sens civique des citoyens. Elle adjure les Français de l'aider à maintenir l'ordre contre ceux qui entretiennent l'agitation et conspirent, de ce fait, avec l'ennemi : « Qu'il n'y ait parmi nous qu'un seul parti, celui de la France, qu'un seul drapeau, celui de l'honneur national. Je viens au milieu de vous, fidèle à ma mission et à mon devoir ; vous me verrez la première au danger pour défendre le drapeau de la France. » Ce texte révèle l'étendue des illusions dans lesquelles surnage la majeure partie du personnel impérialiste, prisonnier de schémas manichéens et incapable d'appréhender dans leur complexité les réalités de la lutte politique. Cet appel maladroit et grandiloquent lancé aux bons patriotes n'a rien de rassembleur. Il renvoie plutôt à un parti de la France qui n'est que celui de l'ordre moral assimilé à l'Empire.

Or comment tous ceux qui ne se reconnaissent pas dans le régime impérial, qui combattent la monarchie napoléonienne depuis dix-huit ans et qui se sont fraternellement juré de concourir à sa perte pourraient-ils un instant adhérer à un régime vacillant qui, de surcroît, se montre incapable de remporter une guerre qu'il a lui-même déclarée ? Comment ces gens-là pourraient-ils être sensibles à une proclamation où la régente déclare avoir fait le sacrifice de sa personne à la France quand le conflit en cours fournit justement à nombre d'entre eux un motif supplémentaire de lutte ?

Pourtant, l'impératrice veut toujours croire en un sursaut national. Elle ne minimise pas le péril révolutionnaire, surtout à Paris, Lyon et Marseille, car elle est trop bien avisée qu'une conjuration se trame mêlant des proscrits de 1851 à des républicains irréconciliables, mais elle s'accroche aux huit millions de « oui » du plébiscite du 8 mai 1870 pour espérer encore que les Français dans leur écrasante majorité restent solidaires de l'empereur. Et au pire, quand bien même ne le seraient-ils plus, elle ne peut imaginer un instant qu'ils abandonneraient la France à l'ennemi pour se débarrasser de l'Empire. Pourrait-elle seulement comprendre que les haines politiques n'hésitent pas à s'appuyer parfois sur de tels calculs pour s'assouvir ? « Qu'on nous laisse terminer la guerre, répète-t-elle souvent, ensuite, si le pays ne veut plus de nous, nous partirons. »

À la manière de Jeanne Laisné brandissant sa hachette sur les remparts de Beauvais face à l'armée bourguignonne de Charles le Téméraire, Eugénie s'exalte devant l'invasion allemande. À l'empereur elle télégraphie qu'« avec de l'énergie nous dominerons la situation. Je réponds de Paris ». Dans la foulée, elle recommande à son fils d'élever son courage. « C'est dans les grandes circonstances, écrit-elle à Louis, que les cœurs généreux se trempent. Soutiens de toute ton affection ton père. » L'héroïsme d'Eugénie est tout empreint d'enthousiasme patriotique et de dévouement à la cause nationale. Comme Ollivier le rapporte à Napoléon, elle donne à tous l'exemple de la fermeté et de la hauteur d'âme. Elle suit avec attention les préparatifs de la défense de Paris, écoute les requêtes du ministre de la Guerre, s'entretient avec le préfet de police de la fermeture des fortifications de la capitale par les ingénieurs du service municipal. Avec six cents bouches à feu sur les remparts des forts et sept mille cinq cents ouvriers à pied d'œuvre employés à couper les voies qui pénètrent dans Paris, avec la mobilisation des troupes de marine et le rappel de la classe de 1869, le siège s'organise dans la fébrilité sous le commandement du maréchal Baraguay d'Hilliers. On réactive la Garde nationale, tombée en désuétude depuis 1851, mais pour éviter que la multitude ne prenne les armes on restreint au maximum l'armement des classes populaires et on réserve les meilleurs fusils aux bataillons des quartiers bourgeois. La gauche radicale hurle à la trahison du peuple, mais ses cris d'indignation ne rencontrent guère d'écho parmi les Parisiens. Le renforcement du potentiel défensif des villes menacées par l'invasion a apaisé provisoirement les inquiétudes des populations devant l'imminence d'une attaque ennemie.

Eugénie déploie une activité qui stupéfie tout le monde. Elle redouble d'énergie, semble infatigable, entraînée dans un mouvement perpétuel qui ne lui laisse pas une minute de répit. Debout dès l'aube, couchée quand la nuit est déjà fort avancée, souvent sans parvenir à trouver le sommeil à cause de la pression qu'exerce sur ses nerfs cette agitation permanente qui l'environne, comme droguée par l'effervescence de ses interminables journées, elle ne songe même plus à prendre le moindre repos. Elle conduit les affaires du pays avec le même sens pratique de l'ordre et de l'organisation domestiques, le même soin maniaque des détails avec lesquels elle a supervisé pendant dix-sept ans l'intendance des palais impériaux, l'œil attentif à tout régler. Maîtresse de maison accomplie ou régente de l'Empire, après tout quelle différence pour elle ? Lever de nouveaux régiments, pourvoir à leur équipement, assurer le ravitaillement de Paris, autant de tâches qui, à bien y réfléchir, diffèrent assez peu des préparatifs des festivités de la Cour, quand elle dressait les listes des invités aux séries de Compiègne, attribuait les appartements d'hôtes, prévoyait les divertissements ou surveillait la tenue de la domesticité.

L'impératrice souffre trop des malheurs de la France pour ne pas s'imposer une discipline de fer, exempte de toute sensiblerie envers elle-même, peut-être comme une forme de mortification, un cilice porté sous sa robe de laine beige. Elle estime n'avoir personnellement aucun crime à expier, mais d'aussi terribles épreuves imposées au pays ont quelque chose de purificateur, à condition toutefois de savoir en triompher. C'est pourquoi elle stigmatise les discours défaitistes. Elle entend mener l'esprit de résistance et bouter les Prussiens l'épée dans les reins jusqu'à la frontière. Sa ténacité et son dévouement vont bien au-delà du simple devoir politique, ils procèdent presque d'une sorte d'ascèse du pouvoir. Elle s'est sacrifiée à la cause de l'Empire, elle combattra pour le sauver jusqu'à l'épuisement total de ses forces, dût-elle y succomber, mais du moins elle tombera dans l'honneur avec la satisfaction d'avoir accompli sa mission.

Elle pressent les signes avant-coureurs d'une rupture qu'elle se refuse encore à accepter. La guerre a ébranlé l'alliance mystique entre Napoléon et la nation, avant que la capitulation de Sedan ne la rompe définitivement, comme si déjà les Français se détournaient du destin de l'empereur, s'affranchissaient de sa tutelle, avaient acquis dans l'adversité la maturité nécessaire pour recouvrer leur liberté de mouvement. Sinon, comment s'expliquerait-elle que, malgré les concessions du gouvernement, malgré l'immensité du péril et l'imminence d'un désastre sans précédent, une fraction grandissante de la population refuse avec une telle obstination de lier le salut de la patrie à celui de l'Empire et souhaite même ouvertement une défaite militaire qui préluderait au renversement des aigles ? Elle s'accroche à l'idée que, par son exemple, par la rectitude de son comportement et son désintéressement personnel, elle puisse encore susciter la formation d'une union nationale, mais la chose est illusoire, elle en prend conscience quand il apparaît comme évident que l'opinion ne lui sait gré d'aucun de ses sacrifices.

Alors elle replonge dans cette idée, qui la travaille depuis qu'elle est montée sur le trône, que l'ingratitude du peuple n'a d'égale que sa versatilité, qu'un homme d'État doit poursuivre son action envers et contre tout, en fonction de ses devoirs et de la ligne politique qu'il a définie, sans rien attendre de la reconnaissance publique, si volatile et capricieuse. L'abnégation du pouvoir est une croix plus lourde à porter que celle du martyre. L'amertume a commencé son lent travail d'érosion. Son ardeur guerrière, motivée par son amour de la patrie, s'efface progressivement devant le dépit de se savoir si mal comprise et guère mieux estimée. Hormis dans les milieux les plus farouchement hostiles à l'Empire, qui la méprisent et où son nom est vilipendé, ailleurs on la considère plutôt avec respect mais sans lui accorder pour autant le crédit d'une large popularité. La monarchie impériale a perdu de son prestige et l'empereur de son charisme.

Eugénie, quant à elle, est passée des extrémités de l'applaudissement à celles de l'indifférence, heureusement épargnée par l'exécration publique qui, à la veille de la Révolution, avait enseveli Marie-Antoinette sous les fumières de la calomnie. Tout semble s'effilocher, partir en lambeaux, et les déboires militaires accentuent cette impression de fin de règne, d'autant qu'une majorité de Français regarde avec circonspection une guerre dont les causes restent obscures à ses yeux. Et beaucoup se demandent si Napoléon ne l'a pas provoquée à de seules fins dynastiques. Aussi, quoi que fasse la régente, le soupçon existe bel et bien. Il s'est immiscé dans l'opinion, il entretient un détestable climat de défiance qu'aucune des actions du gouvernement ne peut vraiment dissiper. L'absence de l'empereur ajoute encore à l'isolement de l'impératrice, car elle l'expose seule à toutes les critiques qui alourdissent dans son esprit l'incompréhension dont elle se sent l'objet. Entrée dans une implacable logique d'enfermement, Eugénie se coupe peu à peu du monde extérieur. Elle est entraînée vers ces noirceurs de l'âme qui altèrent sa perception des événements et dramatisent ses attentes. Son univers intérieur s'assombrit, elle devient une sorte d'oiseau de nuit triste et solitaire, fuyant la clarté du jour, repliée sur elle-même, tenue en éveil par l'appréhension très forte d'un cataclysme définitif. Elle est traversée par des visions d'apocalypse, ses lettres à Louis prennent bientôt un ton prophétique.

« Mon bien cher enfant, lui écrit-elle au lendemain des journées des 6 et 7 août, sois tranquille et calme comme il convient au vrai courage. J'espère te revoir bientôt, mais après de pareils malheurs, Dieu seul peut mesurer nos forces sans nous accabler. Si nous ne devons pas nous revoir, pense que ton devoir est d'adoucir autant qu'il sera en ton pouvoir le malheur qui frappe ton père. Aime ton pays, même ingrat et injuste, tu lui dois ton sang, ta vie, ton avenir et quoi qu'il puisse arriver ne l'oublie jamais. Je n'ose penser à la douleur de ton père, même au milieu des difficultés dans lesquelles je me débats, je ne puis m'arracher à cette obsession. Mais courage, il est encore possible de tout réparer, un désastre n'abat pas un grand peuple, si seulement l'union peut se faire devant l'ennemi. Je t'embrasse, mon enfant bien-aimé, de toutes les forces de mon âme, je te bénis et que la volonté de Dieu soit faite. Ta mère qui t'adore. »

Autour d'Eugénie les séditieux et les intrigants entrent en murmures et en machinations. À commencer par Émile Ollivier, qui se défie de plus en plus ouvertement d'elle. Il impute la mauvaise fortune des débuts de la guerre à l'état de santé pitoyable de l'empereur, inapte à exercer le commandement suprême. Chacun, au quartier général, profite de l'incapacité du souverain à diriger lui-même les opérations pour faire prévaloir son propre plan. Là-bas, ce n'est que confusion, désordre et désarroi. Il faut rappeler l'empereur à Paris, martelle Ollivier, le replacer à la tête de l'État, abolir la régence et rétablir l'unité du pouvoir. L'impératrice n'ignore rien de la situation à Metz. Elle sait que l'empereur, malade, est incapable d'agir, que l'état-major est consterné par l'obstination qu'il montre à s'accrocher à son commandement, mais elle ne veut surtout pas entendre parler d'un retour de son mari. Le 9 au matin, au cours d'une conversation avec l'impératrice avant le conseil, Ollivier attaque de front.

« Madame, lui dit-il, le temps des compliments est passé et vous me permettrez de vous dire nettement la vérité. Les désastres approchent. Il n'y a qu'un moyen de les conjurer, c'est de conseiller à l'empereur de revenir à Paris avec son fils. Je viens prier Votre Majesté de lui télégraphier. »

L'impératrice se redresse violemment :

« Avant une victoire, c'est impossible !

– Mais Madame, si l'empereur reste à l'armée il n'y aura pas de victoire. Il est l'obstacle à la victoire, car il ne peut pas commander et il empêche qu'un autre commande. »

Cette considération paraît la frapper. Elle reste un instant silencieuse, puis reprend, éclatant en sanglots :

« Mais c'est impossible ! Quitter l'armée à la veille d'une bataille, c'est le déshonneur !

« – Non, Madame, ce n'est pas le déshonneur, car

un souverain ne court aucun risque personnel dans une bataille. C'est le salut du pays et de la dynastie.

– Je ne me préoccupe pas de la dynastie, je ne me préoccupe que du pays... Au moins, ajoute-t-elle, laissez mon fils à l'armée.

– Pourquoi ? Que voulez-vous, Madame, que votre fils fasse à l'armée ?

– Mais il sait monter à cheval.

– À quoi servira-t-il qu'il sache monter à cheval ? »

Alors, poussée à bout, la figure illuminée, elle s'écrie d'une voix vibrante :

« Il peut se faire tuer ! Oh, laissez-le se faire tuer !

– Non, Madame, il ne faut pas qu'il soit tué, il faut qu'il revienne avec son père, il devrait déjà être revenu. Du reste, Madame, ne croyez pas que l'opinion que je vous exprime me soit personnelle, il n'est aucun de mes collègues qui n'ait le même avis. »

Elle résiste, se ferme à tous les arguments que lui oppose le garde des Sceaux pour qu'elle fléchisse. Rien n'y fait. Ils sont condamnés à ne pas se comprendre. Le ministre raisonne sur un plan politique, Eugénie réagit sur un plan passionnel. Elle s'enflamme et le foudroie du regard quand il pose le problème avec la froide lucidité du politicien. Pour elle, il n'est plus question ni de dynastie ni même de la France, mais de l'honneur de l'empereur et du sien. Ollivier sursaute quand il l'entend dire qu'elle est prête à immoler son fils, quand elle supplie même qu'on laisse Louis se faire tuer pour racheter la honte qui frapperait Napoléon s'il devait jamais revenir à Paris en position de vaincu ; il ne peut quitter l'armée que victorieux ou mourir ; la légende napoléonienne renaîtrait si par malheur l'empereur venait à disparaître, mais elle ne se relèverait pas d'un acte aussi indigne de lâcheté.

« Un vrai roi, a écrit Fénelon, qui est fait pour ses peuples, et qui se doit tout entier à eux, doit préférer le salut de son royaume à sa propre réputation. » Mais une telle leçon peut-elle s'appliquer à Eugénie quand, chez elle, la fonction impériale s'est totalement substituée à sa propre personnalité ? Elle ne subsiste plus que par elle, la personne privée a disparu, absordée par le personnage public. Le passé de doña Eugenia Palafox y Montijo y Guzmán, son caractère, ses goûts, tout en elle a fusionné pour former un être nouveau, presque déshumanisé, nommé l'Impératrice, qui lui emprunterait ses traits et lui ravirait jusqu'au son de sa voix. Aussi, comment dissocierait-elle le salut de l'Empire de la réputation de l'empereur et de la sienne ? C'est même la conséquence logique, et tragique à la fois, de la fiction de l'homme providentiel qui a servi à justifier le coup d'État du 2 décembre. Napoléon et Eugénie sont prisonniers de cette image, ils font corps avec elle. Des masques laurés en effigie de la monarchie impériale, voilà ce qu'ils sont devenus. L'impératrice, sublime de pathétique déchirant, ne s'enflamme pas en paroles haletantes, entrecoupées, pleines de désespoir, de colère, de fierté, pour sauver la bonne renommée d'un époux mais pour que perdure, par-delà leur personne qui n'est rien, le principe qu'ils incarnent et qui pour elle est tout.

Aussi, dès cet instant Ollivier devient-il pour Eugénie l'homme à abattre. À la lumière de ses propos, elle comprend que l'insistance qu'il met à obtenir le retour de l'empereur cache en réalité un dessein scélérat qui vise à lui retirer la régence, à bouleverser l'ordonnance des choses voulue par Napoléon. Il s'apprête à la poignarder dans le dos, révélant par là même son vrai visage, celui d'un hypocrite tout infatué de lui-même et capable de la plus vile trahison. Comme elle avait raison de se méfier de lui ! Puisque le garde des Sceaux a pris l'initiative de la rupture et ouvert les hostilités le premier, elle va risposter, décidée à le faire tomber. Seulement, dans les circonstances présentes, elle se refuse à provoquer une crise ministérielle. S'y résignerait-elle qu'elle ne dispose pas des pouvoirs suffisants pour dissoudre le cabinet. Par chance, Ollivier, le plus contesté des ministres et le moins estimé, a réussi le tour de force de liguer contre lui la majorité du Corps législatif, toutes tendances confondues. Premier véritable chef de gouvernement de l'histoire de l'Empire, il n'est jamais parvenu à s'imposer à la Chambre. Ses assurances trop tranchées d'homme jeune manquant d'expérience agacent nombre de ses collègues et son faux air de virginité politique, dans lequel il se drape pour se défendre de l'accusation de félonie dont le chargent ses anciens amis, le rendent suspect aux yeux de l'Assemblée. Le 2 janvier 1870, les députés l'ont accepté, la plupart en grinçant des dents, surtout du côté des ultra-impérialistes, parce que l'empereur le leur a imposé, qu'il l'a désigné pour achever la refonte des institutions, mais son programme libéral a rencontré d'entrée de jeu le scepticisme des uns et s'est heurté à l'hostilité résolue des autres.

Le 8 août, Ollivier fournit à la régente l'opportunité de son renvoi. En suggérant lui-même de nommer au ministère de la Guerre le général Cousin-Montauban, comte de Palikao, héros de l'expédition de Chine et qui, pour l'heure, se morfond à Lyon avec le commandement du 4e corps d'armée, il suggère bien malgré lui le nom de son futur remplaçant. La difficulté pour l'impératrice, avant d'orchestrer la chute finale d'Ollivier, n'est pas tant de déclencher une fronde parlementaire contre lui – elle a fait le décompte des voix à la Chambre et elle ne doute pas d'un vote de défiance – que de lui trouver un remplaçant, un homme à poigne soutenu par une solide majorité parlementaire, un sauveur qui mette un terme aux désordres qui menacent le pays du chaos. Depuis le 7 août en effet, l'agitation populaire, dans la capitale comme en province, a gagné du terrain. La tension est montée d'un cran. À Paris, chaque jour, des bandes de manifestants se rassemblent place de la Concorde et défient le cordon de troupes déployées autour du Palais-Bourbon. À Lyon, des milliers de personnes défilent quotidiennement dans les rues et réclament des « fusils pour aller aux frontières ». Au Creusot, fief de Schneider, les ouvriers traversent la ville en scandant « Vive la paix ! Vive la république ! ».

Vaincu à la Chambre au terme d'une séance houleuse qui le met finalement en minorité, Ollivier tombe. Il se résigne à l'évidence : il ne dispose plus de la confiance du Corps législatif et, par conséquent, il doit se retirer avant que son impopularité rejaillisse sur l'empereur et rende impropable toute autre alternative acceptable. Immédiatement, Eugénie câble à Napoléon : « Ce que je craignais est arrivé : j'ai un changement de ministère. Palikao est à la tête, mesure admirablement acceptée. » Dans la soirée, le garde des Sceaux, accompagné de l'ensemble des ministres démissionnaires, vient aux Tuileries prendre congé de la régente. « Quoique l'impératrice ne nous y engageât pas, racontera-t-il plus tard, nous nous assîmes autour de la table des délibérations et nous communiquâmes nos sentiments. Nous étions écoutés avec politesse, mais froidement et avec distraction. Nous le comprîmes et nous nous levâmes. L'impératrice parut soulagée. »

En public, du moins, Eugénie ne témoigne aucune indisposition particulière envers l'équipe sortante. Elle tait tout ressentiment et donne l'impression de s'en tenir à son rôle d'arbitre, comme il sied à un souverain constitutionnel. Elle s'est longuement interrogée sur les combinaisons politiques possibles, elle a beaucoup consulté, dressé une liste de personnalités ministrables, écarté ceux qui font des manières et monnaient à un prix exorbitant leur participation, les incontrôlables ou ceux qui déplaisent. En coulisse, elle a tiré les ficelles, incité les députés ultras, reçus discrètement aux Tuileries, à monter au créneau pour renverser Ollivier. À défaut de pouvoir révoquer le chef du cabinet, elle l'a laissé se perdre, puis elle l'a rabattu vers ses adversaires – une coalition hétéroclite et opportuniste – alignés à l'orée du bois, le fusil en joue et prêts à faire feu. Elle a su habilement jouer des dissensions internes, des jalousies et des rivalités de personnes pour demeurer aux commandes de l'État sans qu'il lui fût nécessaire d'organiser un coup de force – une solution qu'elle a d'emblée écartée pour ne pas risquer une guerre civile en présence de l'ennemi. Eugénie n'a jamais fait mystère de son aversion pour le régime parlementaire et ses querelles de partis ; elle ne s'y rallie pas, malgré les apparences, mais elle profite des faiblesses du système, exploite ses failles, brouille les pistes pour sauver ce qui peut encore l'être. Dans l'immédiat, et sans se dissimuler toute l'horreur de la situation, tandis que lui parviennent des départements envahis des télégrammes alarmants des préfets qui supplient qu'on leur envoie d'urgence des renforts, elle s'attache à maintenir d'aplomb la régence pour assurer à tout prix la continuité des institutions de l'Empire.

Avec l'entrée en scène de Palikao commence pour

l'impératrice la longue et ultime veille – vingt-quatre jours – qui verra se resserrer autour d'elle l'étau de la défaite et de la révolution. Déjà les détonations des canons prussiens roulent jusqu'aux barrières de Paris comme le tonnerre dans le ciel les soirs d'orage, et déjà les clameurs de la foule viennent cogner contre les portes des Tuileries. Eugénie oppose à l'adversité un sang-froid remarquable et une sérénité d'âme qui est une sorte de fatalisme. « Il n'y a rien à faire qu'à être résignée, écrit-elle à la comtesse de Montijo pour la dissuader de venir la rejoindre. Souvent je pense aux jours passés et je me demande comment on peut résister à toutes les cruelles émotions qui brisent mon cœur. Je crois qu'on peut tout envier, excepté une couronne. On donne tout, repos, bonheur, tendresse, et souvent on ne voit autour de soi que faiblesses et quelquefois pire. Je dois pourtant dire que j'ai trouvé là où je les ignorais des amis sûrs et dévoués dans ces moments d'épreuve. Soigne-toi, ne te désole pas trop et dis-toi qu'on ne peut rien contre la destinée. »

Seule, bientôt abandonnée de tous, objet de mépris pour les uns et de pitié pour les autres – ce qui est peut-être plus insupportable à un grand courage –, et ne sachant duquel de ces deux sentiments elle aurait le plus à se plaindre, endurant mille humiliations, elle survivra à ses grandeurs passées convaincue que Dieu a voulu que dans son malheur elle y survive.

CHAPITRE XIII

« Que c'est affreux la guerre ! »

Pour Eugénie le temps se passe désormais dans une sorte d'agonie. Dans l'air estival de Paris flotte comme un soupçon de fin d'un monde. L'impératrice ne croit guère aux chances de l'armée de briser l'offensive prussienne, même si elle n'a pas encore atteint ce degré suprême d'abandon qui lui ferait renoncer à se battre. Elle est seulement résignée à se soumettre aux décrets de la Providence. La dureté des épreuves qu'elle traverse provoque en elle comme des décharges électriques. Au fil des jours, la pression des événements s'accentue au point de la maintenir sous une tension qui ne se relâche pas un instant. Tout tourne à l'idée fixe. Poursuivre encore et toujours la guerre, bander les énergies, mobiliser les ressources encore disponibles. À quoi s'ajoutent la marée montante du grondement révolutionnaire, les risques grandissants d'insurrection générale. Où qu'elle tourne ses regards, partout elle voit défis et menaces. Elle a l'impression d'élever des digues de sable, de vulnérables et dérisoires barrages contre les lames de fond qui déferlent sur l'Empire. Parfois une lueur, un espoir de remporter la partie, de reprendre pied. Elle s'y accroche, galvanisée par la perspective d'un retour de fortune, si infime soit-il. Puis de nouveau, quand parviennent les dépêches, la dure réalité : l'armée est en pleine déroute, la victoire se refuse à l'empereur.

La nuit, elle repasse dans sa tête le fil des événements de la journée, ceux de la veille et des jours précédents. Elle cherche à comprendre les raisons de cette tragédie, à démêler l'écheveau des causes, multiformes, imbriquées les unes dans les autres, qui ont conduit directement à la catastrophe, mais tout est si confus qu'il lui est impossible d'y voir clair. Certes, elle peut s'expliquer bien des choses, la légèreté, l'incompétence, la présomption qui, dès le départ, ont faussé le jeu et miné les chances de succès, mais concevoir que tout un peuple ait été frappé d'aveuglement, cela dépasse son entendement. Elle reconnaît là l'intervention d'une force supérieure, la destinée s'abattant sur une nation, la marque de la fatalité qui commande le destin des hommes, car elle sait que le bonheur ne reste jamais fixé au même point, que le sort est une meule qui tourne et broie tout sur son passage. C'est pourquoi elle reste éveillée, en état d'alerte permanent, comme une vigie demandant à la nuit le secret du mystère. Ne s'est-elle pas toujours promis que l'adversité la verrait aussi grande qu'au jour de la gloire ?

Seulement, si sacrée que soit sa mission, elle doit être raisonnable et accepter de dormir un peu, même deux ou trois heures, si elle veut reconstituer ses forces et le lendemain repartir à l'assaut. Pour trouver le sommeil, elle absorbe des doses inquiétantes de chloral et plonge dans une sorte d'oubli fugace et faussement réparateur. Son cerveau se vide de tout ce qui l'oppresse, mais les soucis ne se dissolvent pas pour autant dans la solution chlorée. Le matin elle les retrouve intacts à son réveil quand elle émerge du néant l'air hagard, tremblotante de froid sous l'effet du soporifique dont elle devient dangereusement dépendante. Son entourage s'en émeut, la supplie de renoncer aux grains d'hydrate de chloral et de s'alimenter. Elle ne mange pratiquement plus rien, refuse toute nourriture, excepté un peu de bouillon. Elle est enserrée dans l'angoisse, souffrant tout ce qu'on peut matériellement souffrir. Son organisme s'est contracté, presque refermé, comme si, obéissant à un réflexe de survie, il se protégeait contre les agressions extérieures.

Aussitôt entré en fonction, le général de Palikao s'est mis au travail, avec l'entière approbation de la Chambre, bénéficiant même, dans un premier temps, de l'attentisme de l'opposition parlementaire qui hésite encore sur l'attitude à adopter. Les radicaux s'interrogent, avec un sens certain de l'opportunisme politique, sur la stratégie à suivre pour s'emparer du pouvoir. Vont-ils jouer la carte de la légalité ou opter pour le parti de la révolution ? Dans l'immédiat, la question reste ouverte. La défense de Paris se poursuit à un rythme soutenu. Clément Duvernois, le ministre du Commerce, décrète un moratoire des effets de commerce. Le conseil municipal supprime les droits d'octroi sur les blés, les farines, les légumes secs et les fourrages afin de remplir les entrepôts. Les édiles incitent les Parisiens à faire des réserves de denrées alimentaires dans la mesure de leurs besoins et de leurs ressources. Ils passent commission à des maquignons pour acheter des milliers de bêtes sur pied, des bœufs et des moutons qu'on parque dans les jardins publics, au bois de Boulogne ou de Vincennes. Des charrettes chargées à plein de grains et de foin, des troupeaux circulent dans les rues. Paris ressemble à un immense champ de foire un jour de comice agricole. Devant les hôtels particuliers ou les immeubles bourgeois des beaux quartiers stationnent d'innombrables voitures de déménagement. Les habitants les plus riches s'apprêtent à quitter la ville, tandis que ceux des faubourgs se réfugient en masse à l'intérieur des fortifications. Les fiacres sont pris d'assaut, les cochers font de lucratives affaires. Tout moyen de transport, pourvu qu'il ait des roues, se négocie à prix d'or, y compris les corbillards des pompes funèbres. Des files de voitures encombrent les accès aux portes de Paris et restent parfois bloquées des nuits entières. Dans les campagnes environnantes de la Beauce, de la Brie, de la plaine de France, les paysans battent les blés, résignés à brûler les récoltes qu'ils n'auront pas eu le temps de moissonner avant l'arrivée des Prussiens.

En prévision des pillages et des bombardements ennemis, Eugénie prend des dispositions pour mettre en sûreté ses effets personnels. Elle confie à la princesse de Metternich la garde de ses bijoux et de ses perles ; à sa demande, le mobilier et les objets précieux de Saint-Cloud sont remisés au garde-meuble de la Couronne, les œuvres d'art du domaine privé de l'empereur et ses propres archives expédiées à l'arsenal de Brest. Ses femmes ont emballé les souvenirs intimes qui remplissent son cabinet des Tuileries. Dans la salle du Conseil et le salon des Chambellans, elle a fait décrocher les grands portraits de la famille impériale, celui de Napoléon dans son cabinet de travail par David, ceux de la reine Hortense et de son fils aîné ou de Louis Bonaparte par Gérard. Le palais se vide de ses plus beaux trésors. Les appartements d'apparat, avec leurs sièges et leurs lustres enveloppés de perse grise, privés de leurs bibelots, dépouillés de leurs tableaux, dont on aperçoit seulement au mur la trace sur les tentures de soie, ont désormais un aspect de tristesse glacée qui contraste avec la richesse de la décoration des lambris et les peintures des plafonds. La vie tourbillonnante a déserté ce théâtre de la grandeur : il n'y demeure plus que des ombres fugitives. Les plantes vertes ont disparu des jardinières, les bouquets de fleurs n'ornent plus les vases, les salles ne résonnent plus des pas affairés des huissiers, les visiteurs ne se pressent plus dans les antichambres. L'impératrice a installé une ambulance sur la terrasse des Tuileries et une autre dans le théâtre.

Avec l'accord de Napoléon, le Conseil décide que, si les circonstances l'exigent, une délégation des ministères se transportera dans une ville de province pour représenter le gouvernement. L'impératrice approuve cette résolution mais exclut de quitter personnellement la capitale. Tant que Paris tiendra, elle demeurera à son poste, non seulement pour assurer la continuité de l'État, mais aussi pour soutenir le moral des Parisiens durant le siège. Et si, par malheur, demain Paris venait à tomber, alors elle irait implorer la magnanimité du roi Guillaume.

En province s'étend l'agitation révolutionnaire. Elle atteint maintenant Marseille où l'état de siège est instauré le 10 août. Le 12, le préfet de police fait savoir que Blanqui est de retour dans la capitale. Prévenu par ses informateurs de l'imminence d'une conspiration, Piétri perquisitionne aux domiciles des meneurs, dont un certain Eudes bien connu de ses services et qui deviendra, quelques mois plus tard, l'un des généraux de la Commune. Les policiers saisissent des révolvers de fabrication étrangère et des poignards, ainsi qu'un lot de drapeaux rouges. Ce même jour, l'empereur accepte enfin la démission du maréchal Lebœuf. Fatigué et lassé des pressions multiples qu'il subit, il se démet par ailleurs du commandement en chef et nomme le maréchal Bazaine à la tête de l'armée du Rhin. Le 13, à Lyon, un dénommé Lentillon, notaire à Thurins, proclame la Commune insurrectionnelle. Le 14, l'empereur et son état-major quittent Metz et se dirigent vers le camp de Châlons ; Bazaine ordonne la retraite par la route de Verdun. Du côté de Borny, l'armée, en plein mouvement, se heurte aux Prussiens et sort victorieuse d'un combat particulièrement meurtrier. Dans la soirée, Napoléon visite le champ de bataille. Les cadavres s'entassent les uns sur les autres sur plus d'un mètre de hauteur. À Paris, Blanqui, Eudes et une soixantaine de comparses attaquent la caserne des pompiers de la Villette dans l'espoir d'y trouver des armes. Le caporal de service et une jeune fille sont tués dans la bagarre. Les sergents de ville, soutenus par la population, mettent la main sur une partie des comploteurs. Eudes, qui était parvenu à s'enfuir, est arrêté dans la soirée en plein Quartier latin. Les arrondissements populaires n'ont pas répondu à l'appel des blanquistes. Pour eux, l'heure n'est pas encore à la révolution sociale mais à la défense de Paris.

Eugénie passe le 15 août, jour de la fête de l'empereur, enfermée chez elle, persiennes closes, dans le deuil des soldats et de leur chef, le général Dejean, tombés à Borny. Quel contraste saisissant avec le 15 août 1869 et l'accueil fastueux des Corses ! Elle revoit la baie d'Ajaccio embrasée par le gigantesque feu d'artifice tiré depuis les montagnes, mais dans quelle mesure les fusées des Rugieri qui zébraient la nuit méditerranéenne ne préludaient-elles pas aux bombes incendiaires qui bientôt tomberont sur Saint-Cloud ? Tout au long de la journée, les pompiers de province, montés à Paris pour participer à la défense de la capitale, ont défilé dans les rues sous une chaleur étouffante avant de se rassembler place de la Concorde. Dans la soirée, l'impératrice, la tête enveloppée d'une dentelle blanche, suivie d'un petit groupe, se promène dans le jardin des Tuileries en quête d'un peu de fraîcheur. Elle reste silencieuse, indifférente à ceux qui l'accompagnent. Alors qu'elle atteint la grille du pont tournant éclatent soudain les fanfares des brigades de pompiers qui regagnent leur casernement. À ce bruit assourdissant, elle frémit, s'arrête et revient sur ses pas, subitement troublée. Devant elle la masse sombre du palais se détache sur un ciel d'un rouge incandescent caractéristique des soirs de canicule. « Voyez, dit-elle, élevant la voix, on dirait que les Tuileries sont en flammes ! » Avec ses vêtements blancs, son voile léger, ses beaux traits amincis, sa pâleur transparente, elle ressemble à une statue de marbre à peine animée.

Écrasés sous le poids de la fatalité, les fidèles d'entre les fidèles s'interrogent sur la survie de l'Empire. « Ce n'est pas tant l'armée prussienne que je crains, écrit Prosper Mérimée à madame de Rayneval, le 17 août, mais les alliés rouges qu'ils ont à Paris. Qu'espérer avec le gouvernement parlementaire que nous avons ? Les destinées de la France sont entre les mains de trois ou quatre cents avocats, tandis qu'elles devraient être confiées à la dictature d'un général. » D'une dictature militaire, pourtant, Eugénie ne veut pas entendre parler. Elle l'a déjà écartée lorsque Ollivier lui a suggéré l'idée d'un coup de force contre l'opposition radicale, parce que selon elle nul ne peut se substituer à l'empereur dans le rôle de l'homme providentiel, qu'à l'instant même où cette solution prévaudrait c'en serait fini du règne de Napoléon III. Elle préfère voir s'effondrer vingt années d'espérance dans l'honneur plutôt que d'assister au spectacle effroyable d'une guerre fratricide qui se déroulerait sous les yeux des Prussiens et servirait leurs intérêts.

À Châlons où l'empereur et le prince impérial se sont installés dans l'improvisation la plus complète après un voyage en wagon de troisième classe, les régiments de Mac-Mahon se reforment péniblement. Les mobiles parisiens, qui les ont rejoints, rebelles à toute discipline militaire, sont en révolte contre leur général. À Metz, après deux jours d'engagements contre l'ennemi, Bazaine, bientôt coupé de toute communication avec Paris et paralysé dans tous ses mouvements de retraite sur Verdun, enterre ses morts et complète ses munitions.

Le 18 août vers minuit, le général Trochu, arrivé du camp de Châlons, demande aussitôt à être reçu aux Tuileries malgré l'heure tardive, muni d'un décret impérial le nommant gouverneur de Paris en remplacement du vieux maréchal Baraguay d'Hilliers. La discussion avec l'impératrice, longue, agitée, passablement incohérente, s'éternise jusqu'au petit matin. Elle en appelle à son dévouement ; il lui donne des assurances formelles de sa fidélité à l'empereur. Trochu voit la situation sous un jour extrêmement sombre. Il ne dissimule pas que l'armée de Mac-Mahon ne présente pas, à son avis, d'éléments de résistance suffisants, il plaide pour le retour de l'empereur. Eugénie, émue des nouvelles qu'il lui apporte, répond que l'empereur ne rentrera pas. Elle a décidé en effet que Napoléon resterait au milieu des troupes, car elle croit son mari et son fils plus en sûreté auprès de l'armée. Quant à elle, elle demeure au poste qu'elle juge le plus dangereux, parmi ces Parisiens qu'elle arme pour la défense nationale.

« Savez-vous, général, déclare-t-elle au nouveau gouverneur, que cinquante hommes armés pourraient arriver sans peine jusqu'à cette chambre et me massacrer ? On ne m'attaque pas, pourquoi ? Précisément parce que je ne me défends pas, parce que l'on sait bien que, moi disparue, l'Empire resterait debout. Mais supposez l'empereur dans ce palais, qui est le piège où l'on prend les souverains. Qu'arriverait-il ? Imaginez l'assaut de toutes les haines coalisées contre lui. De deux choses l'une : ou l'armée prendrait son parti, et alors ce serait une guerre civile entre elle et les Parisiens armés, ou elle l'abandonnerait et ce serait une révolution, un massacre. Dans les deux cas, qui gagnerait ? Les Prussiens. »

Dans la soirée Eugénie a transmis au ministre de la Guerre une dépêche par laquelle Napoléon annonce son intention de ramener l'armée de Châlons sur Paris. Eugénie, affligée de voir l'empereur ballotté entre des avis contraires pour finalement se ranger aux conseils les moins avisés, effrayée à l'idée qu'il paraisse abandonner l'armée de Metz à ses seules ressources, lui a câblé à Châlons : « Avez-vous réfléchi à toutes les conséquences qu'amènerait votre rentrée à Paris sous le coup de deux revers ? Pour moi, je n'ose prendre la responsabilité d'un conseil. Si vous vous y décidez, il faudrait au moins que la mesure fût présentée au pays comme provisoire : l'empereur revenant à Paris réorganiser la deuxième armée et confiant provisoirement le commandement en chef de l'armée du Rhin à Bazaine. » Napoléon, la mort dans l'âme, se rend à l'opinion du cabinet.

À compter du 19 août, date de l'investissement de Metz, les nouvelles de l'armée du Rhin, qui campe au pied de la citadelle, vont aller en se raréfiant avant de s'interrompre complètement. Plus de télégraphe, plus de chemin de fer, Bazaine enfermé par les Prussiens dans un cercle de fer. À Châlons, Mac-Mahon, à la tête d'une armée de cent vingt mille hommes, hésite encore sur le parti à prendre : soit dégager promptement Bazaine, dont la position est des plus critiques, soit rallier Paris. Palikao le somme de se porter au secours de Bazaine. « C'est le seul moyen, assure-t-il, de tout réparer. » Il trace le plan de sa marche et en règle lui-même les détails. En partant de Châlons le 21 août, Mac-Mahon pourrait, en quatre ou cinq étapes, gagner la Meuse et se concentrer aux environs de Verdun, où il culbuterait l'armée du prince de Saxe. Bazaine, en entendant le canon, sortirait alors de ses campements, les deux maréchaux réuniraient leurs forces et tailleraient en pièces l'armée du prince royal de Prusse.

Se pliant aux ordres du ministre, le 21 août, le duc de Magenta lève le camp de Mourmelon. Malgré sa répugnance personnelle pour une telle option, le maréchal s'est finalement résigné à marcher sur Metz, l'empereur dans ses bagages. Le cabinet pousse un soupir de soulagement. Abandonner Bazaine aurait eu à Paris les plus fâcheuses conséquences. Le retour de Napoléon aurait achevé le peu de crédit qui reste au souverain. Le gouvernement assure que les Parisiens sont en mesure de se défendre seuls contre le prince royal de Prusse et de soutenir un siège. Pour sa part, la régente en est tellement convaincue qu'elle dépêche en renfort à Mac-Mahon les vingt-deux mille hommes de la garde de Paris commandée par le général Vinoy. À ceux qui voudraient la dissuader de dégarnir ses propres troupes et agitent devant elle le spectre de la révolution, elle tient tête et répète que son sort personnel ne pèse d'aucun poids en comparaison de celui de la nation. « Encore une fois, leur dit-elle, ne pensez ni à moi ni à la dynastie, pensez à la France ; je ne veux pas qu'on discute une pareille question. De quels remords ne nous chargerions-nous pas devant nos consciences et devant l'histoire, si nous nous disions un jour que la présence de ces vingt-deux mille hommes aurait pu changer une défaite en victoire, et que nous les avons immobilisés dans Paris pour notre défense personnelle ? Ne perdons pas une minute ; que le général Vinoy parte aujourd'hui même. »

Le ministre de l'Intérieur exhorte les préfets à résister et à retarder par tous les moyens l'avancée de l'ennemi. « Si vous étiez menacés d'être pris, leur télégraphie-t-il, repliez-vous en arrière, laissez aux maires le soin de diriger la population et de soutenir son moral. » La régente signe décret sur décret. Les uns étendent l'état de siège aux ports de la Manche et de l'Atlantique ou aux départements envahis, les autres créent de nouveaux régiments ou réorganisent l'administration centrale de la Guerre. Les Tuileries centralisent les renseignements qui transitent par la place Beauvau et la préfecture de police. Les communications de l'ensemble des services, de l'armée, des préfectures affluent vers le cabinet de l'impératrice. En dépit de la surcharge de travail qui est la sienne et de la masse de dispositions qu'il lui faut prendre, Eugénie ne ressent aucune fatigue. « Si tout le monde avait son courage, le pays serait sauvé et pas un Prussien ne repasserait le Rhin », relève Mérimée. Les gens de sa maison ne la voient presque plus. Un mot, un geste, un signe entre deux portes, entre deux conseils, voilà tout ce qu'elle accorde à la vie privée. Et puis parfois lui échappe l'une de ces paroles douloureuses qui trahissent les angoisses d'une âme déchirée. « Les Français veulent qu'on soit toujours heureux », soupire-t-elle sur un ton désabusé. Il lui importe surtout de savoir que l'empereur et Louis supportent fort bien, malgré quelques privations, la vie qu'ils mènent à l'armée.

La comtesse de Montijo a proposé de venir la rejoindre. Mais dans les circonstances présentes Eugénie ne veut surtout pas ajouter de nouveaux soucis à ses tracas. La présence de sa mère serait une source de complications supplémentaires. Elle ne veut s'encombrer d'aucun membre de sa famille, parce qu'elle entend conserver sa liberté de mouvement sans avoir à s'inquiéter à chaque instant de la sécurité des siens. D'où, entre autres motifs, son insistance à empêcher le retour à Paris de son mari et de son fils. Elle s'est également séparée de ses neveu et nièces qu'elle a envoyés à Londres. En cas de révolution, une femme seule peut s'enfuir et disparaître dans l'anonymat de la foule, mais comment organiser la fuite d'une famille entière en passant inaperçue ? Elle est hantée par l'échec de la fuite à Varennes, les transes éprouvées par Marie-Antoinette et Louis XVI d'être reconnus à tout instant et, au retour, l'humiliation des fugitifs au cours de leur lente traversée de Paris dans un silence lourd d'insultes. Elle s'est juré que s'il lui fallait partir – une hypothèse qu'elle écarte de moins en moins – elle s'arrangerait pour n'être pas rattrapée ni avoir à souffrir la honte de l'indignité nationale. Sa cousine, la frêle princesse Clotilde, la soutient par son courage. À son père, le roi d'Italie, qui la presse de rentrer à Florence, celle-ci écrit le 25 août : « Mon départ produirait le pire et le plus déplorable des effets… Mon devoir est de demeurer ici tant que je le pourrai, dussé-je y demeurer et y mourir : on ne peut s'enfuir devant le péril. Je suis française, je ne puis abandonner mon pays… Rien ne me fera manquer à mon devoir. Et j'y manquerais si je partais en ce moment… Je ne suis pas une princesse de la Maison de Savoie pour rien !… Partir quand le pays est en danger, c'est le déshonneur et la honte pour toujours. » La témérité de ces deux femmes a quelque chose d'héroïque qui force l'admiration, une noblesse et un panache qu'on pourrait croire d'une autre époque s'ils n'étaient l'expression de caractères si hautement aristocratiques. Eugénie attend les Prussiens de pied ferme, sans affolement, avec même un soulagement à l'idée d'en finir. Le 26 août, elle avertit ses nièces de l'imminence du siège. « Probablement vous n'aurez de nos nouvelles que par les journaux, leur écrit-elle. Du courage donc. J'envisage les choses avec calme : je ne sais si la fatigue et les inquiétudes en sont la cause, mais je regarde cette crise comme bonne et j'espère. Je n'aurai probablement pas de nouvelles de l'empereur et de Louis pendant de longs jours, mais il faut se résigner et avoir du courage pour subir toutes les dures épreuves que nous subissons. »

La marche de Mac-Mahon vers Metz s'exécute avec une déplorable lenteur, à cause du manque d'organisation et de cohésion dans les mouvements de l'armée. À cause aussi de l'encombrement que provoque la présence de l'empereur dans ses rangs, présence d'autant plus inutile qu'il s'est dépouillé du commandement en chef. « Nous traînons notre boulet d'or », grognent certains officiers. Les équipages et les bagages du souverain, les cuisines impériales, au total près d'une centaine de personnes, s'intercalent dans les colonnes et entravent leur marche. Le 23 août, Palikao conjure Napoléon de remplacer de toute urgence, dans les régiments de cavalerie, les vides qui se sont produits dans les rangs des officiers. « Je prie Votre Majesté, lui mande-t-il, de m'envoyer immédiatement l'état nominatif des candidats aux diverses vacances, ou de me faire connaître les nominations que l'empereur a déjà faites pour pourvoir à ces emplois. » L'armée n'atteint Rethel que le 26. Les Allemands l'ont devancée sur la Meuse. Le 27, à Tourteron, l'empereur, par prévoyance, se sépare « pour quelques jours » de son fils. Il ne le reverra pas avant de longs mois. Louis, accompagné de ses trois aides de camp et escorté d'un peloton de cent-gardes, prend aussitôt la route de Mézières. Le soir, Napoléon s'établit au Chesne-Populeux. Le 28, il s'installe à Carignan, une petite ville située le long de la ligne du chemin de fer de Sedan à Montmédy. Le gros des troupes de l'armée de Mac-Mahon campe à Vaux, village situé à trois kilomètres du quartier impérial. Les deux routes menant à Metz, celle de Verdun et celle de Montmédy, sont désormais coupées. Le maréchal pourrait encore rétrograder – l'empereur l'y incite beaucoup – mais une dépêche itérative de Palikao l'engage à poursuivre sa marche. « On veut que nous allions nous faire tuer là-bas ; il faut obéir », laisse-t-il tomber devant les généraux de son état-major qui lui conseillent la retraite.

L'impératrice s'interroge sur la tactique de l'ennemi, qui semble ralentir sa progression sur Paris. Selon l'opinion générale, les Prussiens, abandonnant la route de la capitale, se porteraient massivement sur l'armée de l'empereur. « Je vous laisse à penser, confie-t-elle dans une lettre à ses nièces, profitant que le service postal avec l'Angleterre fonctionne encore, sur l'état de mon cœur. Je suis inquiète et impatiente, car probablement d'ici à quelques jours il y aura une grande bataille. C'est affreux, la guerre ! » Le prince impérial, ballotté entre Mézières et Sedan, au gré des ordres de son père, ne cache pas son irritation devant ces départs précipités qui ont l'apparence d'une fuite. Le 29, il est à Avesnes : tout contact avec l'empereur est désormais impossible ; Duperré, son premier aide de camp, ne reçoit plus ses instructions que de l'impératrice, encore qu'il éprouve de réelles difficultés à correspondre avec les Tuileries. Personne ne sait au juste dans quelles mains, amies ou ennemies, tombent désormais les dépêches d'Eugénie.

Le 29 à 11 heures du soir, Moltke, le généralissime prussien qui jusque-là s'est refusé à l'offensive, jugeant la concentration incomplète, fixe pour le lendemain l'attaque sur Beaumont. En quelques heures les Français sont bousculés et les Allemands prennent le contrôle de toute la rive gauche de la Meuse. Le dernier télégramme connu de l'empereur à la régente avant l'épilogue est daté de Carignan, le 30 août à 5 h 40 du soir : « Il y a encore eu un engagement aujourd'hui sans grande importance, l'informe-t-il. Je suis resté à cheval assez longtemps. » Napoléon aimerait demeurer avec le corps d'armée chargé de couvrir la retraite. Il ne veut surtout pas donner l'exemple de la fuite, jusqu'au moment où il apprend que le maréchal de Mac-Mahon a informé Palikao qu'il est forcé de se porter sur Sedan, comptant sur la citadelle et les remparts de la vieille cité pour offrir à ses hommes un abri sûr. L'empereur quitte alors précipitamment la ville et par le train gagne à son tour la sous-préfecture des Ardennes. Des milliers de soldats débandés errent dans les rues de Carignan, la canonnade allemande se rapproche à grands pas, les habitants, effrayés, s'enfuient vers la frontière belge. De longues files de charrettes chargées de femmes, d'enfants, de meubles, d'ustensiles de ménage encombrent les routes.

Le 31 au matin, les Allemands franchissent la Meuse

en plusieurs points. Du haut des fortifications de Sedan, Mac-Mahon distingue l'artillerie prussienne qui a pris position sur les hauteurs environnantes. En arrière, un nuage de poussière dénonce l'avancée de l'ennemi. Le 1er septembre, dès l'aube, dans le camp français, le clairon sonne le réveil de régiment en régiment. Soudain, une fusillade éclate du côté du village de Bazailles. Une bataille décisive commence. Après avoir marché en vain à la tête d'une colonne d'attaque sans avoir rencontré la mort, Napoléon s'est retiré à la sous-préfecture. De là, il assiste impuissant à l'agonie de son armée et à l'effondrement de ses derniers espoirs. À 4 heures de l'après-midi la défaite est complète. Vers 5 h 30, le bruit de la canonnade cesse et, sur ordre de l'empereur, le drapeau blanc est hissé sur la citadelle. Napoléon fait remettre aux deux délégués venus du quartier général prussien sommer la place de se rendre une lettre de capitulation destinée au roi Guillaume et ainsi rédigée : « Monsieur mon frère, n'ayant pu mourir à la tête de mes troupes, il ne me reste qu'à remettre mon épée entre les mains de Votre Majesté. Je suis de Votre Majesté le bon frère. Napoléon. »

Le lendemain 2 septembre à 6 heures du matin, dans une bien modeste maison située en bordure de la route de Donchery, Napoléon recontre Bismarck avec l'espoir d'obtenir des conditions favorables de reddition, mais le chancelier renvoie la question aux militaires. Se considérant comme prisonnier de guerre, l'empereur refuse pour sa part d'entamer des négociations de paix avec lui. Il a remis son épée, il n'est plus rien. Seul le gouvernement de la régente est dorénavant habilité à entrer en pourparlers avec la Prusse. Au château de Bellevue, à Fresnoy, juste après la signature de la capitulation de l'armée par les généraux, il a une courte entrevue avec le roi Guillaume. À la sortie de l'entretien, Napoléon a les yeux brillants de larmes, mais il se domine et garde une attitude pleine de dignité. Le soir, il écrit à l'impératrice : « Il m'est impossible de te dire ce que j'ai souffert et ce que je souffre. Nous avons fait une marche contraire à tous les principes et au sens commun. Cela devait amener une catastrophe. Elle a été complète. J'aurais préféré la mort à être témoin d'une capitulation si désastreuse et, cependant, dans les circonstances présentes, c'était la seule manière d'éviter une boucherie de soixante mille personnes. Et encore si tous mes tourments n'étaient concentrés qu'ici ! Je pense à toi, à notre malheureux pays, à notre fils. Que Dieu les protège ! Que va-t-il se passer à Paris ? Je viens de voir le Roi qui a été extrêmement gentleman et même cordial. Il a eu les larmes aux yeux en me parlant de la douleur que je devais éprouver. Il met à ma disposition un de ses châteaux près de Hesse-Cassel. Mais que m'importe où je vais ! Je sens que ma carrière est brisée, que mon nom a perdu son éclat. Je suis au désespoir. »

Le 3 septembre, par un jour triste et pluvieux, l'empereur, dans un coupé fermé, prend la route de la Belgique pour se rendre à Wilhelmshöhe. D'interminables convois de prisonniers français traversent la Meuse sous l'escorte de bataillons de la Landwehr pour être conduits dans la presqu'île d'Iges, au nord-ouest de Sedan, qui deviendra pour eux le « camp de la misère ». Arrivé le soir à Bouillon, dans les Ardennes belges, Napoléon rédige à l'intention de l'impératrice une relation détaillée de la journée de Sedan. Cette seconde lettre, comme la précédente, Eugénie ne la lira qu'après le 4 septembre. Alors seulement elle mesurera l'enfer que l'empereur a traversé. « Après les malheurs irréparables dont j'ai été le témoin, je pense aux dangers que tu cours et je suis bien inquiet des nouvelles que je recevrai de Paris. La catastrophe qui est arrivée devait avoir lieu. Notre marche était le comble de l'imprudence et, par-dessus le marché, elle a été très mal dirigée. Mais je ne croyais jamais que la catastrophe fût aussi épouvantable. Figure-toi une armée entourant une ville fortifiée et étant elle-même entourée de tous les côtés par des forces très supérieures. Au bout de quelques heures nos troupes se sont débandées et ont voulu rentrer en ville. Les portes étaient fermées. Elles les ont escaladées. Alors la ville s'est trouvée remplie d'une foule compacte, entremêlée de voitures de toutes espèces et, sur cette agglomération de têtes humaines, les obus pleuvaient de tous côtés, tuant les personnes qui étaient dans les rues, renversant les toits, incendiant les maisons. Dans cette extrémité, les généraux sont venus me dire que toute résistance était impossible. Plus de corps constitués, plus de munitions, plus de vivres ! On a tenté de faire une trouée, mais elle n'a point réussi. Le maréchal de Mac-Mahon a été blessé dès le début de la journée. J'ai abandonné le commandement au général de Wimpffen ; je suis resté quatre heures sur le champ de bataille. Les obus tombaient de tous côtés. D'Hendecourt a été blessé et a disparu. Le prince de la Moskowa, Courson et Trecesson ont fait des chutes qui les ont blessés. Leurs chevaux étaient effrayés de la quantité des explosions. Jamais on n'aura vu un semblable spectacle et une défaite aussi atroce. Dans ma position actuelle, je dois, il me semble, te donner tous les pouvoirs, puisque je suis prisonnier. La marche d'aujourd'hui au milieu des troupes prussiennes a été un vrai supplice. »

Le désastre dans lequel il a entraîné la France projette Napoléon dans une sorte d'état de prostration. L'homme en sort meurtri, le souverain atterré. Il s'abandonne aux dures lois de l'infortune, plus résigné que révolté. Il se sait politiquement fini et n'en éprouve aucun regret, mais des remords le rongent, parce que, à la différence de son oncle, il a toujours eu la guerre en horreur et qu'en l'occurrence il n'a pas su l'éviter. Avec l'Empire il avait promis la paix, et voilà que l'Empire s'effondre dans une débâcle foudroyante. Il assume la responsabilité du sang qui a coulé et il en souffre d'autant plus que ce sang a coulé inutilement. Peut-être aurait-il mieux servi son nom et sa dynastie s'il s'était laissé ensevelir avec son armée sous les ruines de Sedan, mais la chose était au-dessus de ses forces. Son cœur, comme il le dira plus tard, s'est refusé à ces sinistres grandeurs. Assurément, pour un souverain vaincu, le courage de s'humilier devant l'ennemi est plus grand que celui de mourir sur un champ de bataille. Le drapeau blanc hissé sur son ordre au sommet de la citadelle a quelque chose du linceul des aigles.

CHAPITRE XIV

« Je ferai mon devoir »

Qu'est-ce qui va sortir de ta main qui se voile, ô destin ? Sera-ce l'ombre infâme et sinistre, ou l'étoile du matin ?

Victor Hugo,
Au moment de rentrer en France,
31 août 1870.

À Paris, les 29, 30 et 31 août se sont écoulés sans nouvelle positive. L'interruption des communications fait paraître plus interminables encore les journées qui s'éternisent dans une anxiété croissante à mesure que les heures s'écoulent dans un silence pesant. Tout laisse à penser qu'entre Carignan et Sedan un combat furieux est engagé de part et d'autre, mais il n'est guère possible d'en savoir davantage. L'impératrice, qui vient d'écrire à Duperré pour contremander les ordres de l'empereur concernant son fils, ne sait comment lui faire parvenir sa lettre. Elle désapprouve les directives de son mari et s'élève contre les déplacements continuels qui contraignent le prince à circuler sur des routes incertaines. C'est une épreuve supplémentaire pour elle de le savoir ainsi exposé à toutes sortes de dangers. Le ton est sec et les reproches sévères. Plaçant l'honneur au-dessus de tout, elle retrouve ici cette même fougue à exalter le devoir qui lui avait arraché, à la veille de la guerre, ce cri terrible et confondant : « J'aime mieux le voir mort que sans honneur. »

Pour elle, quel avilissement si elle venait à apprendre que Louis a fui devant l'ennemi ! Il faut résister au malheur et, à défaut d'une victoire des armes, gagner du moins la gloire par une mort éclatante ou un sacrifice rigoureux. En un mot, selon son propre code moral, être héros ou cesser d'être. « Je ne suis pas d'avis de ces pérégrinations de ville en ville. Là où vous êtes, il faut tenir. Si la ville était prise, il serait temps de faire cacher celui que vous gardez et de le faire sortir secrètement. Si Avesnes est impossible, allez à Laon : c'est une place fortifiée et sur le théâtre de la guerre. Vous avez un soin plus pressant que celui de la sécurité : c'est celui de l'honneur et je trouve que cette retraite sur Amiens est indigne de lui et de nous. Chacun de nous doit soutenir, dans les limites de ses forces, les durs devoirs qui lui incombent. J'ai le cœur déchiré mais résolu. Je n'ai pas de nouvelles de mon mari ni de vous depuis hier. J'ai des angoisses terribles, mais je veux, avant tout, que chacun de vous fasse son devoir. Songez à une chose : je puis pleurer mon fils mort, blessé, mais en fuite ! Je ne vous pardonnerais jamais. C'est donc à votre honneur de militaires que je m'adresse. Faites pour le mieux, mais agissez en soldats. Je vous couvre et prends toute responsabilité. Nous tiendrons Paris, si nous sommes assiégés, et hors de Paris, encore et toujours. Pas de paix possible ! »

Leurs destinées sont désormais entre les mains de Dieu. Il leur appartient d'accomplir leurs devoirs et ils doivent s'y préparer, quel que soit pour eux le prix à payer. À sa mère qui lui propose de faire venir Louis à

Madrid, elle répond qu'« il doit rester dans son pays tant que son pays voudra de nous. On ne peut pas se garer aux heures de danger, pour revenir avec la fortune… Crois-moi, ajoute-t-elle, ce n'est pas le trône que je défends, c'est l'honneur et si après la guerre, quand il n'y aura plus un seul Prussien sur le sol français, le pays ne veut plus de nous, j'en serai heureuse, et alors loin du bruit et du monde, je pourrai peut-être oublier que j'ai tant souffert… Je te demande pardon de cette triste lettre. Je tâche d'être forte, mais le cœur déborde quand je pense à ce pauvre enfant de quatorze ans qui subit de si rudes épreuves. Ne crois pas que je n'ai pas de moral, j'espère toujours. » On ne peut qu'être troublé par son obsession du destin et par ce sentiment d'orgueil qui la pousse à défier l'adversité et lui confère définitivement un je ne sais quoi d'héroïque, de cornélien. Son caractère entier est forgé dans les exigences de sa grandesse. Elle accepte tous les sacrifices, non pour l'élégance du geste, mais pour préserver son honneur de toutes les flétrissures. Eugénie attache en effet bien plus de prix à une victoire morale qu'aux succès militaires. Pourtant derrière cette intransigeance presque monstrueuse se devine le cœur vulnérable d'une mère atrocement torturée par son amour maternel.

Le 1er septembre, des télégrammes d'origine prussienne publiés par le *Times* de Londres annoncent la défaite de Beaumont. Tandis que toutes sortes de rumeurs confuses et contradictoires aiguisent les inquiétudes, le gouvernement s'efforce d'apaiser les craintes, mais dans les sphères du pouvoir et au sein du comité de défense certains, pénétrés des dangers que court Mac-Mahon, parlent de ramener vers Paris l'armée de Châlons. Les nouvelles de Sedan devenant plus alarmantes, dans les rangs de la gauche radicale, au siège de l'Internationale ou dans les clubs, l'opposition attend une défaite et se prépare à agir.

La journée du 2 s'achève sans que le ministre de la Guerre soit informé de rien, officiellement du moins, parce que dans les faits bien des bruits circulent, émanant souvent de sources privées. Aussi est-il bien difficile de préciser qui sait quoi. Le 2 septembre, à ses nièces, l'impératrice assure que depuis trois jours elle est sans nouvelles de l'empereur et de Louis. « Je n'ai pas besoin, ajoute-t-elle, de vous dire l'état de mon âme. Si cet état devait se prolonger, je crois que ma tête ne résisterait pas. Nous nous préparons de plus en plus pour le siège, bien résolus à tenir tant que nous pourrons et, si la ville faiblit, aller ailleurs continuer la guerre, car il la faut à outrance, tant qu'un seul Prussien sera sur le territoire français. Il me semble que toutes les souffrances par lesquelles je passe donnent une vigueur de plus à mon cœur pour en supporter d'autres et affirment l'idée de la résistance à outrance. » La vigueur de ses propos laisse supposer qu'Eugénie, à l'heure où elle écrit cette lettre, n'a toujours pas connaissance de la capitulation de Sedan. Il est même fort probable que si on la lui avait rapportée – et pourquoi écarter complètement cette hypothèse quand d'autres l'ont défendue – elle n'y aurait pas cru. Imprégnée par l'esprit de résistance, elle ne peut concevoir un instant que Napoléon se constitue prisonnier sans avoir livré une grande bataille. Or, si les Français, même défaits, s'étaient effectivement battus, le choc des armes aurait été si puissant qu'il aurait résonné jusqu'à Paris, parvenant à percer le mur de silence qui isole depuis plusieurs jours le quartier impérial de la capitale.

Cependant, même confrontée à des preuves tangibles, à des témoignages irréfutables, elle refuserait d'admettre l'évidence. Elle s'est repliée dans une réalité qui lui est propre, qui échappe à l'entendement commun et ne correspond plus guère au monde réel. Plus elle perd d'emprise sur les événements, plus elle les reconstitue pour les conformer à sa vision idéale des choses. Elle nie ce qu'elle ne veut – ou ne peut – ni entendre ni voir, elle transmue l'histoire au gré de ses douleurs et de ses espérances. Son imagination, saturée d'émotions fortes, exacerbée par ses engagements passionnés, est emportée comme à la dérive par son dévouement aveugle et sacrificiel à l'Empire et à sa légende.

En fin d'après-midi, Jérôme David, le ministre des Travaux publics, a reçu de Bruxelles une dépêche chiffrée d'un de ses agents parti inspecter les voies ferrées du réseau de l'Est. « Grand désastre. Mac-Mahon tué, l'empereur prisonnier, je ne sais où est le prince Napoléon », lui télégraphie son collaborateur. Il semble assez peu probable, malgré quelques assertions en ce sens, que David ait fait passer le message à l'impératrice. Ou du moins, si jamais il le porta aux Tuileries, soit on ne le transmit pas à la régente, soit elle n'y accorda aucune foi, tant la nouvelle dut paraître énorme, une manœuvre dilatoire supplémentaire attribuable aux services de renseignement de Bismarck, experts en intoxication. C'est que depuis l'ouverture des hostilités les deux camps se livrent à une véritable guerre des communiqués. Chacun fausse les informations pour tromper la vigilance de l'adversaire, le dérouter, éprouver son moral. Certes, le fait que le télégramme fût chiffré abonde en faveur de son authenticité, mais Eugénie l'eût-elle seulement lu qu'il n'aurait pas suffi à la tirer de son univers d'illusions et à la ramener sur terre.

Il est presque certain que le 2 au soir elle ne sait toujours rien du drame qui s'est joué à Sedan et que le 3 au matin, quand le jour se lève sur Paris, elle n'en est pas davantage informée. La veille, l'impératrice a rencontré le commandant Duperré, l'aide de camp de son fils, venu aux Tuileries prendre directement ses ordres au sujet de Louis, faute de les recevoir par le télégraphe. Celui-ci aurait été bien en peine d'apprendre à la régente la nouvelle de Sedan alors qu'à Landrecies même, où le prince impérial et son escorte se sont finalement repliés, les habitants ignoreront encore tout, le 3 au soir, de la capitulation de l'armée, fêtant dans l'allégresse la présence en leurs murs de l'héritier du trône.

En fait, la dépêche annonçant le désastre est connue dans la capitale le 3 septembre, un samedi, aux environs de 16 heures. Le directeur général des Lignes télégraphiques, le vicomte de Vougy, qui vient de la recevoir, s'apprête à la porter lui-même à la régente, mais n'ayant pas le courage de la lui remettre en personne il charge le ministre de l'Intérieur, rencontré sur le chemin des Tuileries, de s'acquitter de cette pénible mission. Ici se situe une scène qu'on ne peut relater qu'avec prudence, faute de détails, et sur la signification de laquelle il ne faudrait surtout pas se méprendre. Eugénie s'empare de la missive que lui tend Chevreau. Aussitôt elle pâlit, ses traits se crispent, ses yeux s'enflamment étrangement. Alors, saisie de tremblements, presque en état de commotion, elle apostrophe les gens de sa maison : « Vous savez ce qu'ils prétendent ? s'écrie-t-elle. Que l'empereur s'est rendu, qu'il a capitulé !... Vous ne croyez pas cette infamie ? »

Épouvanté par une telle fureur, l'entourage se tait. Comme folle, elle poursuit, presque menaçante, encouragée par leur silence gêné : « Vous ne le croyez pas ? » Conti, le chef de cabinet de Napoléon, s'interpose et tente de la calmer : « Madame, s'avance-t-il à dire, il y a des circonstances où le plus brave... » Mais elle le coupe, et sans même le laisser achever sa phrase, pendant cinq minutes, elle déverse un flot de paroles hystériques et franchement désobligeantes pour l'empereur. Elle parle de lâcheté, de trahison, de déshonneur, elle l'accable de tous les maux, de tous les noms.

Elle réagit impulsivement, parce qu'elle voit soudain s'effondrer l'édifice dont elle a la garde, qu'elle se sent flouée, qu'elle est à bout de nerfs. Depuis un mois, elle a l'impression, justifiée d'ailleurs, de tenir le pays à bout de bras, se donnant corps et âme au gouvernement de l'Empire. Elle a d'abord cru en la victoire et l'a imaginée glorieuse. Elle s'est refusée à voir dans cette succession de revers militaires les prémices d'une grande défaite, persuadée qu'on ne perd jamais une guerre juste, qu'on ne peut être vaincu quand on se bat pour une cause légitime. Elle a expliqué les mauvais débuts de la campagne par l'incurie des administrations et les insuffisances du commandement en chef. Ces négligences et ces errements initiaux ne compromettaient en rien l'avenir, puisqu'on les a rectifiés, surtout depuis que Palikao a repris les choses en main et rétabli une apparence d'ordre. Elle conserve sa confiance à ce général dévoué à son souverain, à cet organisateur méthodique couplé d'un stratège à qui ses manières cassantes et autoritaires confèrent un surplus d'autorité. Mais elle ne dispose, pour évaluer la situation sur le front de l'armée, que des rapports d'un ministre qui se croit infaillible et dont les calculs sont hélas revêtus de rêves. Inévitablement, elle porte sur les réalités de la guerre un regard faussé par la faculté de Palikao à enjoliver les choses, à taire les mauvaises nouvelles et à faire mystère des bonnes. Cela s'ajoute à sa propre propension à sublimer le réel par excès d'exaltation, aussi en arrive-t-elle à une surévaluation des faits, à une appréciation erronée des événements. Elle pense que la nation tout entière, face à l'invasion du territoire, et dans un réflexe de survie, va se lever et se précipiter en masse aux frontières pour chasser les Allemands. Elle appelle à la guerre totale et à la résistance à outrance, elle espère qu'un transport d'orgueil décuplera les énergies de la population et rachètera la mollesse des premiers combats.

La dépêche de Sedan la surprend dans ses enthousiasmes de gloire. C'est comme une pierre jetée au carreau de ses rêves et qui brise la vitre. Depuis le 31 juillet, elle vit à l'extrême des émotions, dans l'éclat du sacrifice. Avec un sens aigu de la dramaturgie, elle s'est mise en scène, non pas pour se donner en spectacle – elle reste confinée dans ses appartements et ne se montre plus en public – mais pour mieux interpréter un rôle à sa mesure que sa morale lui a dicté et que les circonstances lui ont imposé. Elle le joue sans afféterie, de manière dépouillée, avec sincérité, sans duplicité, d'abord pour elle-même, pour accomplir son devoir, pour aller jusqu'au bout de l'épreuve, en triompher et en sortir grandie. D'une certaine manière, l'empereur, en se constituant prisonnier, lui a ravi son dernier acte. D'où cette explosion inouïe de colère. Aucune autre nouvelle ne l'aurait autant suppliciée. Ses hurlements de douleur sont ceux d'une femme orgueilleuse de sa race, fière de sa dignité impériale, que l'abaissement de son mari flétrit de la suprême humiliation du déshonneur.

Dans les rues de la capitale, l'émotion est à son comble, l'agitation s'amplifie d'heure en heure. Les républicains se préparent à l'épreuve de force. Au Louvre, la foule massée sur le perron de l'hôtel du gouverneur de Paris acclame le général Trochu. Les vociférations des manifestants parviennent jusqu'aux Tuileries où depuis 18 heures les ministres, les présidents des grands corps de l'État et les membres du conseil privé sont réunis autour de la régente. À 20 heures, une proclamation du gouvernement faisant appel au patriotisme de la nation est affichée sur les murs de la capitale :

> Un grand malheur frappe la patrie.
>
> Après trois jours de luttes héroïques soutenues par l'armée du maréchal de Mac-Mahon contre trois cent mille ennemis, quarante mille ont été faits prisonniers.
>
> Le général Wimpffen, qui avait pris le commandement de l'armée, en remplacement du maréchal de Mac-Mahon, grièvement blessé, a signé une capitulation.
>
> Ce cruel revers n'ébranle pas notre courage.
>
> Paris est aujourd'hui en état de défense.
>
> Les forces militaires du pays s'organisent.
>
> Votre patriotisme, votre union, votre énergie sauveront la France.
>
> L'empereur a été fait prisonnier dans la lutte.
>
> Le gouvernement, d'accord avec les pouvoirs publics, prend toutes les mesures que comporte la gravité de l'événement.

Pour les radicaux la cause de Napoléon est définitivement entendue. Selon eux, ce parjure qui a violé son serment constitutionnel en 1851, qui vient d'accepter une capitulation dans des conditions infamantes, risque fort de marchander avec l'ennemi l'honneur de la France pour sauver sa dynastie. Aussi exigent-ils la convocation du Corps législatif pour minuit, bien décidés à déposer sur le bureau de la Chambre une demande de déchéance de l'Empire et la nomination d'une commission gouvernementale « qui aura pour mission expresse de résister à outrance à l'invasion et de chasser l'ennemi du territoire ». La majorité parlementaire, quant à elle, voit avec effroi se profiler le spectre d'une révolution démocratique et sociale. Schneider, le président de l'Assemblée, a suggéré à l'impératrice de déférer tous les pouvoirs de la régence à une commission nommée par la Chambre, mais Eugénie s'est récriée, elle a répondu qu'elle ne peut disposer d'un pouvoir qu'elle détient seulement par délégation de l'empereur. Surtout, elle n'est pas dupe de la manœuvre. Elle sait qu'en se défaisant de la direction de l'exécutif en faveur du Corps législatif, à cet instant même c'en serait fini de l'Empire. Chacun doit donc prendre ses responsabilités. Si le pays ne veut plus de l'Empire, alors que les députés prononcent la déchéance et elle partira, mais jamais elle ne se rendra complice du renversement de la monarchie impériale. Elle l'a dit, elle le répète, elle ne s'accroche pas au trône et elle renoncerait volontiers au fardeau de la couronne. Mais elle n'est pas d'humeur non plus à se sentir quitte de quoi que ce soit, encore moins de son engagement envers l'empereur, son fils et son peuple. Elle est tenue par cette espèce d'investiture qui fait d'elle la vestale de l'État napoléonien.

À 21 heures, l'impératrice épuisée par trois heures de discussions avec les membres du Conseil et anéantie par l'étendue de la catastrophe se retire chez elle sans paraître ensuite au dîner. Une dépêche de dernière minute du préfet de police l'informe que des troubles graves ont éclaté dans la soirée. Des bandes de manifestants sillonnent les boulevards aux cris de « À bas l'impératrice ! » et à ceux plus nombreux de « Vive la république ! ». Les kiosques à journaux ont été pris d'assaut ; à Bonne-Nouvelle, des émeutiers ont attaqué un poste de police. À 23 heures, les ministres se retrouvent au Corps législatif chez le président Schneider qui a convoqué la Chambre pour une séance de nuit, répondant à la demande des représentants de la gauche radicale enhardis par la complaisance tacite dont fait montre à leur égard le général Trochu. Dans la salle des Pas-Perdus règne une grande agitation parmi les députés. Certains, au nom de la majorité, pressent Palikao d'accepter la dictature, mais le général refuse, par sens de l'honneur, dit-il, et par devoir envers le gouvernement de la régente. Dehors, les forces de police barrent l'accès au pont de la Concorde pour empêcher la foule d'approcher du Palais-Bourbon. Les chefs des groupes révolutionnaires font circuler parmi leurs troupes le mot d'ordre de se tenir prêtes pour le lendemain. Vers 3 heures du matin, Paris s'endort enfin. Sous le calme apparent d'une trop courte nuit bouillonnent les eaux sombres de l'insurrection générale.

Dimanche 4 septembre. Une lumière franche et fraîche inonde la chambre de l'impératrice quand ses femmes ouvrent les persiennes et font entrer dans la pièce le soleil du petit matin. La pendule vient de sonner 6 heures. Eugénie se lève, réglée comme un automate. Elle n'a pour ainsi dire pas dormi. Où est

Napoléon, comment le traite-t-on ? Et Louis, comment a-t-il réagi à la capitulation de son père et de l'armée ? Elle sait que la journée qui commence sera décisive, longue et éprouvante. L'Empire survivra-t-il à l'empereur ? Question cruciale dont la réponse se dessine en filigrane dans le tragique des événements. Nulle part la relève n'est assurée. Une armée défaite à Sedan, l'autre bloquée sous Metz ; un souverain captif ; l'héritier présomptif perdu dans la nature, errant aux abords de la frontière belge ; une régente isolée dans son palais et dont plus personne ne veut. L'Empire n'a plus désormais pour le représenter qu'une femme que les uns détestent et que les autres dénigrent ou abandonnent. Entourée des personnes du service qui demeurent encore auprès d'elle, Eugénie entend la messe dans son oratoire particulier aménagé dans un réduit dissimulé entre son cabinet de toilette et sa chambre. Profondément recueillies, les femmes à genoux pleurent en silence. Chacun, officier de la maison, dame du palais, demoiselle d'honneur ou camériste, envisage la situation avec sa propre réceptivité aux événements, sa compréhension des choses souvent déterminée par la condition sociale ou l'implication dans la vie publique. Pour tous, l'histoire du Second Empire va bientôt se refermer comme les battants de l'oratoire que le chapelain repousse une fois son office terminé. Il est 8 heures.

Quelqu'un insiste de nouveau auprès d'Eugénie pour qu'elle quitte Paris, se replie en province avec le gouvernement, envoie chercher son fils afin de l'avoir auprès d'elle et marquer ainsi à la face du monde la continuité de la dynastie qui perdure au travers du prince impérial. « Ce serait la guerre civile, objecte-t-elle. La force de résistance aux Prussiens serait brisée en deux. Et à quoi bon ? Qui n'a plus Paris n'a rien. Je ne bougerai pas d'ici. » Le trône bascule et l'emportera dans sa chute, mais il ne sera pas dit qu'elle aura déserté son poste. Elle a aussi peu peur de mourir que d'affronter l'émeute. Son courage est un curieux mélange d'insouciance face au danger et de défi lancé à ses ennemis. Au pire, la mort viendrait achever l'oubli dans lequel elle est tombée, mais qui oserait porter contre la régente le coup fatal, hormis des fanatiques, quand déjà on ne s'intéresse plus guère à elle ? D'ailleurs quel crime voudrait-on la voir expier ? Encore, si elle avait facilité la victoire des Prussiens ou fait répandre le sang du peuple, elle pourrait craindre la vengeance de ses victimes. Seulement elle a gouverné sans trahir personne, dans le respect des institutions et des libertés publiques. À défaut de la reconnaissance nationale, elle ne mérite ni l'opprobre ni le tribunal populaire. Sa véritable hantise se situe ailleurs. Elle redoute par-dessus tout de tomber dans les mains de quelques mégères qui la couvriraient de ridicule par des gestes obscènes ou essaieraient de la déshonorer en la massacrant. Elle se figure déjà avec ses jupes relevées par les poissardes, elle entend leurs cris féroces et orduriers la poursuivre jusque dans sa chambre. Et pour justifier ses craintes, elle assure que les tricoteuses ont laissé une postérité.

Les journaux radicaux invitent les Parisiens et les gardes nationaux à se rassembler aux abords du Palais-Bourbon pour faire pression sur le Corps législatif et obtenir le vote de la déchéance. Aux Tuileries, les serviteurs du palais ont l'intuition que la machine est grippée et qu'elle a cessé de fonctionner. Effrayés par l'immensité du désastre qui s'annonce, ils pressentent que plus rien ne protège l'impératrice. Le préfet de police a envoyé des renforts au général commandant les troupes de ligne et de gendarmerie déployées autour du Corps législatif, mais Eugénie, qui juge que trop de sang a déjà coulé sur les champs de bataille, refuse qu'on en verse une seule goutte de plus pour sa protection personnelle. « Ne vous occupez pas de moi, dit-elle à Piétri, ne vous occupez que de la France. » À 8 h 30, le Conseil se réunit pour la dernière fois aux Tuileries sous sa présidence. Le gouvernement constate son impuissance à agir efficacement dès lors que lui échappe le contrôle de la Garde nationale passée sous les ordres du général Trochu. Chaque ministre attend de son collègue l'idée lumineuse ou le remède miracle qui rétablirait la situation, mais il n'est déjà plus temps d'espérer quand manquent à ce point les forces nécessaires à la défense des pouvoirs constitués, et que l'armée impériale a sombré corps et biens dans un chaos effroyable. Palikao bricole un projet de loi visant à faire entrer au Conseil de régence cinq représentants du Sénat et de la Chambre, mais se trouverait-il vraiment des parlementaires disposés à se porter candidats pour assister un régime expirant ? Les manifestants descendus des arrondissements ouvriers du Nord-Est parisien ne tardent pas à se regrouper place de la Concorde. On voit, mêlés aux groupes, des képis, des vareuses, des tuniques, des sabres et des fusils de la Garde nationale. La foule se porte vers les cordons de police qui barrent l'accès au Palais-Bourbon, mais elle est refoulée sans ménagement. Un piquet de la Garde a pris position dans les jardins des Tuileries.

Vers midi une délégation de la Chambre conduite par deux anciens membres du cabinet Ollivier, Louis-Joseph Buffet et le comte Daru, sollicite une entrevue avec l'impératrice. La majorité des députés, dont ils sont les porte-parole, s'accorde à penser que les pouvoirs de la régente, tels que les a délimités Napoléon, ne répondent plus à l'urgence dramatique de la situation. Or l'empereur, privé de sa liberté, ne peut y remédier et la crise que traverse le pays empêche de consulter le peuple. Aussi invitent-ils la régente à remettre l'exercice de l'exécutif au Corps législatif. Palikao n'est pas loin de partager leur avis, mais il répugne à franchir le Rubicon. Comme il fallait s'y attendre, l'impératrice refuse la combinaison proposée par Buffet. Oserait-on sous-entendre qu'elle serait assez lâche pour déserter son poste ? Plutôt que de se complaire au milieu des périls en vains palabres sur l'organisation des pouvoirs, la majorité serait bien mieux inspirée de se serrer autour du gouvernement. « Ce que vous me proposez, messieurs, réserve, dites-vous, l'avenir, mais à la condition que j'abandonne dans le présent, et à l'heure du plus grand péril, le poste qui m'a été confié… L'avenir est aujourd'hui ce qui me préoccupe le moins ; non pas, assurément, l'avenir de la France, mais l'avenir de notre dynastie. Croyez-moi, messieurs, les épreuves que je viens de subir ont été tellement douloureuses, tellement horribles, que, dans ce moment, la pensée de conserver cette couronne à l'empereur et à mon fils me touche très peu. Mon unique souci, ma seule ambition est de remplir, dans toute leur étendue, les devoirs qui me sont imposés. Si vous croyez, si le Corps législatif croit que je sois un obstacle, que le nom de l'empereur soit un obstacle, et non une force pour dominer la situation et organiser la résistance, que l'on prononce la déchéance, je ne me plaindrai pas. Je pourrai quitter mon poste avec honneur ; je ne l'aurai pas déserté. Mais je suis convaincue que la seule conduite sensée, patriotique, pour les représentants du pays, serait de se serrer autour de moi, autour de mon gouvernement, de laisser de côté, quant à présent, toutes les questions intérieures et d'unir étroitement nos efforts pour repousser l'invasion... Quant à moi, je suis prête à affronter tous les dangers et à suivre le Corps législatif partout où il voudra organiser la résistance. Si cette résistance était reconnue impossible, je crois que je serais encore utile pour obtenir des conditions de paix moins défavorables. »

Des arguments avancés par d'autres membres de la députation Eugénie ne veut rien entendre. Elle poursuit obstinément son raisonnement et redit que la souveraineté ne lui appartient pas, qu'elle ne peut donc pas s'en dessaisir. Elle demeure inflexible, s'entête dans sa logique, prisonnière d'une légalité qu'elle entend respecter quoi qu'il arrive. La discussion tourne au dialogue de sourds. On perd un temps précieux à ne pas se comprendre. Des messages de la préfecture de police interrompent fréquemment la conversation. L'impératrice les tend au comte Daru qui les lit à voix haute : la révolution gagne du terrain, la république vient d'être proclamée à Lyon, le préfet est en état d'arrestation et le drapeau rouge flotte place Bellecour. Les parlementaires ne cachent pas leur désarroi tandis que l'impératrice conserve une étonnante maîtrise de soi. Imperturbable, elle leur répète qu'à son avis le seul moyen de faire face efficacement au danger est de se serrer autour d'elle. Buffet répond qu'à titre personnel il est prêt à le faire, mais il est déjà trop tard. Soudain, le comte Daru lui parle de son devoir et non plus de ses intérêts. « Vous craignez, Madame, lui dit-il, qu'on ne vous accuse d'avoir déserté votre poste. Mais vous aurez donné une bien plus grande preuve de courage en vous sacrifiant au bien public et en épargnant à la France une révolution sous les yeux de l'ennemi. » Ses propos ébranlent Eugénie parce que en invoquant son sens du sacrifice et de l'honneur ils font appel à ses sentiments intimes. « Eh bien, dit-elle, si mes ministres se rangent à votre opinion, j'y adhérerai. Je ne demanderai qu'une chose : qu'on m'assigne une résidence quelconque, qu'on me permette de partager jusqu'au bout les périls et les souffrances de la capitale assiégée ! » Les députés se retirent avec cette acceptation conditionnelle. De retour au Corps législatif, ils constatent, hélas ! que leur mission est inexécutable.

Les clameurs lointaines de la foule parviennent des quais de la Seine jusqu'aux Tuileries. Subitement les troupes de police reçoivent l'ordre, émanant du gouverneur de Paris, de se replier. La Garde nationale ouvre alors ses rangs et laisse les manifestants forcer les grilles du Corps législatif. Il est environ 13 h 30. Aussitôt le Palais-Bourbon est envahi aux cris de « Déchéance ! République ! ». Le président Schneider lève la séance et sort de l'hémicycle, les députés de la gauche tentent d'apaiser les émeutiers. Des vitres volent en éclats. Gambetta monte à la tribune et déclare de sa voix de tribun : « Citoyens, attendu que la patrie est en danger, attendu que le temps nécessaire a été donné à la représentation nationale pour prononcer la déchéance, attendu que nous sommes et que nous constituons le pouvoir régulier issu du suffrage universel libre, nous déclarons que Louis-Napoléon Bonaparte et sa dynastie ont à jamais cessé de régner sur la France. » Le public réclame la proclamation de la république. Jules Favre et ses amis, qui redoutent la révolution et une guerre civile, jugent le moment prématuré. Ils en appellent à l'union, au nom du patriotisme et de la démocratie : « La république, lance le député de la 7e circonscription de la Seine, ce n'est pas ici que nous devons la proclamer. » « À l'hôtel de ville ! », répond en chœur la foule qui se précipite aussitôt vers la sortie dans une indescriptible bousculade.

La révolution se passe aux abords des Tuileries et l'impératrice n'en sait toujours rien. Entourée du prince de Metternich, du chevalier Nigra et du ministre de l'Intérieur, elle résiste avec énergie à leur instante prière de partir sur-le-champ. Les deux diplomates appartiennent au groupe des inconditionnels d'Eugénie qui ont juré de se dévouer à la cause de la régente et se sont offerts pour la servir et la protéger. En passant par le guichet de l'empereur, le préfet de police est parvenu à entrer dans le palais. Eugénie l'interroge. « Nous sommes cernés et trahis ! lui répond-il. Toute résistance est impossible. Les forces sur lesquelles nous croyions pouvoir compter nous abandonnent. »

Il n'y a plus rien à attendre de la troupe. Dans la cour du Corps législatif un bataillon a mis la crosse en l'air et, à trois reprises, le général Trochu, qui a choisi son camp, a refusé de se rendre à l'appel de la régente. Paris est aux mains de la Garde nationale. Les Tuileries vont tomber d'une minute à l'autre. Un peuple hurlant se répand dans les jardins et déferle contre les grilles qui ferment les parterres réservés. L'impératrice doit partir si elle ne veut pas être prise dans la nasse qui sous peu va se refermer sur elle. Dans la matinée, Eugénie a câblé à sa mère : « Je ferai mon devoir. » Mais il n'est plus l'heure pour elle d'invoquer le devoir quand il ne s'agit plus que de survivre. Elle hésite pourtant à quitter les lieux, non pas qu'elle s'illusionne par de vains espoirs mais, cédant à un ultime sursaut d'orgueil, elle ne veut pas paraître s'enfuir. On lui fait remarquer que si elle s'attarde un instant de plus, non seulement elle s'expose à de graves dangers, mais elle compromet aussi la vie des quelques personnes qui l'entourent encore. Quelqu'un lui dit : « Vous ne voulez pas abdiquer ?… Eh bien, dans une heure, vous serez entre les mains de gens qui vous feront abdiquer de force et vous aurez ainsi abdiqué les droits dont vous êtes dépositaire. Si vous vous dérobez, où que vous alliez, vous emportez ces droits avec vous. » L'argument fait mouche. Il lève les dernières réticences de l'impératrice. Alors, brusquement, elle se décide. La demie de 3 heures sonne à l'horloge du gros pavillon.

Sur le bureau de la régente, oublié dans la précipitation, bâille un sac de voyage avec des effets de nuit. À côté, un paquet de dépêches télégraphiques. Abandonné sur une chaise, un petit mouchoir de poche entouré de dentelles, marqué d'un E surmonté de la couronne impériale, tout chiffonné… Un fiacre fermé descend au pas la rue de Rivoli en se frayant avec peine un chemin au travers de la multitude. Il tourne furtivement au coin de la rue du 29-Juillet.

ÉPILOGUE

« Où poser mes regards, Seigneur, si ce n'est sur une douleur [1] ? »

La révolution du 4 septembre et l'exil de la famille impériale en Angleterre ne sont rien en comparaison du poids de l'ignominie dont les pourfendeurs de l'Empire frappent Eugénie. Pour cette femme si profondément attachée à l'honneur qu'elle paraît appartenir à un siècle révolu, pour cette aristocrate si fière de son nom, pour cette impératrice si consciente de ses devoirs, les accusations sévères qu'on porte contre elle au lendemain de Sedan, et qui restent encore attachées de façon si tenace à son image, ouvrent en elle une blessure morale qui préfigure le deuil de ses affections.

L'impératrice conjugue en sa personne la haine des ennemis de Napoléon. En lui confiant la régence, l'empereur a pris le risque, en cas de défaite militaire, de l'abandonner seule au milieu de tous ceux qui se sont juré la perte du régime impérial. On lui prête alors ce mot atroce et qui fait fortune de : « C'est ma guerre ! » Du coup, Eugénie supporte presque à elle seule l'humiliation nationale. Son nom devient synonyme de défaite. L'opinion accepte la *damnatio memoriae* promulguée contre elle, car il est plus commode de

1. Saint Augustin, cité par Eugénie.

lui faire endosser la capitulation de l'armée et la perte des provinces de l'Est que d'incriminer les généraux qui ont accumulé les fautes. On se garde bien de dénoncer les errements de l'état-major et les négligences de l'administration de la Guerre. En désignant l'impératrice comme victime expiatoire d'une culpabilité collective, on blanchit l'honneur du soldat perdu à Sedan.

La légende noire que les adversaires du Second Empire construisent autour de l'ex-impératrice pour justifier les événements du 4 septembre et leur donner en quelque sorte une légitimité politique trouve dans le sentiment de l'humiliation nationale un terreau fertile où pousser comme du lierre. Cette légende s'enracine d'autant mieux dans la mémoire collective qu'Eugénie se réfugie dans un silence obstiné. Elle estime que répondre aux attaques dont elle est l'objet revient à conférer un début de véracité à des vilenies qui n'appellent selon elle que le mépris. Comme tous les personnages offensés elle s'en remet au jugement de l'histoire, convaincue qu'on lui rendra un jour justice. Elle compte sur le temps pour que s'éteignent les passions, mais elle sait aussi que certaines blessures ne se cicatriseront jamais. S'ajoute donc à l'infortune, dont elle fait à titre personnel assez peu de cas, le sentiment de l'injustice qui l'a toujours indignée.

En tant qu'ex-régente, elle a refusé, malgré les appels du pied de Bismarck, tout arrangement avec la Prusse. Pour rien au monde elle n'aurait troqué la paix contre la plus petite parcelle de territoire, même pas en contrepartie d'une promesse de rétablissement de l'Empire. Elle a compris que l'exil a de fortes chances d'être définitif : Charles X et Louis-Philippe sont morts en terre étrangère, après avoir été balayés par des révolutions. L'empereur n'échappera pas au sort de ses devanciers. Elle sait qu'il ne reverra jamais la France, que Louis, comme le comte de Chambord ou les princes d'Orléans, devra apprendre à n'être qu'un prétendant en exil. Elle ne croit guère aux chances d'une restauration, même si elle ne peut trop clamer son scepticisme pour ne pas détruire les illusions de son fils et de leurs fidèles. Elle ne veut plus régner sur la France, elle aspire à se fondre dans l'anonymat d'une existence tranquille uniquement consacrée à sa famille, libérée des contraintes et des contrariétés du pouvoir.

La captivité de Napoléon à Cassel a purgé leur relation de tous les malentendus, de tous les reproches, de tous les écarts qui avaient mis leur couple en péril. Le 30 janvier 1871, elle fête seule à Chislehurst leur dix-huitième anniversaire de mariage. Dans son renoncement aux honneurs, dépouillée de tout souci de grandeur, elle trouve les mots simples et pudiques pour lui dire combien elle l'aime. « Cher ami, lui écrit-elle, c'est aujourd'hui l'anniversaire de notre mariage. Il se passera tristement loin l'un de l'autre, mais du moins je peux te dire que je te suis profondément attachée. Dans le bonheur, ces liens ont pu se relâcher. Je les ai crus rompus, mais il a fallu un jour d'orage pour m'en démontrer la solidité et, plus que jamais, je me souviens de ces mots de l'Évangile : la femme suivra son mari partout, en santé, en maladie, dans le bonheur et dans le malheur, etc. Toi et Louis, vous êtes tout pour moi, et me tenez lieu de toute ma famille et patrie. Les malheurs de la France me touchent profondément, mais je n'ai pas un instant de regrets pour le côté brillant de notre existence passée. Être réunis enfin, et ce sera le but de mes désirs. Pauvre cher ami, puisse mon dévouement te faire oublier un instant les épreuves par lesquelles ta grande âme a passé. Ton adorable mansuétude me fait penser à Notre-Seigneur. Tu auras, crois-moi, aussi ton jour de justice… »

À Camden Place, la vie s'installe. Louis entre à l'académie royale de Woolwich ; l'empereur, rentré de captivité en mars 1871, s'enferme des heures durant dans son cabinet de travail, à classer des papiers, à répondre au courrier, à rédiger des mémoires. Il semble se détacher de tout, sa santé décline de jour en jour. Au début du mois de janvier 1873, ses médecins préconisent une nouvelle intervention chirurgicale. Le 3, une première opération, qui s'est plutôt bien passée, l'épuise ; une seconde l'emporte. Napoléon meurt le 9 janvier, après avoir autant souffert de la maladie de la pierre que des calomnies répandues contre lui.

Le 16 mars 1874, Louis atteint sa majorité ; pour les partisans de l'Empire, il devient Napoléon IV, mais la proclamation de son avènement n'est qu'une chimère qui rassure la vanité d'une poignée de partisans. Les gens du parti bonapartiste le persuadent – et à dix-huit ans comment ne se laisserait-il pas séduire par de tels chants ? – que la France fera bientôt appel à lui, que le maréchal de Mac-Mahon, le président de la République, lui garde la place au chaud, qu'il doit se préparer à assumer de hautes responsabilités. Mais il ne voit rien venir, d'autant que le maréchal-président déjoue tous les pronostics le concernant. La restauration des Aigles n'est pas pour demain. Le prince a sa jeunesse pour lui, mais moins le temps est compté, plus il inspire un sentiment d'urgence. Louis se languit de n'être qu'un principe coupé de toute action. Dans son état de prétendant qui peine à souder son propre parti autour de sa personne, il saisira la première occasion pour montrer qu'il est apte à quelque chose.

Eugénie tremble à l'idée que dans son impatience à s'affirmer il ne commette quelque imprudence fatale. Elle sait qu'elle ne peut forcer le destin. « C'est inscrit », disent les Arabes. Ce proverbe maure, elle se le répète depuis tant d'années ! Louis lui a annoncé son intention de partir combattre les Zoulous. « Je veux que tu saches, écrit-elle à sa mère le 25 février 1879, avant que les journaux te l'apprennent, la décision prise par mon fils d'aller avec l'armée anglaise au Cap. Tu dois comprendre toutes les émotions par lesquelles j'ai passé en l'apprenant et celles que je ressens encore. Du reste, il me l'a dit lorsque tout était arrêté, non seulement dans son esprit mais encore ayant pris toutes les dispositions à cet effet. Il dit qu'il a vingt-trois ans et qu'il a un nom trop lourd à porter pour ne rien faire, qu'il voit une occasion pour lui de faire son métier et qu'il ne veut pas la perdre ! Quelle terrible chose qu'un garçon ! Combien de fois ai-je regretté qu'il ne fût pas une fille ? Ma vie traversée déjà par tant d'émotions va s'écouler encore plus difficilement, suspendue au fil télégraphique ! Plains-moi, chère mère, car rien n'est plus terrible que l'inquiétude et elle va être le compagnon de mes jours et de mes nuits. Je n'ai pas le courage de t'écrire plus long, car je dois garder tout mon courage jusqu'au bout. Il doit partir le 27 par le bateau qui porte le nom de *Danube*. La traversée est de vingt-huit jours. Son premier relâche sera Madère, le deuxième à Sainte-Hélène. Je ne sais pas encore s'il y en a un autre avant Le Cap. Deux jours après, il doit arriver dans le Natal. Il partira alors en même temps que les troupes pour rejoindre le général en chef. Je te ferai parvenir toutes les nouvelles que je pourrai avoir. »

Le duc de Cambridge, commandant en chef des forces de terre britanniques et gouverneur de l'académie de Woolwich, a d'abord rejeté la demande du prince, pour ne pas compliquer les relations du cabinet de Londres avec le gouvernement français. Mais Louis est revenu à la charge, il a rappelé qu'il avait déjà eu l'honneur de porter l'uniforme anglais à Woolwich et à Aldershot, qu'en lui interdisant de faire ses premières armes au service de la reine on lui retire l'unique consolation de son exil. Le duc s'est ravisé. Soit, qu'il aille en Afrique, mais officiellement pour son propre compte ; il recommande seulement que l'état-major lui témoigne de la bienveillance et qu'on lui prête « assistance pour qu'il puisse suivre, autant que cela sera possible, les opérations avec les colonnes d'expédition ».

Il n'aurait servi à rien qu'Eugénie cherche à l'en dissuader. Déjà l'année précédente, il parlait de s'enrôler dans l'armée autrichienne pour aller combattre en Bosnie, mais l'empereur François-Joseph a heureusement décliné son offre de service. Il étouffe dans le cadre étroit où s'est enfermée sa vie. Le besoin de se réaliser le tourmente comme une fièvre. L'impératrice a cru donner un aliment à toute cette ardeur contenue en l'incitant à se mêler davantage à la vie mondaine, à accepter toutes les invitations du voisinage, les chasses, les bals, les spectacles. Elle s'est leurrée de l'espoir que l'existence d'un grand seigneur anglais absorberait assez l'esprit de Louis pour éloigner de lui toute tentation d'aventure. Mais à trop redouter de voir chez son fils revivre la générosité sans limite de l'empereur elle lui calcule si parcimonieusement son budget qu'il ne peut soutenir la vie mondaine de Londres, trop dispendieuse. Il s'y morfond d'ennui.

Il partira donc. Et elle, elle restera ici, à Camden

Place, avec sa solitude pour unique compagne et cette inquiétude qui la tourmentera et l'empêchera de respirer aussi longtemps qu'il ne sera pas revenu, avec surtout cette espèce de pressentiment qu'un grand malheur va se produire, qu'elle n'en a pas terminé avec les deuils. Elle se sent cernée par la mort. Il n'est pas dans l'ordre des choses qu'une mère enterre son enfant, mais il n'est pas digne non plus de l'amour maternel de faire obstacle à l'accomplissement du destin d'un fils. Sutout lorsque celui-ci a pour nom Napoléon.

Le 27 février, elle l'accompagne à Southampton. Elle doit subir encore le supplice d'un banquet d'adieux que lui offrent ses camarades officiers avant qu'il ne monte à bord du *Danube*. Elle a si peu le goût des exhibitions théâtrales qu'elle aurait aimé pouvoir rester seule plus longtemps avec lui, mais on leur dérobe ce moment d'intimité. Elle a juste le temps d'escalader la falaise qui surplombe la mer. Tandis que le bateau s'éloigne, elle agite son mouchoir, minuscule carré blanc pareil à l'aile déployée d'un goéland dans l'azur du ciel. « Combien, à la joie de faire campagne, se mêle dans mon cœur la peine de vous quitter », lui écrit-il quelques heures à peine après avoir embarqué. Elle rentre à Camden Place brisée de fatigue et de chagrin, se consolant que Louis, lors de son départ, ait été acclamé et partout fêté.

Elle croit devoir justifier la décision de son fils pour couper court aux ragots. Elle se félicite qu'à Paris les sympathisants de la cause impériale l'aient bien acceptée. Au roi de Suède Oscar II elle détaille longuement les motivations qui ont poussé le prince à partir, les enrobant de considérations purement politiques pour ne pas avoir à trop insister sur les raisons personnelles. Peut-elle avouer qu'il étouffait dans son giron ?

« J'aurais devancé votre lettre si j'avais pu écrire plus tôt, mais je désirais être maîtresse de mes émotions avant de le faire. Je sais combien vous êtes désireux de détails et je viens vous en donner et afin de vous mettre à même de juger, je vais vous présenter tous les éléments de la question sans rien vous cacher. Par la lettre de mon fils à monsieur Rouher qui a été publiée, vous aurez appris les motifs qui l'ont décidé à entreprendre un aussi long et pénible voyage, pour prendre part à la campagne contre les Zoulous. Il a pensé qu'après avoir partagé les études de l'artillerie et fait plusieurs séjours au camp il devait accompagner l'armée anglaise sur le théâtre de la guerre. C'est un sentiment chevaleresque que vous apprécierez. À ceci s'ajoutait le désir fort naturel de faire quelque chose. À vingt-trois ans, l'étude seule ne peut suffire. Il sait aussi qu'en France l'opinion suit ceux qui payent de leur personne et leur inspirent confiance. D'un autre côté, les questions politiques lui ont imposé jusqu'à présent une grande réserve. De toute façon il ne pouvait agir sans se heurter à chaque instant à une difficulté.

« Aux Indes, l'*Angleterre* et la Russie sont trop voisines pour qu'il pût prendre part à l'expédition. Dans ces conditions, il était impatient mais résigné à ne rien faire lorsque, tout d'un coup, on apprend l'échec des Anglais au Cap ; l'émotion était grande et le gouvernement, d'accord avec l'opinion publique, se décida à envoyer des renforts considérables pour l'Angleterre. La résolution de mon fils fut vite prise ; il fit les démarches nécessaires, sans rien dire, et en attendant il écrivit à Paris à des personnes ordinairement bien renseignées pour savoir s'il pouvait s'éloigner pour un temps, désirant faire un voyage. Il envoya quelqu'un pour rapporter leur réponse et ne pas perdre de temps.

Toutes les réponses étaient d'accord pour lui dire qu'ils ne prévoyaient pas d'obstacle à son éloignement pour le moment. Bien entendu personne ne savait où il voulait aller et c'était si loin de la pensée de tous que cette idée ne vint à personne. Je dois dire qu'en dehors du désir de se distinguer (si la Providence et les hasards de la guerre lui en fournissent les moyens) il croyait utile de s'éloigner.

« Les circonstances actuelles commandent une réserve et une tenue qu'il n'est pas toujours facile d'obtenir de ses partisans. Les impatients et les ardents se plient mal à une discipline d'autant plus difficile à obtenir que leur jeune chef n'est *pas là* pour l'exiger. On croit difficilement que celui qu'on a connu enfant est un homme ! D'un autre côté, les républicains que la lutte unissaient devaient naturellement, après la victoire, se diviser. L'intervention inopportune des nôtres donnait la force et la cohésion à ces derniers et laissait la responsabilité sur nous. L'absence de mon fils devait naturellement *immobiliser ses partisans* et il obtenait ainsi ce *qu'il voulait d'eux*. Tout étant préparé, ayant su dimanche 23 qu'il pouvait partir, il fit venir monsieur Rouher, de retour à Paris, donna lecture aux groupes des députés et sénateurs impérialistes de la lettre qui devait être publiée le lendemain. Après le premier moment de surprise, la colère fut grande. On voulait envoyer une députation, changer les termes de la lettre, etc. Mais monsieur Rouher fut inébranlable. Le temps, du reste, manquait pour mettre tous les projets en exécution, car Napoléon s'est embarqué le 27 au matin. Aujourd'hui la réaction se fait et l'attitude des autres partis prouve qu'on a frappé juste.

« Je crois n'avoir omis aucun détail ni *intérieur* ni extérieur. À présent, que Dieu lui donne bonne chance et les occasions de prouver qu'il a un cœur vaillant. Vous voyez que je me préoccupe de tout. Vous me demandez quelle est sa position dans l'armée, la voici : comme étranger il ne peut pas en faire partie, mais il a des lettres du duc de Cambridge et du ministre de la Guerre pour le commandant en chef, *qui doit l'employer comme il le trouvera convenable*, soit en l'attachant à une batterie ou autrement. Je pense qu'il fera pour le mieux, car il est complètement sous ses ordres. Son uniforme est de lieutenant d'artillerie. La Reine[2] a été on ne peut plus affectueuse pour lui ; enfin, on a facilité autant que possible toute chose, et le sentiment public a été unanime en sa faveur. Tout a été si précipité qu'il n'a pas prévenu le Prince royal à Rome, mais il m'a dit avant de partir qu'il regrettait de ne pas le revoir.

« Il me reste à vous remercier, ainsi que la Reine[3], des sentiments affectueux que vous m'exprimez. Vous pensez à ma solitude, à mes inquiétudes. En effet, il faut un bien grand courage pour envisager ces longs mois d'attente, mais il me semble précisément parce que j'ai déjà tant souffert que Dieu aura pitié de moi[4] ! »

Dès cet instant, plus rien n'existe pour elle, tout se fond dans l'attente de la malle d'Afrique. Chaque soir elle se rend à la gare de Chislehurst consulter les affiches

2. La reine Victoria.

3. La reine Sophie de Suède, fille du duc Guillaume de Nassau.

4. Lettre de l'impératrice à Oscar II de Suède (1829-1907), Camden Place, 7 mars 1879, dans *Mélanges Mario Roques*, 1952. Oscar, petit-fils de l'impératrice Joséphine par sa mère, est le cousin germain de Napoléon III. Il a succédé en 1872 à son frère Charles XV.

des nouvelles, elle surveille le mouvement des bateaux en provenance du Cap, mais les dépêches sont rares. Elle écrit à Louis d'interminables lettres qui se poursuivent sur plusieurs jours, de véritables « volumes », comme elle dit, qu'elle a promis de faire plus courts à l'avenir, mais elle a trop de choses à lui raconter. Sa plume est frénétique, elle noircit ses feuillets dans tous les sens, incapable de se restreindre, « mais serment de mère dans ce cas est serment d'ivrogne[5] ». Elle l'admoneste pour ses longs silences. Dans cette espèce de folie furieuse où l'angoisse la plonge, elle lui parle à la troisième personne : « J'ai eu un véritable désespoir, j'ai pleuré et ne pouvais me consoler, je l'accusai aussi d'oubli, d'indifférence… Je me croyais la plus délaissée et la plus infortunée des mères[6]. » Elle fait assaut de recommandations. Qu'il n'oublie pas de se couvrir les yeux lorsqu'il dort sous la tente, qu'il envoie des éclaireurs sur les chemins, car les Zoulous, lui a-t-on dit, se couchent par terre et vous tirent dans le dos, qu'il remplisse son devoir, mais ne recherche pas les dangers[7]. « Soigne-toi, je t'en prie, pas d'imprudences, et pense toujours avant d'en faire que tu dois d'autant plus ménager ta santé que tu peux en avoir besoin plus que personne[8]. » Elle lui expédie colis sur colis qu'elle remplit de langue de bœuf, de rosbif ou de légumes en conserve, de barres de chocolat au lait, de bon vin de Bordeaux, de bouteilles d'eau d'anisette, de cognac ou d'eau-de-vie espagnole.

L'Europe disparaît de son horizon, dissoute en un

5. Lettre du 16 mars 1879, A.N. 400 AP 75.
6. Lettre du 15-16 mai 1879 (11e lettre), A.N. 400 AP 75.
7. Lettre du 5 mars 1879, A.N. 400 AP 75.
8. Lettre du 15-16 mai 1879 (11e lettre), A.N. 400 AP 75.

point unique sur la carte, cette Afrique du Sud dont elle s'était jusqu'alors fort peu préoccupée. Tout l'intérêt de sa vie se concentre vers le cap de Bonne-Espérance. Cette contrée aux antipodes de son monde a surgi sur son planisphère intérieur, s'est calée au centre de son univers qui jusqu'alors tournait essentiellement autour du vieux continent. Tous les matins, elle épluche les journaux ; chaque fois qu'elle les ouvre, elle craint et espère à la fois de voir son nom mentionné. Elle dévore les relations des correspondants de presse, elle suit la progression de l'armée de Lord Chelmsford en territoire ennemi. La colonne s'enfonce bientôt à l'intérieur de *terrae incognitae*. Alors, la terreur du pire augmente avec l'effroi de la plage blanche, comme une espèce de trou qui ouvrirait dans le vide et l'aspirerait tels les plus mauvais cauchemars vers les régions souterraines de ses propres angoisses. Ses nuits redeviennent des veilles ; dans ses insomnies elle se figure toutes sortes de choses. Neuf ans après, elle revit les affres de l'été de 1870 ; elle avait alors oublié qu'il faisait beau dehors ; dans la chaleur du mois d'août elle avait grelotté comme en plein décembre. Peut-être est-elle condamnée à vivre dans un perpétuel hiver et à avoir toujours froid au cœur ? Toutes les anciennes sensations se réveillent en elle sous l'influence de la crainte. « Mes nerfs sont si terriblement ébranlés que je ne suis plus bonne à rien, ma pauvre tête n'a plus le contrôle sur rien. Décidément, les émotions de 1870 m'ont usée. Je ne crois plus les bonnes nouvelles et les mauvaises nouvelles s'emparent de moi et ne laissent plus de place au raisonnement[9]. »

Il suffit que *Le Standard* ou *Le Figaro* fassent état

9. Lettre du 28 mai 1879 (12e lettre), A.N. 400 AP 75.

d'une maladie quelconque dont on prétend que le prince souffrirait, pour qu'elle devienne à moitié folle. « *Le Figaro* aujourd'hui dément ta mort ; tu dois comprendre que tout en laissant une large part à l'exagération, on ne peut se garder d'une terreur profonde en lisant de tels mots [10]. » Les nouvelles de l'armée ne sont pas fameuses. Les Anglais rencontrent une résistance inattendue de la part des Zoulous, extrêmement mobiles et bien supérieurs en nombre, qui leur infligent de lourdes pertes. Puis un matin, Lord Sydney, grand chambellan de la reine Victoria, carillonne à la porte de Camden Place. Nous sommes le 20 juin 1879. La veille au soir est parvenue à Londres la nouvelle de la mort du prince, tombé dans une embuscade à Ityotyozi avec deux autres soldats le 1er juin. Quand le vieux duc de Bassano, qui a reçu Lord Sydney, pénètre dans la chambre d'Eugénie, il n'a pas besoin de prononcer une seule parole. Elle lit sur ses traits bouleversés. « Mon fils est malade ? » Silence. « Il est blessé ?… Je vais partir pour l'Afrique. » Nouveau silence… Alors elle comprend, pousse un grand cri et s'effondre inanimée. Elle vient de basculer subitement dans le néant. « J'ai aujourd'hui le courage de te dire que je vis encore car la douleur ne tue pas », écrit-elle à sa mère le 25 juin. Elle la supplie de ne même pas essayer de venir la rejoindre, car elle a la douleur sauvage.

Rapatrié en Angleterre, le corps de Louis est déposé le 12 juillet dans la chapelle de l'église Sainte-Marie de Chislehurst près de l'empereur. Durant de longs mois la pensée d'Eugénie ne scrute que le vide. La comtesse de Montijo décède à son tour à Madrid

10. Lettre du 10-11 mai 1879, A.N. 400 AP 75.

le 22 novembre suivant. Même si les relations avec sa mère ont souvent été source de conflit, Eugénie perd avec elle le dernier lien affectif qui la rattachait au monde des vivants. Tout s'évanouit pour elle comme de l'eau dans de l'eau.

Progressivement, son besoin d'activité reprend le dessus. Elle n'existe plus pour elle-même, mais désormais uniquement au travers de ses chers disparus. En décembre 1879, elle annonce à son entourage son intention de se rendre au Natal pour une sorte de pèlerinage sur les lieux du drame. La réalisation de ce projet l'occupe salutairement et lui donne un but, une raison de continuer à survivre. « Ceux qui ne comprennent pas mon voyage, dit-elle à madame Des Garets, s'ils pouvaient voir ma vie, se diraient que tout vaut mieux que cette vie qui se consume à petit feu. » Elle se sent attirée vers le Zoulouland « avec la même force que devaient éprouver les disciples du Christ pour les lieux saints, confesse-t-elle à Franceschini Pietri, l'ancien secrétaire particulier de l'empereur. L'idée de voir, de parcourir les dernières étapes de la vie de mon enfant bien-aimé, de me trouver sur les lieux où s'est posé son dernier regard, dans la même saison, passer la nuit du 1er juin veillant et priant sur ce souvenir ! est un besoin de mon âme et un but dans ma vie. Depuis que la conclusion de la guerre m'a permis d'envisager cette éventualité avec plus de chances de réussite, elle est devenue ma pensée dominante... Cette idée me soutient et relève mon courage ; sans elle je n'aurais point de force pour réagir et je me laisserais aller, attendant que la douleur m'use... Je ne me fais pas d'illusion, je sais les douleurs qui m'attendent là-bas, la pénible et longue traversée, les fatigues d'un si rapide voyage, mais tout disparaît devant Itelzi. »

Le 28 mars 1880, elle embarque pour Le Cap avec le marquis de Bassano, les capitaines Slide et Bigge, deux compagnons du prince, le chirurgien-major Scott et Mrs. Molyneux, la veuve de l'aide de camp de Lord Chelmsford. Le général Sir Evelyn Wood a reçu de la reine Victoria l'ordre de l'accompagner et de tout mettre en œuvre pour faciliter son expédition.

Après vingt jours d'une traversée triste et monotone, elle débarque à Capetown. Elle n'a pratiquement pas dormi, prise entre l'impatience et la crainte d'aller à la rencontre de cette chère âme errante. Alors commence pour elle son « chemin de croix maternel[11] » dont l'ultime station sera Ityotyozi kraal. Elle se met en route et pénètre en territoire zoulou avec sa caravane, une escorte de vingt soldats, ses porteurs, ses domestiques, sa suite, deux cents chevaux, un troupeau de moutons pour la nourriture. Pendant cinquante jours, elle vivra sous la tente. Puis elle touche enfin au but de son voyage, elle dresse son campement près du lieu où son fils se reposait avant d'être surpris par les guerriers zoulous. « C'est ici où à mon tour je repose sans dormir, mon âme remplie d'amertume, de regrets et de douleur ; chose étrange, je ne trouve de calme que près de ces pierres qui marquent l'endroit où il est tombé en combattant jusqu'à son dernier soupir, *comme un lion* disent les Zoulous[12]. » La première nuit de son installation, sachant qu'elle ne dormira pas, elle marche au hasard, avec précaution pour ne pas tomber. Partout des pierres, des creux, des ravins. Et puis soudain, « j'ai

11. L'expression est de Lucien Daudet.

12. Lettre d'Eugénie à Franceschini Pietri, Ityotyozi kraal, 30 mai 1880. Citée dans Augustin FILON, *Souvenirs sur l'impératrice Eugénie*, Paris, Calmann-Lévy, 1920, p. 318-319.

senti son odeur, oui l'odeur de la verveine qu'il avait toujours, alors j'ai couru, comme un chien à la piste. Cette odeur me conduisait, m'entraînait… Il n'y avait plus ni creux ni ravin, je me sentais légère comme si l'on m'avait aidée… Enfin, arrivée en une sorte de terre-plein en pierres plates, l'odeur cessa brusquement et je m'arrêtai là, seule tout à coup, car vraiment depuis une demi-heure je ne me sentais plus seule. » Des torches surgissent ; ses hommes viennent au-devant d'elle et la ramènent au camp, fourbue, ivre et comme dépossédée d'elle-même. Son cœur déborde. Personne ne peut remplir le vide immense qui s'est fait dans sa vie.

Louis, elle le sait, lui a donné rendez-vous pour la nuit du 1er au 2 juin. Elle la passera en prière, seule auprès du cairn. Elle a disposé tout autour des bougies dont les flammes pointent droit vers les étoiles. Il n'y a pas un souffle d'air, au sommet des talus des têtes noires se glissent dans l'ombre, l'observant en silence au travers des hautes herbes. Vers le matin, les flammes se mettent soudain à vaciller, comme si quelqu'un voulait les éteindre.

« Est-ce toi qui es là ? dit-elle. Veux-tu que je me retire ? »

CHRONOLOGIE

2 avril 1808 : naissance de Louis-Napoléon Bonaparte, futur Napoléon III, à Paris. Il est le fils de Louis Bonaparte, frère de Napoléon Ier, et d'Hortense de Beauharnais, fille de l'impératrice Joséphine.

15 décembre 1817 : don Cipriano Palafox y Portocerrero, comte de Teba, épouse à Malaga doña Maria Manuela, fille de William Kirpatrick, consul des États-Unis, née en 1794.

2 février 1824 : naissance de Francisca, dite Paca, future duchesse d'Albe.

5 mai 1826 : naissance d'Eugénie à Grenade.

1834 : mort de don Eugenio Palafox, comte de Montijo, duc de Penaranda, frère de don Cipriano, qui hérite de ses titres et de sa fortune.

29 juillet 1834 : la comtesse de Teba et ses deux filles arrivent à Perpignan où les accueille le général-comte de Castellane, futur maréchal de France.

1834-1836 : Eugénie et Paca sont placées à la pension du Sacré-Cœur, rue de Varennes à Paris.

1836-1837 : séjour à Londres.

Décembre 1839 : séjour à Madrid.

15 mars 1839 : mort de don Cipriano à Madrid.

7 octobre 1840-25 mai 1846 : captivité de Louis-Napoléon Bonaparte au fort de Ham.

Février-mars 1848 : séjour à Madrid.

10 décembre 1848 : Louis-Napoléon Bonaparte élu président de la République.

Printemps 1849 : retour d'Eugénie à Paris.

Mai-juillet 1850 : séjour à Séville.

Juillet 1851 : retour d'Eugénie à Paris.

2 décembre 1851 : coup d'État qui suspend la Constitution de 1848.

14 janvier 1852 : proclamation d'une nouvelle Constitution.

Août 1852 : cure aux Eaux-Bonnes.

7 novembre 1852 : sénatus-consulte proposant le rétablissement de « la dignité impériale » au profit de Louis-Napoléon Bonaparte.

21 novembre 1852 : le sénatus-consulte soumis au plébiscite est approuvé par 7824189 oui contre 253145 non et 65126 bulletins nuls. Le soir, petit bal à Saint-Cloud. Napoléon remarque mademoiselle de Montijo.

2 décembre 1852 : proclamation de l'Empire. Louis-Napoléon Bonaparte prend le nom de Napoléon III.

25 décembre 1852 : sénatus-consulte précisant les règles de l'hérédité dans la famille Bonaparte.

12 janvier 1853 : bal aux Tuileries ; l'empereur se montre très prévenant envers mademoiselle de Montijo et sa mère.

15 janvier 1853 : Napoléon demande mademoiselle de Montijo en mariage.

22 janvier 1853 : Napoléon reçoit aux Tuileries les dignitaires de l'Empire pour leur annoncer son mariage avec mademoiselle de Montijo.

29 janvier 1853 : le mariage civil de Napoléon et d'Eugénie est célébré aux Tuileries dans la salle des Maréchaux par Achille Fould, ministre d'État.

30 janvier 1853 : le mariage religieux est célébré à Notre-Dame.

7 février 1853 : présentation du corps diplomatique à l'impératrice Eugénie dans la galerie de Diane. « L'empereur enivré d'amour et de bonheur » (Comte de Hübner). Le soir, bal au palais du Luxembourg offert par le Sénat au couple impérial.

Mars 1853 : la comtesse de Montijo rentre à Madrid. « Je crois que malgré la triste situation où nous vivions, en raison de l'incompatibilité de nos caractères, elle sera maintenant très seule et très triste » (Eugènie à sa sœur, 22 février 1853).

20 avril 1853 : fausse couche de l'impératrice.

Mai 1853 : l'impératrice ressort en voiture. « J'aurais bien du plaisir à être de nouveau enceinte ; quand je dis que je n'aime pas les enfants, je crois que c'est par jalousie » (Eugènie à sa sœur, 3 mai 1853).

Juillet 1853 : Eugénie prend des bains de mer à Dieppe pour se rétablir.

30 mai 1853 : bal à Saint-Cloud en l'honneur du duc de Gênes, frère de Victor-Emmanuel, roi de Piémont-Sardaigne. L'impératrice reparaît pour la première fois en public.

18 février 1854 : au bal des Tuileries, Eugénie, couverte de bijoux, s'est costumée en Grecque.

Février 1854 : préparatifs de guerre contre la Russie. « Depuis quelques jours, les troupes partent. Tu n'imagines pas quel effet cela produit de penser que beaucoup de ces hommes robustes, pleins de vie qui partent remplis d'espérance, ne reverront ni leur patrie ni leur famille. Je t'assure que quand je considère la guerre sous ce point de vue, elle me fait horreur et je regrette chaque soldat comme s'il était mon propre fils. Cependant je suis contente de la guerre, car au point où sont toutes choses, c'est un bien » (Eugénie à sa sœur, 22 février 1854).

27 mars 1854 : la France déclare la guerre à la Russie. Début de la guerre de Crimée qu'elle mène de concert avec l'Angleterre.

Avril 1855 : projet de voyage de l'impératrice et de l'empereur en Crimée et à Constantinople.

15-22 avril 1855 : séjour de l'empereur et de l'impératrice à Londres, hôtes de la reine Victoria.

28 avril 1855 : attentat de Pianori contre l'empereur.

Été 1855 : l'impératrice est souffrante. « Décidément je passe ma vie à être malade. Qui aurait dit cela quand j'avais seize ans ? Les mauvaises heures que j'ai passées dans ma vie m'ont gâté la santé » (Eugénie à sa sœur, juillet 1855). Début d'une grossesse.

16 mars 1856 : naissance du prince impérial. « L'impératrice a beaucoup souffert... L'empereur, si calme d'ordinaire, a perdu la tête. On était obligé de l'éloigner de la chambre » (comte de Hübner).

14 juin 1856 : baptême du prince impérial.

17 juillet 1856 : sénatus-consulte organisant la régence de l'Empire.

15 mars 1857 : séance de tables tournantes avec le docteur Hume.

5 août 1857 : séjour de l'empereur et de l'impératrice à Osborne, dans l'île de Wight, résidence d'été de la reine Victoria.

18 janvier 1858 : attentat d'Orsini.

1er février 1858 : lettres patentes réorganisant la régence et instituant le Conseil privé.

13 mars 1858 : exécution d'Orsini et de Pieri. L'impératrice a remué ciel et terre pour obtenir leur grâce.

Août 1858 : voyage de l'empereur et de l'impératrice dans l'Ouest. Le 8, après une entrevue avec la reine Victoria, ils quittent Cherbourg à bord du *Bretagne* pour Brest.

10 mai 1859 : départ de l'empereur pour l'armée. Eugénie assume la régence. « La responsabilité est bien grande pour moi, car tu sais que les Parisiens ne sont pas toujours très commodes à mener : mais Dieu me donnera, je l'espère, toutes les connaissances qui me manquent, car je n'ai que la volonté de bien faire et de ne point souffrir le moindre désordre » (Eugénie à sa sœur, 22 avril 1859).

4 juin 1859 : victoire de Magenta sur les Autrichiens.

24 mars 1860 : traité cédant Nice et la Savoie à la France.

5 avril 1860 : ce Jeudi saint, Eugénie visite le cachot de Marie-Antoinette à la Conciergerie.

Début août 1860 : séjour de l'impératrice aux Eaux-Bonnes.

Août-septembre 1860 : voyage officiel de l'empereur et de l'impératrice à Lyon, Chambéry, Toulon et Alger.

17 septembre 1860 : mort à Paris de la duchesse d'Albe, sœur de l'impératrice.

13 octobre 1860 : le corps expéditionnaire franco-anglais entre dans Pékin. Le 18, sac du palais d'Été.

14 novembre 1860 : départ de l'impératrice pour Londres. Voyage en Écosse.

24 novembre 1860 : décret accordant le droit d'adresse aux assemblées.

8 décembre 1860 : retour de l'impératrice à Paris.

Janvier 1861 : rumeur d'un voyage de l'impératrice en Égypte aussitôt démentie. À la réception du jour de l'an, Eugénie apparaît en grand deuil et ne cesse de pleurer. « L'empereur a dit à ses ministres : "Excusez l'impératrice, si elle ne vous parle pas, elle a le cœur trop serré" » (madame Baroche).

Fin mai 1861 : la Cour part pour Fontainebleau. Eugénie se remet du chagrin causé par la mort de sa sœur.

31 décembre 1861 : sénatus-consulte accroissant les pouvoirs du Corps législatif en matière de finance.

1863 : Eugénie s'excuse auprès de sa mère de ne pas lui écrire plus souvent. « Mais, ma vie est en dehors du monde, tous les petits riens s'arrêtent au seuil de ma porte, et ce sont eux qui alimentent les conversations comme les correspondances, et tout ce que je sais d'important ou je n'oserai le confier au papier, ou les journaux l'ont dit avant moi. D'ailleurs je ne suis pas expansive et quand je suis mal en train ou que j'ai des blue devils, je rentre dans mon coin, je travaille et j'oublie, mais il me serait impossible de trouver une phrase dans ma tête. Je suis très peu sortie cet hiver, la température a pourtant été très douce, mais je suis tellement ours que je n'aime rien autant comme mon coin et mes livres. Tout passe, jeunesse, beauté, gaieté, mais heureusement la vie intellectuelle reste et c'est là où on peut se réfugier. »

29 septembre-29 octobre 1863 : voyage de l'impératrice au Portugal et en Espagne (Lisbonne, Cadix, Valence, Madrid).

18 octobre 1863 : Émile Rouher est nommé ministre d'État.

25 mai 1864 : loi sur les coalitions (droit de grève).

11 juin 1864 : le discours d'Adophe Thiers sur les libertés nécessaires sert désormais de programme à l'opposition libérale.

Été 1864 : projet de voyage de l'impératrice au Levant et à Jérusalem.

Septembre-octobre 1864 : voyage en Allemagne et cure à Schwalbach, dans le duché de Nassau.

24 avril 1865 : Napoléon rédige son testament. « L'impératrice Eugénie a toutes les qualités nécessaires pour bien conduire la régence… »

Mai 1865 : voyage de l'empereur en Algérie. Deuxième régence de l'impératrice.

12 juin 1866 : convention franco-autrichienne sur la Vénétie.

Juillet 1866 : voyage de l'impératrice et du prince impérial en Lorraine.

18 juillet 1866 : sénatus-consulte sur le droit d'amendement.

Novembre 1866 : projet de voyage de l'impératrice à Rome.

19 janvier 1867 : lettre impériale annonçant des réformes libérales.

20 janvier 1867 : le maréchal Niel est nommé ministre de la Guerre.

Février 1867 : retrait des troupes françaises du Mexique.

Avril-octobre 1867 : Exposition universelle de Paris sur le Champ-de-Mars.

Juin 1867 : visite du sultan Abdul-Aziz à Paris.

22-24 juillet 1867 : séjour incognito de l'impératrice à Osborne chez la reine Victoria.

18-20 août 1867 : visite de l'empereur et de l'impératrice à François-Joseph à Salzbourg.

26-30 août 1867 : voyage de l'empereur et de l'impératrice dans les départements du Nord.

11 mai 1868 : loi sur la liberté de la presse.

6 juin 1868 : loi sur les libertés publiques.

15 novembre 1868 : publication d'un portrait de l'impératrice par l'empereur dans *Le Dix-Décembre*, journal bonapartiste.

23-24 mai 1869 : premières élections législatives vraiment libres. L'impératrice s'engage en faveur de son cousin Ferdinand de Lesseps, candidat à Marseille. Ces législatives marquent un incontestable succès de l'opposition.

9-12 juin 1869 : à Paris, émeutes dites des « blouses blanches ».

13 juin 1869 : arrivée d'Ismaïl Pacha à Paris.

16 juin 1869 : grève des mineurs dans le bassin houiller de Saint-Étienne. À La Ricamarie, l'armée intervient : quatorze morts.

28 juin 1869 : ouverture de la session extraordinaire du Corps législatif.

5 juillet 1869 : interpellation des 116 : « Nous demandons à interpeller le gouvernement sur la nécessité de donner satisfaction aux sentiments du pays en l'associant d'une manière plus efficace à la direction des affaires. La constitution d'un ministère responsable ; le droit pour le Corps législatif de régler les conditions organiques de ses travaux et de ses communications avec le gouvernement seraient à nos yeux des mesures essentielles pour atteindre ce but. »

8 juillet 1869 : conseil extraordinaire à Saint-Cloud en présence de l'impératrice, qui ne prend pas la parole. L'empereur voit dans l'interpellation des 116 une mise en demeure impérieuse et inconstitutionnelle.

12 juillet 1869 : message impérial annonçant un nouveau train de réformes, en contrepartie du retrait de l'interpellation. Le même jour un décret proroge le Corps législatif sans date fixe. Une note annonce en outre la démission des ministres.

17 juillet 1869 : formation d'un nouveau gouvernement. L'empereur a choisi délibérément les ministres en dehors des 116.

14 août 1869 : voyage secret de l'impératrice à Osborne pour s'entretenir avec la reine Victoria des affaires d'Allemagne.

15 août 1869 : célébration du centenaire de Napoléon Ier. À cette occasion, l'empereur décrète une amnistie plénière.

23 août-3 septembre 1869 : voyage officiel de l'impératrice et du prince impérial à Lyon et en Corse.

6 septembre 1869 : sénatus-consulte accordant au Corps législatif le droit d'élire son président, son bureau, ses questeurs. L'empereur lui reconnaît l'initiative des lois, le droit d'interpellation et le vote du budget par chapitre. Le Sénat dont les séances deviennent publiques partage avec le souverain le pouvoir législatif.

30 septembre 1869 : départ de l'impératrice pour Venise.

1er octobre 1869 : à 22 heures, arrêt à Magenta. Dans la nuit, arrivée en gare de Venise.

7 octobre 1869 : 10 heures du matin, *L'Aigle* appareille pour Le Pirée. Par lettres patentes, l'empereur réorganise le Conseil de régence.

10 octobre 1869 : à 19 h 30, arrivée de *L'Aigle* au Pirée.

11 octobre 1869 : à 23 heures, *L'Aigle* lève l'ancre pour Constantinople.

12 octobre 1869 : l'empereur et le prince impérial partent pour Compiègne.

13 octobre 1869 : à 14 heures, arrivée de l'impératrice à Constantinople.

19 octobre 1869 : départ de Constantinople.

22 octobre 1869 : arrivée à Alexandrie de l'impératrice, qui se rend aussitôt par le train au Caire.

25 octobre 1869 : l'empereur revient aux Tuileries, espérant, par sa présence, rassurer ceux qui craignent des débordements dans la capitale. Il assiste le soir à une représentation au Théâtre-Français.

26 octobre 1869 : départ de l'impératrice pour la Haute-Égypte. La manifestation de Paris tourne au fiasco.

27 octobre 1869 : l'empereur rentre à Compiègne.

12 novembre 1869 : dans la soirée, l'impératrice est de retour au Caire. Le même jour, l'empereur a demandé qu'on installe une ligne télégraphique entre les Tuileries et le fort de Vincennes.

15 novembre 1869 : *L'Aigle* quitte le port d'Alexandrie pour rejoindre Port-Saïd.

16 novembre 1869 : cérémonie de bénédiction du canal de Suez sur la plage de Port-Saïd.

17-20 novembre 1869 : traversée inaugurale du canal de Suez. *L'Aigle* en tête de soixante-quinze bâtiments battant pavillons de tous les pays.

20 novembre 1869 : l'empereur arrive à Paris pour assister aux élections législatives partielles qui doivent avoir lieu dans la capitale.

26 novembre 1869 : *L'Aigle* quitte Port-Saïd pour regagner la France.

28 novembre 1869 : ouverture des Chambres. L'empereur prononce le traditionnel discours du Trône.

3 décembre 1869 : Eugénie débarque à Toulon au terme d'un voyage qui a duré soixante-six jours.

2 janvier 1870 : ministère Émile Ollivier.

Mars 1870 : l'impératrice croit se reconnaître dans le personnage de mademoiselle d'Ortosa, l'héroïne de *Malgrétout*, un roman de George Sand.

21 mars 1870 : l'empereur annonce une réforme constitutionnelle.

8 mai 1870 : plébiscite

21 mai 1870 : les grands corps de l'État réunis dans la salle des États du Louvre remettent à l'empereur les résultats du plébiscite. Sénatus-consulte fixant la Constitution de l'Empire. Début de l'Empire libéral.

1er juin 1870 : début des leçons données à Saint-Cloud, à la demande de l'impératrice, par Fustel de Coulanges, maître de conférences à l'École normale supérieure.

5 juillet 1870 : déclaration du duc de Gramont, ministre des Affaires étrangères, au Corps législatif sur la candidature Hohenzollern au trône d'Espagne.

12 juillet 1870 : retrait de cette candidature.

13 juillet 1870 : dépêche d'Ems.

19 juillet 1870 : la France déclare la guerre à la Prusse.

25 juillet 1870 : déplacement de l'impératrice à Cherbourg. Elle lit aux officiers de la flotte une déclaration de l'empereur.

28 juillet 1870 : départ de l'empereur et du prince impérial pour l'armée.

31 juillet 1870 : l'impératrice décide qu'il sera dit chaque matin une messe au château de Saint-Cloud pendant toute la durée de la guerre.

4 août 1870 : l'impératrice se rend au palais de l'Industrie pour assister au départ de la première ambulance de la Société de secours aux blessés.

6 août 1870 : défaites de Frœschwiller et de Forbach. Dans la nuit, l'impératrice regagne précipitamment les Tuileries.

9 août 1870 : chute d'Émile Ollivier.

10 août 1870 : la régente charge le général-comte de Palikao de former un nouveau gouvernement.

12 août 1870 : l'empereur se démet du commandement en chef de l'armée. Il nomme le maréchal Bazaine commandant en chef de l'armée du Rhin et le général de division Jarras chef d'état-major général.

13 août 1870 : un passeport est délivré par l'ambassade d'Angleterre à l'impératrice. Trochu est nommé par l'empereur gouverneur de Paris et commandant en chef des forces chargées de défendre la capitale en état de siège.

14 août 1870 : Bazaine ordonne la retraite de l'armée par la route de Verdun.

19 août 1870 : l'armée du Rhin investie sous Metz.

21 août 1870 : le maréchal de Mac-Mahon lève le camp de Mourmelon (cent mille hommes) pour se porter au secours de Bazaine.

22 août 1870 : l'empereur est à Reims.

27 août 1870 : à Tourteron, l'empereur se sépare du prince impérial, qui se dirige par la route vers Mézières.

28 août 1870 : ordre du Conseil donné à Mac-Mahon de se porter coûte que coûte au secours de Bazaine.

31 août 1870 : Mac-Mahon informe le général de Palikao qu'il est forcé de se porter sur Sedan.

2 septembre 1870 : capitulation de Sedan ; l'empereur rencontre Bismarck à Donchery et se constitue prisonnier. Il est aussitôt conduit en Allemagne via la Belgique.

3 septembre 1870 : proclamation du Conseil des ministres parue au *Journal officiel*. Lyon et Marseille apprennent la nouvelle du désastre de Sedan. À Paris, l'émotion est à son comble.

4 septembre 1870 : vers 13 heures, l'impératrice, accompagnée de madame Lebreton, sa lectrice, s'enfuit des Tuileries par le Louvre et se réfugie, après avoir erré plusieurs heures dans Paris, chez le docteur Evans, le dentiste américain de Napoléon. La république est proclamée à Paris.

5 septembre 1870 : à l'aube, l'impératrice, madame Lebreton, le docteur Evans et le docteur Crane sortent de Paris par la porte Maillot. Ils prennent la route de la Normandie : Mantes, Évreux, La Rivière-Thibouville, où ils s'arrêtent pour passer la nuit à l'auberge de madame Desrats. De son côté, l'empereur est arrivé, accompagné d'une suite de plus de cent personnes, au château de Wilhelmshöhe, près de Cassel (Hesse), où il passera sa captivité. Le roi Guillaume a donné des ordres pour que Napoléon soit reçu avec les honneurs et traité dignement.

6 septembre 1870 : à 8 h 05 du matin, l'impératrice monte dans le train pour Serquigny, d'où elle attrape l'express Paris-Cherbourg. Elle descend à Lisieux et poursuit son voyage dans une voiture de louage. À 15 h 30, arrivée à Deauville. Elle s'installe à l'hôtel du Casino, où madame Evans est alors en villégiature. Sir John Burgoyne, propriétaire du yacht *La Gazelle*, ancrée dans le port, accepte de transporter l'impératrice, madame Lebreton et le docteur Evans en Angleterre.

7 septembre 1870 : peu après 7 heures du matin, *La Gazelle* met le cap sur Southampton.

8 septembre 1870 : à 4 heures du matin, *La Gazelle* entre en rade de Ryde après une traversée agitée. L'impératrice prend une chambre au York Hotel. Elle apprend par le journal du matin que le prince impérial est arrivé à Hastings. Elle repart aussitôt sur le steamer *Princesse Alice* qui la conduit à Southea, d'où elle prend le tramway jusqu'à Portsmouth, puis le train pour Brighton. À 22 heures, arrivée à Hastings. L'impératrice descend à l'Havelock Hotel, près de la gare. Elle rejoint son fils au Marine Hotel situé sur l'Eastern Parade. L'impératrice occupe ces premiers jours d'exil à écrire aux souverains, au tsar

Alexandre II, à l'empereur François-Joseph, à la reine Victoria, afin qu'ils usent de leur influence pour amener à une paix honorable entre la France et la Prusse.

24 septembre 1870 : l'impératrice et son fils s'installent au château de Camden Place à Chislehurst, au sud de Londres. Il n'est pas improbable que cette demeure, officiellement louée, ait appartenu en fait à l'empereur qui l'aurait achetée en sous-main afin de disposer d'une éventuelle résidence d'exil.

15 octobre 1870 : échange de dépêches entre l'impératrice et le roi de Prusse. « Sire, les malheurs qui accablent ma patrie me déterminent à m'adresser directement à Votre Majesté, lui écrit-elle. Je puise le courage de faire cette démarche dans le souvenir du passé. Le sang n'a-t-il point assez coulé ? Le moment n'est-il pas venu de traiter avec la nation française et Votre Majesté ne croit-elle pas qu'une paix généreuse créant entre les deux pays d'indissolubles liens, et n'imposant pas à la France un cruel stigmate, ne serait pas pour le Roi l'un de ses plus grands titres de gloire dans la postérité ? Sire, dans le malheur on juge mieux les événements ; les sentiments que j'exprime à Votre Majesté doivent inspirer le cœur du Roi. Je suis prête à tous les sacrifices personnels dans l'intérêt de mon pays, mais je le demande à Votre Majesté elle-même, puis-je signer un traité qui imposerait à la France une irréparable douleur ? Que Dieu éloigne à jamais du cœur du Roi les amertumes qui remplissent le mien ! »

30 octobre 1870 : l'impératrice rend une visite surprise à Napoléon III à Wilhelmshöhe. « Elle était arrivée à l'insu de tous, même de l'empereur. Seul le comte Clary et une dame de la Cour l'accompagnaient » (comte de Monts).

16 novembre 1870 : lettre d'Eugénie à sa mère : « Je vais bien de santé, mais moralement je suis à bout de force, les événements que nous traversons me brisent le cœur, je ne puis m'habituer à l'idée de voir la France ruinée et malheureuse, et encore moins de penser que je suis loin dans ces jours d'épreuves. »

20 mars 1871 : l'empereur rentre à Chislehurst après six mois de captivité en Allemagne.

12 juillet 1871 : lettre d'Eugénie à l'amiral Jurien de La Gravière : « Je vois que vous êtes toujours préoccupé de m'élever un piédestal et vous ne vous apercevez pas qu'il y manque la statue. Ne prenez pas cela pour de la modestie…, je me rends compte des situations, et je sens bien qu'on n'est pas dans la note publique lorsqu'il s'agit aujourd'hui de refaire l'histoire… La France affolée sent trop pour bien voir, mais la vérité se fera jour… Non seulement je n'avais pas préparé mon départ le 4 septembre – ce qui eût été en contradiction avec mon désir de rester que j'avais exprimé à la députation quelques heures avant, mais encore il était si peu préparé que nous avons erré sans savoir où aller après notre départ des Tuileries – et ce n'est qu'après bien des essais infructueux que l'idée me vint d'aller chez monsieur Evans que sa qualité d'Américain sauvegardait… Je n'ai cédé aux instances de ceux qui m'entouraient que lorsque la république avait été proclamée et que le général [Trochu] qui s'était engagé le matin encore de me faire un rempart de son corps, avait manqué à sa foi et à son devoir. Je ne sais comment l'histoire le jugera, mais elle ne saurait être trop sévère. »

Septembre 1871: séjour de l'impératrice à Madrid auprès de sa mère. Elle a pris le bateau à Southampton et a débarqué à Lisbonne.

Juillet 1872-15 août : séjour d'Eugènie et du prince impérial en Écosse. Elle rejoint ensuite l'empereur à Cowes, dans l'île de Wight.

Novembre 1872 : le prince impérial entre à l'académie royale de Woolwich.

3 janvier 1873 : première opération de l'empereur par Sir Henry Thomson.

6 janvier 1873 : deuxième opération de l'empereur.

8 janvier 1873 : lettre d'Eugénie à Hortense Cornu, sœur de lait de l'empereur : « Après la constatation de la grosseur de la pierre, Sir Henry et Sir G. Gull ont tous deux dit qu'ils ne comprenaient pas que mon cher Empereur ait pu rester cinq heures à cheval à Sedan. Est-ce qu'il ne s'élèvera pas un cri de justice dans cette France qu'il a tant aimée et qu'il aime tant encore, pour faire taire ces affreuses calomnies qui l'ont tant fait souffrir. Les peuples comme les individus peuvent se laisser surprendre un instant lorsque les événements se précipitent, mais malheur à ceux pour qui l'heure de la justice ne luit jamais. Quelquefois, en voyant certains enfants arracher les ailes aux papillons et tourmenter les pauvres bêtes qui ne peuvent donner des signes de douleur, j'ai fait le rapprochement. Et j'ai pensé aussi que les peuples quelquefois arrachent le cœur et froissent sans voir le mal qu'ils ont fait, à travers l'éternel sourire qu'on a sur les lèvres. »

9 janvier 1873 : mort de Napoléon III.

10 janvier 1873 : lettre d'Eugénie à sa mère : « Sous le coup d'un aussi affreux malheur, je n'ai pas eu le courage de t'écrire un mot. Je ne puis même aujourd'hui analyser la perte immense que nous avons faite, mais j'ai voulu que ma première pensée fût pour toi. »

14 janvier 1873 : obsèques de l'empereur en présence de la famille royale et du carré des fidèles qui l'a suivi en exil. Le prince impérial conduit le deuil de son père dont le corps est inhumé dans l'église catholique Sainte-Marie de Chislehurst.

15 août 1873 : à Camden Place, visite des partisans de l'Empire, harangue du prince impérial.

16 mars 1874 : à Camden Place, manifestation pour les dix-huit ans du prince impérial.

Printemps 1875 : le prince se fait attacher à une batterie en permanence au camp d'Aldershot.

9 février 1876 : mort à Séville, des suites d'une fausse couche, de Louise d'Albe, duchesse de Medinacelli, l'une des deux nièces de l'impératrice.

Octobre-novembre 1876 : voyage de l'impératrice et de son fils en Italie et en Espagne.

Juillet 1878 : voyage du prince en Suède et au Danemark.

21 février 1879 : le prince impérial décide de partir au Cap avec l'armée anglaise. Il écrit à Ernest Lavisse : « Vous ne me blâmerez point d'avoir fait acte de décision et vous ne m'accuserez pas d'avoir cédé à un entraînement. »

25 février 1879 : lettre du duc de Cambridge à Lord Chelmsford, général en chef de l'armée du Natal, pour le prier « de lui témoigner de la bienveillance et de lui prêter assistance pour qu'il puisse suivre, autant que cela sera possible, les opérations avec les colonnes d'expédition. J'espère que vous le ferez. C'est un excellent jeune homme, plein d'esprit et de courage, et comptant beaucoup de vieux amis parmi les cadets de l'artillerie. Il ne trouvera, sans doute, aucune difficulté à faire son chemin. Si vous pouvez lui venir en aide de toute autre manière, veuillez le faire. Ma seule crainte est qu'il soit trop courageux ». Lord Chelmsford attache le prince à sa personne en qualité d'officier d'état-major.

1er juin 1879 : le prince est tué à Ityotyozi au cours d'une banale opération de reconnaissance.

19 juin 1879 : la nouvelle de la mort du prince parvient à Londres et à Paris.

23 juin 1879 : la reine Victoria accompagnée de la princesse Béatrice, sa plus jeune fille, vient présenter ses condoléances à l'impératrice.

11 juillet 1879 : le cercueil est déposé dans le hall de Camden Place, transformé en chapelle ardente.

12 juillet 1879 : visite de la reine Victoria à l'impératrice.

22 novembre 1879 : mort de la comtesse de Montijo à Madrid.

28 mars 1880 : l'impératrice embarque pour Le Cap.

1er juin 1880 : à Ityotyozi kraal, l'impératrice passe la nuit en prière près du cairn élevé là où est tombé son fils.

27 juillet 1880 : Eugénie débarque à Southampton. Elle décide de quitter Chislehurst et part en quête d'une nouvelle demeure.

Automne 1880 : elle achète à Farnborough Hill, dans le Hampshire, près de Windsor et d'Aldershot, un vaste manoir bâti en 1860 pour un éditeur londonien. Elle charge l'architecte Destailleur de construire une église et un monastère sur un terrain voisin.

9 janvier 1888 : transfert à Farnborough des cercueils de l'empereur et du prince impérial. Quatre chanoines de Prémontré s'y installent en communauté.

11 juillet 1920 : l'impératrice Eugénie meurt à Madrid au palais de Liria, chez son petit-neveu le duc d'Albe, des suites d'une opération de la cataracte. Son corps est rapatrié à Farnborough pour être placé à côté de l'empereur et de son fils.

BIBLIOGRAPHIE

L'étude du Second Empire a été pendant si longtemps négligée par les historiens que les travaux de référence commencent sérieusement à dater. On se reportera avec profit à l'*Histoire du Second Empire* de Pierre de La Gorce, de sensibilité orléaniste (Paris, Plon, 1894-1905), et à celle de Taxile Delord, de tendance radicale (Paris, Germer, 1869-1876), sans oublier *L'Empire libéral. Études, récits, souvenirs,* d'Émile Ollivier (Paris, Garnier Frères, 1895-1916). Les volumes VI et VII de l'*Histoire de la France contemporaine* (Paris, Hachette, 1921), sous la direction d'Ernest Lavisse (bonapartiste), dus à Charles Seignobos, constituent un utile instrument de travail, qu'il faut compléter avec le tome IX de la *Nouvelle Histoire de la France contemporaine* d'Alain Plessis (Paris, Le Seuil, 1973). Enfin le *Napoléon III* de Louis Girard (Paris, Fayard, 1986) permet la remise à jour de bien des questions. Le *Dictionnaire du Second Empire*, publié sous la direction de Jean Tulard (Paris, Fayard, 1995), par la solidité de certains de ses articles, apporte d'utiles précisions. La *Bibliographie critique des mémoires sur le Second Empire* de Christophe Bourachot (Paris, La Boutique de l'Histoire, 1994) a le mérite d'exister.

Les biographies consacrées à l'impératrice Eugénie sont relativement nombreuses et d'intérêt inégal. On se contentera de citer celle de William Smith, qui a eu accès dans les Archives royales de Windsor Castle aux lettres d'Eugénie à la reine Victoria : *Eugénie, impératrice et femme, 1826-1920* (Paris, Orban, 1989). *Les Entretiens de l'impératrice Eugénie* de Maurice Paléologue

(Paris, Plon, 1928) sont un faux grossier qu'on s'épargnera de commenter. On insistera en revanche sur *Dans l'ombre de l'impératrice Eugénie* de Lucien Daudet (Paris, Gallimard, 1935), qui constitue sans doute l'un des meilleurs ouvrages sur l'impératrice. Intime de Farnborough et de la villa Cyrnos au Cap-Martin, entre 1910 et 1914, Daudet (le fils d'Alphonse), qui est d'ailleurs le premier biographe d'Eugénie (*L'Impératrice Eugénie*, Paris, Fayard, 1912, réédité en 1922 chez Flammarion sous le titre *L'Inconnue*), a recueilli les souvenirs et les réflexions de celle qui est déjà une très vieille dame.

Parmi les sources imprimées, la correspondance de Prosper Mérimée représente incontestablement la mine la plus riche sur l'impératrice et la Cour impériale (*Correspondance générale*, éditée par Maurice Parturier, Paris, Le Divan, 1931, Toulouse, Privat, 1961). Les souvenirs de deux dames de la maison de l'impératrice sont une source de première main, même si leurs auteurs se laissent parfois abuser par leur mémoire : madame Carette, née Bouvet, dans *Souvenirs intimes de la cour des Tuileries* (Paris, Ollendorf, 1891-1895) ; la comtesse Des Garets, née Marie de Larminat, dans *Auprès de l'impératrice Eugénie* et *L'Impératrice Eugénie en exil* (Paris, Calmann-Lévy, 1928-1929). Les *Souvenirs de la princesse Pauline de Metternich (1859-1871),* préfacés et annotés par Marcel Dunan (Paris, Plon, 1922), ne sont pas à négliger. À compléter absolument par le baron de Hübner, *Neuf Ans de souvenirs d'un ambassadeur d'Autriche à Paris sous le Second Empire, 1851-1859* (Paris, Plon, 1904). De même, on consultera avec profit les *Notes et Souvenirs* de madame Baroche, préfacés par Frédéric Masson (Paris, G. Crès et Cie, 1921), et le *Journal du maréchal de Castellane, 1804-1862* (Paris, Plon, 1896-1897). Il faut encore insister sur les *Souvenirs sur l'impératrice Eugénie* d'Augustin Filon, le précepteur du prince impérial et son biographe (Paris, Calmann-Lévy, 1920), avec une mention particulière pour la préface d'Ernest Lavisse. On n'omettra pas non plus de citer, de Jean-Claude Lachnitt, *Le Prince impérial* (Paris, Perrin, 1997).

L'impératrice Eugénie n'a délibérément pas rédigé ses mémoires parce qu'elle estimait qu'elle n'avait pas à être sa propre historiographe et qu'elle n'entendait pas non plus répondre aux accusations qu'on portait contre elle. Elle abandonnait aux historiens le soin de lui rendre justice de ses actes. Heureusement, elle a laissé une abondante correspondance particulière. Ses lettres à sa mère, à sa sœur et à ses neveux et nièces, conservées à Madrid au palais de Liria, dans les archives de la maison d'Albe, ont été partiellement publiées par les soins du duc d'Albe sous le titre *Lettres familières de l'impératrice Eugénie* (Paris, Le Divan, 1935). Ses lettres écrites à l'empereur durant sa captivité à Cassel (18 juillet 1870-10 mars 1871) ont paru dans *La Revue des Deux Mondes* en 1930 (mai 1930), celles à Hortense Cornu en 1920 dans *Le Correspondant*, volume CCLXXX.

Les Archives nationales conservent dans les Archives Napoléon la correspondance entre l'impératrice et l'empereur (A.N. 400 AP 43) ainsi qu'entre l'impératrice et le prince impérial, et notamment, ficelées en une liasse à part et numérotées par ses soins, ses dernières lettres à Louis qui lui furent restituées en juillet 1879 avec les effets et le corps de son fils (A.N. 400 AP 75). Dans le fonds des Postes et Télégraphes, A.N. F^{90}, on trouvera les dépêches que Napoléon lui a adressées au cours de son voyage en Orient. Les catalogues des marchands d'autographes apportent enfin un complément indispensable à l'établissement de la correspondance générale d'Eugénie dont l'édition reste à faire.

TABLE DES MATIÈRES

OUVRAGES PARUS
DANS LA MÊME COLLECTION

Philippe Beaussant, ***Louis XIV artiste***

Philippe Beaussant, musicologue et romancier, fait apparaître un Roi-Soleil insolite, joueur de guitare et danseur étoile. Imaginatif, se rêvant comme un héros de roman ou une réincarnation d'Alexandre le Grand, ce roi bâtit Versailles pour y faire la fête et non pour qu'on s'y ennuie. Il choisit les sujets d'opéra pour s'y regarder comme dans un miroir, en Jupiter ou en Apollon.

Bernard Chevallier, ***« Douce et incomparable Joséphine »***

Bernard Chevallier, directeur du musée de Malmaison, signe un portrait insolite de Joséphine. La bonne étoile de Napoléon et son grand amour s'y révèle très éloignée de l'image d'une créole langoureuse et insouciante. Sa vie s'articule entre l'esprit encyclopédique des Lumières et la sensibilité écorchée du romantisme.

Michel Duchein, ***Charles Ier. L'honneur et la fidélité***

Inspecteur général honoraire des Archives de France, Michel Duchein décrypte l'évolution psychologique de Charles Ier d'Angleterre (1600-1649) qui, malgré les qualités requises pour être un grand roi, fut entraîné par ses erreurs et ses maladresses vers la catastrophe finale, tel Louis XVI. Accumulant les échecs, il courut vers son martyre en gagnant en grandeur d'âme ce qu'il perdait en considération politique auprès de ses sujets.

Catherine Durand-Cheynet, ***Alexandra, la dernière tsarine***

Avec ce portrait d'Alexandra (1872-1918), l'épouse allemande de Nicolas II, Catherine Durand-Cheynet, historienne et philosophe, évoque l'amante passionnée, la mère désespérée par l'hémophilie de son fils, la mystique fascinée par Raspoutine. Diabolisée par ses ennemis, la tsarine a cristallisé les haines et payé de sa vie à Ékatérinbourg son attachement aveugle à la Russie éternelle.

Jean-Pierre Navailles et Robin Buss, ***Édouard VII, le prince charmeur***

Quand en 1901, à soixante ans, Albert-Édouard (1841-1910) monte enfin sur le trône après l'interminable règne de sa mère Victoria, il s'est surtout signalé jusqu'alors par son goût immodéré des femmes, du jeu, de la bonne chère et de la chasse. Fruit de la collaboration entre un universitaire parisien et un journaliste londonien, ce portrait cherche à offrir un point de vue franco-britannique sur le plus francophile des souverains anglais.

CET OUVRAGE
A ÉTÉ TRANSCODÉ
ET ACHEVÉ D'IMPRIMER
SUR ROTO-PAGE
PAR L'IMPRIMERIE FLOCH
À MAYENNE EN MAI 2000

N° d'impression : 48619.
D.L. : mai 2000.
(Imprimé en France)